河南师范大学学术专著出版资助

促进祖国和平统一的
路径与模式研究

王鹤亭　著

人民出版社

目　录

第一章

促进祖国和平统一的目标简析

    党的十九大报告指出：解决台湾问题、实现祖国完全统一，是全体中华儿女共同愿望，是中华民族根本利益所在，必须继续坚持"和平统一、一国两制"方针，推动两岸关系和平发展，推进祖国和平统一进程[①]；完成祖国统一也一直是党和国家的三大历史任务之一；坚持"一国两制"，推进祖国统一还是新时代坚持和发展中国特色社会主义的十四个基本方略之一。习近平总书记在《告台湾同胞书》发表40周年纪念会上的讲话中指出："一水之隔、咫尺天涯，两岸迄今尚未完全统一是历史遗留给中华民族的创伤。两岸中国人应该共同努力谋求国家统一，抚平历史创伤。"[②]自1949年以来，实现祖国完全统一的伟大目标没有变化，两岸关系的发展也没有停滞，台湾问题的内外环境也在不断变化，对于促进祖国和平统一的路径与模式的研究也必须跟上新时代，应科学理解祖国和平统一的目

---

① 《决胜全面建成小康社会　夺取新时代中国特色社会主义伟大胜利——在中国共产党第十九次全国代表大会上的报告》，《人民日报》2017年10月28日。

② 《习近平谈治国理政》第三卷，外文出版社2020年版，第405页。

标与任务，探讨如何统一以及以何种模式统一，进而不断推进和平统一的理论创新、实践创新、路径创新、模式创新。

探讨促进祖国和平统一的路径与模式，必须在和平统一这一总体目标的指引下，与时俱进，开拓创新。新时代的和平统一工作面临诸多新形势，和平统一目标也相应地被赋予了新内涵，而促进和平统一的路径与模式设计也应与时俱进。因此，对于和平统一目标的法理支撑、现实基础以及基本构成的分析，就成为探讨和平统一路径与模式研究的前提与基础。

第一节　和平统一的法理逻辑

统一是国家的一种属性，统一也是国家构成要素的统一。首先，国家的统一是领土和主权的统一，而无论其名称和内部统治秩序如何变更；其次，国家的统一包含政府和人民的统一，或者说国家内部政治秩序的正常化。因此，有效控制国家领土、人口和资源的政府（或政权），或者说一种得到人民支持与服从的同一的、有序的正常化统治秩序，是国家统一的应然要求。[①] 一般情况下（法理上或现实中），一个国家的领土、主权、政府、人民等诸要素是一体化的，是国家"应然"与"实然"的同一，即"完全统一"状态。而当前的祖国统一任务则是主权领土统一状态下的"一个中国"，要实现内部政权与人民的统一，正如习近平总书记多次强调的："两岸复归统一，不是主权和领土再造，而是结束政治对立"。

———————————

① 王鹤亭：《"两岸复归统一"的理论依据、现实基础与实现形式》，《中共南京市委党校学报》2013 年第 4 期。

两岸之间围绕"为何统一""如何统一"及"谁来统一"等问题产生了诸多争议，不同的主张反映着背后的不同立场、倾向、利益与目标。然而，两岸必须统一、两岸必然统一，这既是中国国家利益、中华民族伟大复兴的内在要求，更是理论、逻辑与法理的必然。探讨促进祖国和平统一的法理逻辑，既有助于在学理层面构筑统一问题的理论体系，也能在合法性层面为和平统一的路径与模式规划提供支持，又在合理性意义上为促进和平统一进程提供实践工具。

以客观理性的态度来看，兼顾历史与现实，在相关争议的法理或逻辑中，继承法理、内战法理能够从根本上解释台湾问题的由来、两岸关系的历史与现状，也揭示了统一的内在动力、统一路径与模式的可选择范围，这也是两岸多年来的自我认知及政治主张所遵循的法理逻辑，并且处于国际公法法理逻辑的作用范畴之内。当然，由于中国政治传统的独特性、"一个中国"下政府继承的复杂性和中国内战的延续性，使得两岸的统一实践有别于一般国际法案例，尤其是台湾地区自"民主化""本土化"以来的内部政治生态及民众政治认同变迁对于两岸关系的影响日益明显，因此适用政府继承理论和内战理论对于促进和平统一的路径与模式的探讨还需要进一步深化，继承与内战法理框架可能还需要与民主政治的相关理论加以衔接。简而言之，中央政府因政府继承而获得统治台湾地区的权力，唯一合法中央政府选择以合适方式终结内战、实现完全统一的权力应尽可能地容纳当代台湾政治生活中对程序民主的诉求，两岸之间可以通过平等协商等方式终结政治对立、达成和平统一安排。

一、继承法理

1949 年中华民国政府被推翻，中华人民共和国政府作为中国的"新政府"取代"旧政府"，这从本质上属于国际法意义上的政府继承。政府继承会带来新旧政府之间权利与义务的更新及替换，也会产生其他国家选择政府承认的问题，新的中央政府取代旧政府拥有代表国家的权力，也当然享有对整个疆域及人民的管辖权，当然负有包括维护领土主权完整统一、维持国家内政外交一致性以及政治秩序在内的义务与责任。从国际法理和历史事实来看，中华人民共和国取代中华民国是政府继承而非国家继承，在国际法上中国的国际人格是连续的、同一的，自中华人民共和国宣告成立之时起，中华民国就被宣告死亡，[①] 由中华人民共和国政府作为中国的唯一合法代表，取代旧中国政府而获得一切权利（包括对台湾的管辖权）是理所当然的事情，这也获得了国际的广泛承认。政府继承的后果不仅包括赋予新的中央政府统一权利，也当然具有"反独""反分裂"及"促统"的约束力。

作为理念模式的"政府继承"界定的是新旧政府交替或更迭的根本性质，从国际法理上更多地规范国家延续下政府权利与义务的更替与遵循，并未对具体的实践过程和操作细节进行详细界定和规范，《奥本海国际法》曾提及："革命政权反对原有政府的斗争可能会持续一些时候，也许几年"。[②] 延续相关国际法理的逻辑，在考虑政府继承的法律后果和政治效

---

① 朱松龄：《国家统一的宪法学问题研究》，香港社会科学出版社 2011 年版，第 37—38 页。

② 詹宁斯、瓦茨：《奥本海国际法》，中国大百科全书出版社 1995 年版，第 113 页。

应时，首先应该界定政府继承的法律属性，然后在此基础上以国家同一性和延续性原则去规范政府继承的实践过程和操作细节，而且国家的同一性和延续性也就蕴含着必须维持领土主权统一现状、阻遏分裂分离风险并实现国家完全统一目标的内在要求。事实上，在现代国家政府继承的政治实践中，政府继承、政权更替及人民支持的转移往往都不是瞬间完成的，而是有一个过程，在此过程中会出现政权敌对、人民分立的过渡性局面或中间状态，此时继承旧政府的新政府以及不甘于丧失合法性的旧政府的目标和任务均是逐步建立起或恢复具有连续性、全局性和同一性的政治秩序并力图掌握排他性的主导权。在这个过程中，或者说在这个过渡状态中，就会产生被取代的旧政府法理上的"非法"政权会继续存在的问题，它仍保持对部分领土、人民的控制权，获得部分人民的服从与效忠，维持与国际社会的某种交往，甚至会争取在统一进程中的主动权和主导权，但在事实上却阻碍着中央政府选择以合适方式实现和平统一目标，实质上也是在阻碍国家完全统一进程。

但是，遵循政府继承国际法理的本质性规范，在"一个国家、一个政府"的基本原则下，世界上只有一个中国，也只能有唯一合法的中央政府来代表中国，政府继承发生后，中华人民共和国政府是代表中国的唯一合法政府，享有对整个中国的主权权利，这一权利覆盖范围当然也包括台湾地区。事实上这一逻辑以及中华人民共和国政府对于台湾的主权权利也为部分"台独"学者所认可，"台独"学者也因此尝试通过"独立建国"的理论建构来打破中国内部政府继承的法理约束力。① 由于外部因素影响和外

---

① Lung-chu Chen and W. M. Reisman, Who Owns Taiwan: A Search for International Title, *The Yale Law Journal*, 1972, 81(4):601.

部力量干涉，中华人民共和国政府尚未实现对台湾地区的有效统治和完全管辖，暂时在台湾地区缺乏行为能力，无法在台湾地区内部将相应的权利转化为权力，但在国际场合中华人民共和国政府能够在相当程度上实现相应的行为能力，比如有效阻遏台湾以"中华民国"名义展开对外交往活动、防范台湾彰显和追求所谓"台湾主权独立"的行径，而且这种消极面向的行为能力也比较容易而且在事实上获得国际社会的充分认可与支持。与此同时，"中华民国"政府被以政府继承的方式取代后，就丧失了相应的权利能力，但仍能在中国的一部分领土上保持管辖状态，具备相应的行为能力，仍保留着制度化的机关，仍然在台湾地区实施有效统治，在国际上，"中华民国"政府仍与极少数国家维持所谓的"邦交"关系，台湾地区也有能力参加一些非主权国家资格的国际组织，但这种行为能力并未得到中央政府的授权或认可。

从政府继承的视角来看，两岸政治关系实际上具有三个层面的内涵，第一层是国家或主权层面，第二层是政府权利能力层面，第三层是政府行为能力层面。由于两岸之间的继承关系不是国家继承，两岸之间不是主权层面的两个对等主权国家的关系；由于两岸之间已经完成了政府权利能力继承，台湾当局无权代表中国，也不是在中国境内与中华人民共和国政府并立的另一个合法政府，两岸之间也不是权利能力层面的两个对等政府的关系；由于两岸之间政府行为能力的继承实践没有完成而且仍将持续一段时间，台湾当局仍可被视为一个中国内部有行为能力的区域性政治实体。[①]从自身的法律文件来看，台湾地区的政治体系仍相当注重在"一个

---

① 李秘：《两岸政治关系初探：政府继承的视角》，《台湾研究集刊》2010 年第 1 期。

中国"框架下的行为能力的维持与发展；从两岸关系发展实践来看，两岸双方在"一个中国原则"的共识框架下也没有完全否认对方具有相应的行为能力，尤其是在 2008 年至 2016 年间，在"九二共识"基础上，两岸公权力部门之间逐步形成了相当程度和范围的协商、合作与对接，这也表明了不否认对方对于主权、领土完整的"一个中国"之下局部地区具体事项上的事实管辖。因此，延续政府继承的法理逻辑，结合两岸关系发展实践进行推演，政府继承在法理上已经完成，作为唯一合法中央政府的中华人民共和国政府当然拥有对于台湾的主权权利，和平统一意味着要将中央政府的主权权利转化为对台湾的有效统治与实际管辖，或者是实现对台湾方面的行为能力的整合，也意味着政府继承实践过程的最终完成。

二、内战法理

1945 年台湾回归祖国怀抱，此后内战爆发，中华人民共和国政府取代"旧政府"成为中央政府后，"旧政府"败退台湾，两岸并未因内战的原因而分裂为两个国家，两岸仍同属一个中国。和平统一的实现也就必然与内战的终结相互关联，统一的路径与模式选择也受到内战法理的规范与支撑。而从继承法理到内战法理来看，两种逻辑之间是相辅相成的，或者说两种过程是相伴而生的。政府继承由于内战而产生，内战的延续导致政府继承的实践过程仍在持续，内战的结束也带来中国的统一以及政府继承实践的完成。而内战法理也赋予了中华人民共和国政府界定内战状态、选择内战终结方式的充分权力。

台湾问题源于中国内部的国共内战，正如 1993 年中华人民共和国国务院台湾办公室发布的《台湾问题与中国统一》白皮书中所界定的：台湾在第二次世界大战之后，不仅在法律上而且在事实上已归还中国。之所以又出现台湾问题，与随后中国国民党发动的反人民内战有关。① 台湾问题的延续是内战遗留问题，2000 年发布的《一个中国的原则与台湾问题》再次强调，"台湾问题是中国内战遗留下来的问题。迄今，两岸敌对状态并未正式结束"。"台湾问题则是中国内战遗留的问题，是内政问题。"②2008 年 12 月 31 日，胡锦涛讲话指出："1949 年以来大陆和台湾尽管尚未统一，但不是中国领土和主权的分裂，而是上个世纪 40 年代中后期中国内战遗留并延续的政治对立。"③ 这说明中华人民共和国政府在处理两岸关系或者说台湾问题时，可以被界定为适用了内战法理。与大陆方面相同的是，台湾方面至少在 1991 年以前排他性地坚持以内战法理来界定两岸关系和中华人民共和国政府，认为大陆是"沦陷区""匪占区"，中国共产党领导的人民政权是"叛乱团体"，因为叛乱团体反抗"合法"的"中华民国"政府而引发了中国内战，而其作为"合法政府"自然负有恢复国家法律秩序和政治统一的责任。因此"中华民国"需要对包括大陆和台湾在内的"全中国"实行所谓"动员戡乱"，所谓"戡乱"的主要对象即是作为"叛乱团体"的中华人民共和国政权。可以断定，"合法政府对

---

① 中华人民共和国国务院台湾事务办公室：《台湾问题与中国统一》，见 http://www.gwytb.gov.cn/zt/baipishu/201101/t20110118_1700018.htm。

② 中华人民共和国国务院台湾事务办公室：《一个中国的原则与台湾问题》，见 http://www.gwytb.gov.cn/zt/baipishu/201101/t20110118_1700148.htm,2016-11-12。

③ 胡锦涛：《携手推动两岸关系和平发展 同心实现中华民族伟大复兴——在纪念〈告台湾同胞书〉发表 30 周年座谈会上的讲话》，见 http://www.gov.cn/ldhd/2008-12/31/content_1193074.htm。

叛乱团体，是大陆和台湾在内战思维主导下的产物。"①这也充分说明，内战法理及逻辑至少是两岸都认可并坚持过的，而台湾也必然是中国内战以及内战相关法理约束下的相关方。以内战逻辑或是内战的国内法及相关国际法界定并探讨统一路径与模式尤其是非和平统一方式等相关问题，既合乎两岸关系历史发展的实际，也是法理规范的"应然"。

内战是一种不正常的状态，合法政府均以恢复一个统一的法理和政治秩序为目的，甚至叛乱团体或交战团体也会以重构这一秩序为目标，实现这一目标、达到这一结果的方式并不是唯一的，包括但不限于：合法政府消灭叛乱者、叛乱者彻底胜利、交战各方通过谈判等达成一体化安排，等等。内战一般会持续一定时间，而且其形式也较为多样，既可能表现为直接的事实武力行动，也可能是一种法理上的或是政治上的特殊状态，而事实上两岸关系也经历了内战的各种形态，两岸在相当长时间内都将两岸间的关系视为没有结束的内战状态，两岸政权对于如何结束内战的相应政策行为调整并不意味着中国内战已经结束，也不意味着内战法理约束力和规范性的终结。

对于中国内战而言，1949 年中华人民共和国的成立使得过去的革命政权成为中国的合法政府，内战中双方的法理身份发生翻转，"中华民国"在法理上已经成为中国内战下的叛乱团体，而"一国可以承认叛乱者为叛变者，以便避免把他们看作刑事犯。但是，所谓叛乱地位的承认并不给予叛乱者以在国际法上的一种法律地位"，②败退到台湾地区的"中华民国"政权并不具有国际法意义上交战团体的法律地位和权利。而中央政府则具有不受外力干

---

① 周叶中、祝捷：《关于大陆和台湾政治关系定位的思考》，《河南省政法管理干部学院学报》2009 年第 3 期。
② ［美］汉斯·凯尔森：《国际法原理》，华夏出版社 1989 年版，第 246 页。

扰并选择以合适方式包括非和平方式结束中国内战状态的合法权力。

虽然两岸双方对于内战的共同认知逐渐演变为中华人民共和国政府单方面的坚持，尤其是"台湾在主客观条件的互动下，逐渐淡忘了内战分裂的历史事实"，[①]台湾当局也逐渐放弃了内战逻辑，然而从双边行动到单方主张也并未改变两岸关系处于内战状态的性质，而且作为中央政府的中华人民共和国政府的主张则是合法合理的。在国内法意义上，如果叛乱者属于内战中的叛乱团体，那么这种内战就是纯粹的国内管辖事务，外部力量无权干涉，而合法中央政府则可以选择其认为合适的方式来终结叛乱，中央政府的单方主张自然具有最终决定性的约束力，而且"在国内法上，对具有制裁性质的武力使用的反抗是被禁止的，而且构成了一个不法行为，对之另加制裁"。[②]因此，对于作为"叛乱团体"性质的台湾当局而言，其自身的单方面主张并不能影响或改变内战状态，而内战状态及性质恰恰是由作为中央政府的中华人民共和国政府单方面决定。

当前的台湾当局仍管辖、控制台湾地区，而中华人民共和国尚未对台湾地区实现完全的有效管治，这常被解读为中华人民共和国政府并不拥有对台湾地区的主权权利，内战已经无法继续，"中华民国"政权也因此并不是"叛乱团体"，甚至是主权独立国家，而中华人民共和国也当然没有权力单方面决定台湾前途等问题。这一说法违背了基本的国际法和内战法理，因为中华人民共和国当然拥有对台湾地区的主权权利，但由于众所周知的原因而没有将权利落实为有效统治的权力。然而更为值得注意的是，

---

① 杨志诚：《新世纪的两岸关系：武力统一或和平统一？》，《逢甲人文社会学报》2000 年第 1 期。

② ［美］汉斯·凯尔森：《国际法原理》，华夏出版社 1989 年版，第 25—26 页。

从法理的角度而言，中华人民共和国政府并不是没有"有效控制"台湾的，因为"恢复或争取控制的努力"与"实效控制"是相似的，中央政府不放弃对叛乱者的镇压、不放弃对叛乱地区的秩序恢复与"实效控制"台湾地区的法律效果是一样的。凯尔森曾在论述被占领国的流亡政府对于被占领国的代表权时认为"恢复控制的努力"与"实效控制"是类似的。"努力恢复对领土的有效控制的要求代替了行使有效控制的要求。这种要求也是实效原则的一种适用"。"流亡政府虽然暂时失去对领土的有效控制但仍被认为是被占领国的政府，并不意味着，在这种情形下，实效原则完全不适用了，而只意味着，实效原则所指的不是对领土的控制，而是恢复这种控制的有实效的努力。"①对于"实效"原则的适用，流亡政府尚且如此，更何况是已经被承认的并且维护国家领土主权完整并追求完全统一的合法政府呢？因此，作为叛乱团体的"中华民国"政权有效管辖台湾也并不意味着中华人民共和国对台湾缺乏"实效控制"，中央政府坚决维护一个中国、推进祖国统一进程的努力具有与"实效控制"同等的法律效果。因此，中央政府基于内战法理下的权利选择以和平方式消除叛乱、终结内战也就意味着和平统一的实现。

三、民主逻辑

民主是现代政治最重要的价值导向和运行规则之一，也是决定政治统治合法性、政治决策正当性以及政府效能合理性的重要因素。两岸关系发

---

① ［美］汉斯·凯尔森：《国际法原理》，华夏出版社 1989 年版，第 244 页。

展以及和平统一的路径与模式也会受到民主思潮的影响，两岸对于祖国统一相关问题的探讨也没有回避民主理论的逻辑。

台湾人民在 1945 年后也以民主方式积极参与整个中国的政治建设。1945 年台湾回归中国，当时的中华民国政府设立台湾行政长官公署作为行政管理机构，将台湾人民恢复中国国籍，并举办台湾省第四届国民参政会补选，台湾省参议会还选出"制宪国民大会"代表赴南京参与"制宪国民大会"，1947 年 11 月，台湾人民依据生效的"中华民国宪法"经普选选出第一届"国民大会代表"27 人，1948 年 1 月，普选选出第一届"立法委员"8 人，台湾省议会选出第一届"监察委员"5 人，台湾人民与其余各省人民相同，通过这种民主参与，台湾民意在整个中国政治事务中被充分表达和代表，台湾人民在政治实践中也成为全体中国国民中不可分割的部分。

失去代表中国合法性的国民党政权败退台湾后，在面临巨大的"合法性危机"情况下，逐步从最初的主动吸纳地方精英发展到开启受控的民主再到开放的民主，使得国民党政权的民主化与"本土化"相伴而生，而从法理效果来看，所谓"本土化"实质上是"地方化"，台湾当局在民主化进程中实质上也被"本土化"为一个地方政权，"民主化"也并未改变台湾是中国一部分的现状。而从过去国民党政权对台湾地区的有效控制到今天台湾人民对台湾当局的民主服从只是改变了台湾地区内部的政治运行生态，并没有也不可能改变其在法理上的地位和性质，政治民主化以及"本土化"并不能赋予台湾"独立"以及"拒统"的权利空间。基于"主权在民"的"民主分离"主张也不具有合法性，因为主权是国民全体"公意"的体现，而"公意"不同于"众意"，而依照"中华民国"政权自身的法理逻辑和政治路线，"'中华民国宪法'第四条规定：'中华民国领土，依其固有之疆域……不得变更之'，'固有之疆域'到底在哪里，依国民主权理论，应指 1947 年制宪时中华民国之疆域，换言之，如果我们认为《中华民国宪法》第四条规定'中华民国固有之疆域'应以制宪时之国民制宪权主体和领土主权状况为准，则参与制宪的台湾当属于中华民国"①。依此逻辑，台湾人民也并没有权力去进行"制宪"或"修宪"，也并不具有"独立"的权利。因此，"众意"并不能"内造"主权，任何关涉台湾前途和台湾当局地位问题的解决方案都只能是"公意"的落实。与此同时，所谓的"自决"主张虽然是以民主的形式外壳作为包装，但缺乏法理支持和政治基础，一方面如前述所言，台湾人民已经经过民主程序参与中国政治事务，使得中央政府对台湾的统治具备充分正当性；另一方面，"民主"分裂分离既不是民族解放运动，也不是摆脱殖民统治，不适用自决原则。一国内部的分裂势力无论是以所谓"民主"还是别的方式去谋求分裂国家，都违反了国家主权原则。两岸关系从未因所谓"民主"分歧而走向分裂分离，台湾并不是民主分裂分离的对等实体，两岸仍须走向统一，台湾也一直受到统一目标的约束。

台湾问题的解决不同于港澳回归的情况，香港、澳门问题的解决是通过中英、中葡之间的谈判，而台湾问题的和平解决就实际运作过程而言，需要通过两岸双方之间的对话、协商、谈判等方式取得统一共识，两岸在统一的平等协商过程中就形成了一种共识型的民主关系。台湾当局有效控制了作为中国不可分割一部分的台湾地区，而且"国家尚未统一特殊情况"这种过渡状态在现实中可能仍将持续。对于大陆方面而言，在战略

---

① 曾建元：《台湾及两岸关系在台湾（中华民国）法制上的定位》，《台湾国际法季刊》2008 年第 12 期。

上期待从一个中国原则直接进入到中国完全统一，如此可以直接略过或者回避"现状安排"问题，但在具体的政策实践中，会面临着"和谁谈"等问题，仍会弹性触及台湾当局或政权的地位与权益问题。事实上，中央政府对台政策主轴经历了从解放到和平统一的转换，而以民主协商、平等对话的方式实现和平统一也一直是中央政府的基本坚持。1979年1月1日，全国人大常委会发布《告台湾同胞书》，公开呼吁："首先应当通过中华人民共和国政府和台湾当局之间的商谈结束这种军事对峙状态。"1981年9月30日，全国人大常委会委员长叶剑英发表了《关于台湾回归祖国实现和平统一的方针政策》的谈话，其中第一条就呼吁："建议举行中国共产党和中国国民党两党对等谈判，实行第三次合作，共同完成祖国统一大业。"1983年6月25日，邓小平提出实现和平统一的六条具体构想，其中第六条指出："要实现统一，就要有个适当方式。建议举行两党平等会谈，实行国共第三次合作，而不提中央与地方谈判"。1995年1月30日，江泽民在《为促进祖国统一大业的完成而继续奋斗》的讲话中指出，在一个中国的前提下，什么问题都可以谈，作为第一步，双方可以先就"在一个中国原则下，正式结束两岸敌对状态"进行谈判。2008年12月31日，胡锦涛在《携手推动两岸关系和平发展，同心实现中华民族伟大复兴》的讲话中提出："通过平等协商，逐步解决两岸关系中历史遗留的问题和发展过程中产生的新问题。"习近平总书记在2014年再次强调，"两岸之间长期存在的政治分歧问题，我们愿在一个中国框架内，同台湾方面进行平等协商，作出合情合理安排"[1]；在2019年1月2日《告台湾同胞书》发

---

[1] 《习近平谈治国理政》第一卷，外文出版社2018年版，第239页。

表 40 周年纪念会上的重要讲话中，习近平总书记指出，"和平统一，是平等协商、共议统一"，并郑重倡议"两岸各政党、各界别推举代表性人士，就两岸关系和民族未来开展广泛深入的民主协商，就推动两岸关系和平发展达成制度性安排"。这都意味着两岸政治分歧的解决方案、和平统一的目标与模式可以通过两岸政权、代表经由民主协商、政治谈判而达成"一致决"的结果。而在当前两岸之间异质性强、多元化程度高的政治文化环境下，两岸民主关系需要从简单的"多数决"走向"共识决"，通过广泛的权力分享来达成彼此对立的两岸各个群体之间的妥协，进而达成可能的共识。与此同时，和平统一的路径和模式还要充分考虑和尊重台湾人民对于民主的诉求，充分吸收两岸各界的意见和建议，充分照顾台湾同胞的利益和感情。因此，从实践和功能的角度来看，在民主协商、平等谈判的框架下和平解决台湾问题，需要依循民主逻辑及相应程序，和平统一的实现、"一国两制"的落地也都是两岸间经由民主路径达成共识的结果。

四、逻辑整合

在两岸关系定位与和平统一的法理依循上，主要存在着继承、内战和民主三种逻辑的争议。在实践中，两岸各方依据不同的立场和目标导向会选择不同的法理及逻辑来构建自己政治主张与行动的合法性。对于中华人民共和国而言，继承法理和内战法理是清晰而且一贯的，由内战而继承，继承过程在内战中延续；对于台湾方面而言，台湾当局并不承认政府继承的问题，但至少在 1991 年之前，台湾方面是遵循着内战逻辑来定位两岸关系、追求国家统一的；而从 20 世纪 90 年代开始，台湾当局不再坚持所谓"汉贼不两立"的立场，民主逻辑逐渐在台湾内部政治发展过程中占据上风，进而影响到两岸关系和台湾的自我定位上，衍生出民主对等与民主分裂或民主分离的诉求。

基于不同的法理逻辑，两岸对于一个中国、两岸关系定位的看法分歧较大，对于"是否统一"及"如何统一"等问题也相应地产生了分歧。大陆方面相关官方表述基本架构是：世界上只有一个中国；中华人民共和国政府是中国唯一合法中央政府；台湾是中国不可分割的一部分。"第一项表示的是国家承认的问题，也就是中国这个国家的国家承认，第二项表示的是对中国政府承认的问题，第三项则是领土承认的问题，这三个涉及国际法承认的问题，也就是形成两岸关系在法律层面的基本关键"，[①]这个表述的逻辑序列是继承法理优于内战法理，当然这种逻辑也为部分主张"台湾应宣布独立"的台湾学者所认可。在过去，中国国民党对第一项与第三项是没有意见的，而是对第二项有意见，也就是对谁代表中国政府有意见，但对于世界上只有一个中国和台湾是中国的一部分，国民党是完全同意且亦有同样主张，这是一种单纯以内战法理来否定继承法理的逻辑。而民进党等"对第一项和第二项没有意见，他们认为中国本来就只有一个，中华人民共和国本来就代表中国，但不能接受台湾是中国的一部分"，这是一种完全忽视继承和内战事实而仅仅采用民主逻辑的论述。而所谓的"独台"派或"两国论"者如李登辉等认为，"不必抗争台湾是否属于中国，也默认中华人民共和国政府是中国唯一合法的政府，就是说对第二项和第三项没有意见，但是对第一项'世界上只有一个中国'的说法有意

---

① 罗致政：《两岸和平协定的国际法政研析》，《台湾国际法季刊》2008年第12期。

见，主张仍采用'中华民国'的国号，但采德国模式的特殊国与国关系，或采韩国模式认为'中华民国'与中华人民共和国是互不统属的'一边一国'，也就是说对第一项加以挑战"，① 这是以民主逻辑与内战逻辑对抗继承法理的思路。由于两岸政权以及两岸政党之间所依循的法理逻辑并不重合，而是充满分歧，使得各自在两岸关系未来和"统独"问题上缺乏最基本的共同法理架构和论辩基础。

对于中华人民共和国政府的政策主张而言，继承逻辑支持并构成了一个中国原则及现实的法理架构，而内战逻辑则可以从法理上定位两岸关系和中央政府的合法权利。国际法的继承法理和内战法理虽然没有具体涉及类似被继承的旧政府、叛乱团体长期存在的情形，也没有直接提供如何处理相关问题并实现完全统一的具体流程，但是它们对相关问题的限制性规定或边界约束是十分清晰的，即合法政府完全具有选择适当方式来完成继承、终结内战的权力，对"旧政府"或叛乱团体的独立分裂行为采取强制行动是国家的合法权力，其他国家不得干涉，等等。一般国际法的规范和逻辑在实质上已经界定了国家尚未完全统一特殊情况下的合法中央政府与叛乱地方政权各自地位和权利的边界和框架，而两岸之间如何互动、台湾在统一进程中的权益以及统一方式的选择都必须限定在这一框架之内。中华人民共和国政府以结束政治对立实现和平统一为目标，以争取台湾民心为导向，在两岸关系上并不排斥民主的价值意义和程序功能。因此，三种逻辑需要整合并相互补充，相应的适用序列应该从继承法理到兼容内战法理再到包容民主理论，在继承与内战法理下确立一个中国框架后，继承过

---

① 　罗致政：《两岸和平协定的国际法政研析》，《台湾国际法季刊》2008 年第 12 期。

程中或内战状态下的两岸政治分歧以及和平统一的路径与模式等问题还可以适用民主的逻辑来得到解决。

第二节　和平统一的现实基础

一、"一个中国"的政治现实

就台湾问题而言，促进祖国和平统一的任务并不是因为国家继承等原因造成的，统一的主要障碍在于因国共内战的延续所产生的两岸政治对立，而统一的路径与模式选择完全属于中国的内政问题。因为，就现状而言，"一个中国"是法理和政治现实，两岸在领土、主权层面上是统一的，两岸同属一个中国。

近代以来，在反侵略、反殖民历程中，统一、富强的中国一直是中国人民不变的目标。1895 年，日本逼迫清政府签订不平等的《马关条约》，清政府被迫割让台湾给日本，中日之间发生涉及领土变更的情形。1945 年，日本战败，台湾重回祖国怀抱，处在当时的中央政府——中华民国政府的管辖之下，并得到《开罗宣言》《波茨坦公告》和《日本投降书》等系列具有法律效力的文件确认和保障，并得到国际社会的广泛承认，至此，就两岸关系而言，实现了中国在主权、领土、政府和人民等要素上的完全统一，此后中国也没有出现领土变更的情况，即中国的主权和领土一直保持完整、统一的状态。1949 年，中国共产党领导下的革命推翻了原中华民国政府，中华人民共和国与"中华民国"之间的更替是政府继承而非国家继承，在国际法上中国的国际人格是连续的、同一的，由中华人民共和国政府作为中国的唯一合法代表，取代旧中国政府的一切权利（包括对台湾的主权权利），这也获得了广泛的国际承认。1949 年以后，虽然国共内战遗留的两个政权长期对峙的问题迄今未解决，两岸进行了长时间的中国代表权之争，台湾内部也发生过政党轮替，但是这些变化无涉两岸之间领土主权关系的一体性。①

遵循由继承到承认的发展逻辑可以推论，国际社会对于中华人民共和国政府的逐渐承认及对"中华民国"政府的不承认，均属于政府承认的范畴，而台湾方面在谋求"两个中国""一中一台"的国家或政府承认，以及台湾方面倒果为因地将"邦交国"的政府承认作为"中华民国在台湾"或"台湾"主权独立的依据，均严重违背了事实及法理。

从 20 世纪 90 年代开始，台湾方面各种分离和分裂主张开始泛滥，与"一个中国"事实相悖，冲撞"一个中国"原则，但并未改变两岸同属一个中国的现状。从 90 年代初开始，李登辉逐步背离一个中国原则，其观点经由"一国两府""一国两体""两个中国"，最终到"一中一台"，呈现出从坚持一个中国原则到分离、分裂主张的清晰演变脉络。然而，即便是在李登辉执政后期、陈水扁执政时期以及蔡英文当权期间，台湾方面的政治人物做出诸多偏离一个中国原则的政治宣示动作，但台湾地区所遵行的宪制性规定对台湾方面从法理上形成约束，一个中国架构仍存在于台湾地区的法政体系之中；"中国一直是一个中国，从未分裂为两个中国"②，台湾地区宪制性规定及其"增修条文"明文规定，"中华民国领土，依其固

---

① 刘国深：《两岸关系和平发展新课题浅析》，《台湾研究集刊》2008 年第 4 期。
② 徐庆雄：《中华民国如何成为国家》，台北前卫出版社 2001 年版，序言第 2 页。

有疆域"，非经一定程序，"不得变更之"，只不过为了因应政治局势的发展，将两岸定位为"自由地区与大陆地区"。

就大陆而言，始终坚持大陆和台湾同属一个中国的原则，而且在对两岸现状的用语上也非常严格，如 1993 年的《台湾问题与中国统一》白皮书称两岸"由于种种原因，台湾迄今尚处于与大陆分离的状态"，虽然用到"分离"一词，但是指的是台湾与大陆"分离"，绝非从中国母体的"分离""分裂"；《反分裂国家法》用语彰显了"分裂"不是现状，而是要被坚决反对与遏制的主张和行为。胡锦涛在 2008 年 12 月 31 日纪念《告台湾同胞书》发表 30 周年座谈会上的讲话中明确提出："1949 年以来，大陆和台湾尽管尚未统一，但不是中国领土和主权的分裂，而是上个世纪 40 年代中后期中国内战遗留并延续的政治对立，这没有改变大陆和台湾同属一个中国的事实。"2014 年 9 月 26 日，习近平总书记在会见台湾和平统一团体联合参访团时发表讲话，再次确认："1949 年以来，两岸虽然尚未统一，但大陆和台湾同属一个中国的事实从未改变，也不可能改变。两岸复归统一，是结束政治对立，不是领土和主权再造"；在 2019 年纪念《告台湾同胞书》发表 40 周年纪念会上的讲话中，他指出："台湾是中国一部分、两岸同属一个中国的历史和法理事实，是任何人任何势力都无法改变的！"

二、"一个中国"的政治认知

一个中国的历史和法理事实是不容否认的，这也是绝大多数中华儿女的共同认知。至少在 1949 年之后的三四十年间，两岸在政治宣示上都承认并坚持"一个中国"的原则，而两岸双方对于"一个中国"的内涵存在着对抗性的不同解释，但这一分歧仅限于在"谁是代表中国的合法政府"上的"政府合法性"纷争。"双方对于'一个中国'概念所指涉的'人民''领土'的对象范围完全重叠，而且双方对于'世界上只有一个中国''台湾是中国之一部分''反对两个中国、一中一台以及台湾独立'的原则立场也是基本一致的。"① 蒋氏父子主政时期，始终坚持一个中国的立场，并自认为是中国唯一合法代表，如蒋介石曾表示："台湾是中国的一部分，在法律上是没有问题的"，② 蒋经国在 1987 年表示要"坚决反对台独的分离意识"。③ 直至李登辉执政前期，两岸之间的领土、主权同一性是台湾当局一直确认并坚持的。如 1991 年 4 月 30 日，李登辉答记者问时表示："在《国家统一纲领》中，我们曾明白指出，在一个中国的原则下，海峡两岸应在交流互惠中，不否定对方为政治实体，故我们今后将视中共为控制大陆地区的政治实体。"④ 这表明主权领土同一的一个中国的原则和立场继续为台湾当局所遵行，有所变化的是在政府或政权层面上，改变过去否认中华人民共和国政权的立场，认可一个中国下存在两个对立的政权，逐渐演变为"一国两府"。

但李登辉执政后期逐渐偏离了一个中国的原则，如 1993 年 11 月 21 日，台湾方面发表"两个中国政策"声明："中华民国及中华人民共和国实为历史、地理或文化含义的'一个中国'下，互不隶属的两个主权国

① 刘国深：《两岸政治僵局的概念性解析》，《台湾研究集刊》1999 年第 1 期。
② 《蒋介石在"革命实践研究院"的讲话》，(台北)《中央日报》1950 年 9 月 26 日。
③ 《蒋主席重申执政党两大决策》，(台北)《中央日报》1987 年 11 月 26 日。
④ 一个中国论述史料汇编编辑小组：《一个中国论述史料汇编——史料档（二）》，台北"国史馆"2000 年印，第 16 页。

家"①。1999年7月9日，李登辉直接抛出"特殊两国"论，否定了两岸主权、领土同一性。而陈水扁上台后抛出"一边一国"论，认为台湾是一个主权独立的国家，彻底背离两岸主权、领土同一、同属一个中国的基本现实。马英九当局对于"九二共识"的坚持，从政治与法理上宣示了中国领土主权的完整，这一点和大陆的一个中国原则有共识，并宣称反对"两国论"和"法理台独"，应该说"两岸同属一个中国"的基本框架得到保障。而蔡英文当局自执政以来，拒不接受"九二共识"，不承认"两岸同属一个中国"，并不断在内部稳步推动"去中国化""台独建构"，两岸之间协商沟通的政治基础及渠道被严重破坏，这对丁两岸关系和平发展与和平统一构成了相当程度的阻碍和威胁。

大陆始终坚持两岸同属一个中国的原则，对于"一个中国"的内涵也有着较为清晰的界定。对"一个中国"的表述，在1993年发布的《台湾问题与中国统一》白皮书中强调："世界上只有一个中国，台湾是中国不可分割的一部分，中央政府在北京"，此后最显著的表述变化是由"老三段论"到"新三段论"，即"世界上只有一个中国、大陆与台湾同属一个中国、中国的主权与领土不容分割"，并强调"一个中国是两岸能够接受的最大共同点"。而"新三段论"中"大陆与台湾同属一个中国"的表述，较为强调两岸在一个中国框架下相互之间位阶平等的关系。就两岸两会多年来的对话和磋商实践来看，大陆只坚持一个中国原则，从来没有在两岸之间讲"谁代表一个中国"。② 大陆方面对于一个中国原则的坚持更加具

---

① 江丙坤：《将采一个中国为指向的阶段性两个中国政策》，（台北）《中国时报》，1993年11月22日。

② 许世铨：《十年观察：激荡中的台湾问题》，九州出版社2007年版，第252页。

有坚定性，同时对于"一个中国"内涵的解释与构建也更加具有开放性和包容性，充分考虑和尊重台湾同胞的意见与感受。

台湾各政党对"一个中国"现状认知是不断变化的，而且相互之间存在着较大的差别。国民党基本认为，"一个中国"是"中华民国"，"中华民国"是主权及于全中国、治权仅限于台澎金马的主权独立国家，而其中有些国民党"本土派"也认为"中华民国在台湾"是主权独立国家；民进党一般强调台湾是以"中华民国"为国号的主权独立国家，否认存在包括台湾在内的一个中国。

而台湾民众对于"一个中国"的认知，主要体现在国家认同上，不可否认的是，30多年来，由于岛内分离势力的炒作与操弄，台湾民众在自我身份认知、国家认同上陷入混乱，台湾认同自20世纪90年代早期开始上升，中国认同自2000年后持续下降，而双重认同则可能难以持续，[①] 岛内历年来民意调查结果也大多显示，受访者自认为是"中国人"的比例总体上呈现较为明显减少趋势，而强调自己是"台湾人"的比例仍然高于自我认同为"中国人"的比例。

三、统一目标的认可程度

统一作为两岸关系发展的目标，是全体中华儿女的共同愿望，是中华民族根本利益所在，这一点对大陆政府和人民而言是不变的原则和立场。调查研究也证实，大陆人民在台湾问题的立场上与党和政府保持高度一

---

① Shen S C. *Democracy and Nation Formation: National Identity Change and Dual Identity in Taiwan*, 1991-2011, Columbia University, 2013.

致，绝大多数民众也支持以和平方式来解决台湾问题。[①] 而对于未来两岸关系的"统独"走向，台湾各方的立场则经历着一个变动的过程。

就台湾当局而言，至少在 20 世纪 90 年代以前，统一是其在两岸关系前途上的唯一选项和目标，"两蒋"出于"反共复国"的目的，无论是"光复大陆""三分军事、七分政治"，还是"三民主义统一中国"，统一始终是其不变的目标，李登辉时期的"国家统一纲领"也明文规定海峡两岸要"共同重建一个统一的中国"，其要旨之一便是坚持一个中国、谋求中国的统一。即便是执政后期的李登辉在两岸关系现状的主张上逐步背离了"两岸同属一个中国"，但也没有抛开统一的目标，提出了"以一个中国为指向"、一个中国"是将来的目标"等主张，如 1998 年 7 月 22 日，李在"国统会"第十三次会议上重申：中国要统一。[②] 2000 年后，陈水扁当局的"台独"立场虽令两岸政治关系陷入低谷，但其也未完全否认统一是未来两岸关系的选项。2008 年后的马英九当局奉行"不统、不独、不武"的立场，在统一的目标上采取了搁置的态度。2016 年再次政党轮替后上台执政的蔡英文当局则是直接排斥将统一作为其政治选项。

就台湾各政党立场来看，国民党在 2000 年以前执政期间，基本上是将统一作为其大陆政策的基本立场，统一的目标还被写入其党章；2000年后的在野期间，开始强调"以台湾为主"，两岸政策主张逐渐"台湾化""本土化"，统一的目标逐步弱化；2007 年 5 月修改党章时，删除了

---

① Pan H H, Wu W C, Chang Y T, How Chinese Citizens Perceive Cross-Strait Relations: Survey Results from Ten Major Cities in China, *Journal of Contemporary China*, 2017, 26(106): 616-631.

② 《盼两岸在分治基础上签署和平协定》，（台北）《中国时报》1998 年 7 月 23 日。

部分关于追求统一的文字论述；在其 2008 年党的中心任务中，删除了以往年度惯有的"在国统纲领及九二共识的基础上"文字部分，这一举动与 2007 年 5 月国民党修改党章被视为国民党两岸政策更进一步朝"去统化"修正。[①]2016 年再次失去政权的国民党在统一问题上更趋消极。而民进党在两岸统独问题上的立场也有一个变化的过程，早期被定位"台独"政党，"独立"是其唯一目标，但受制于台湾民意，逐步转型为"独立选项"论，再到"台湾前途由 2300 万台湾人民决定"，"自'唯一选项'独立，走向开放选择与民主选择"，"民主选择的选项包括统一"，[②] 不排除未来两岸统一的可能和结果，只不过认为"台湾是主权独立国家"，任何现状的改变均需"公投"，可以推论为统一需要"公投"，当然，从其实际的政策主张和作为来看，民进党从根本上是排斥统一的。总之，台湾政党在对于两岸未来统独问题上的主张和立场呈现出与两岸和平统一的伟大目标和历史趋势相背离的状态。

就民众的统一目标认知而言，20 世纪 90 年代以来，台湾民众在两岸关系的认知和统"独"立场上开始出现波动，大多数民调显示出一个较为明显的特征，即在台湾未来的前途问题上，受访者倾向于支持两岸统一的比例在减少，而倾向于支持"台湾独立"和永远"维持现状"的比例逐渐上升，为祖国的和平统一增添了新变数。

---

① 李振广、徐博东：《国民党重新执政后的大陆政策走向与两岸关系》，《北京联合大学学报（人文社会科学版）》2008 年第 6 期。

② 谢敏捷：《唯一选项或民主选择：台北、北京、华府关于两岸关系前景的争议》，《中国大陆研究》2001 年第 9 期。

四、祖国统一的历史大势

自中央政府确立"和平统一、一国两制"对台方略以来，两岸关系发展呈现新样态。两岸开放民间交流至今已逾 30 年，两岸公权力机关、政党与民间团体、人民之间形成了复杂的多维交流互动关系，其间虽多有波折，但两岸关系和平发展进程已经开启，祖国统一大势也变得不可逆转。

祖国统一大势是特指在实现中国统一的进程中，由两岸各自内部、两岸关系以及相关国际环境发展变化决定的、两岸统一的前景及其强烈程度。[1] 而其中发挥关键作用的因素则是祖国大陆对于统一目标的不懈坚持以及自身的不断发展进步：首先，中国大陆在国际社会及两岸关系中对于一个中国原则的坚守与维护、对于"和平统一、一国两制"的传承与创新、对于"两个中国""一中一台"的反对与遏制，为自身赢得了法理与道义上的普遍支持。其次，中央领导人一再表示决定统一进程的关键因素是祖国大陆的发展进步，诚如习近平总书记所指出的："从根本上说，决定两岸关系走向的关键因素是祖国大陆发展进步。我们要保持自身发展势头，同时采取正确政策措施做好台湾工作"。[2] 党的十九大报告也明确将推进祖国统一纳入现代化建设、民族复兴的宏大目标体系中，这从根本上保持了统一态势的延续性。最后，改革开放以来，中国大陆经济飞速发展、社会民生持续改善、政治体制逐步优化等使得综合国力不断提升，也逐渐成为国际社会中举足轻重的建设性力量，同时在两岸关系主导性的竞争中获得压倒性优势，这为统一大势的持续提供了坚实的物质基础。

---

[1]　郭震远：《加快塑造中国统一大势的探讨》，《中国评论》2018 年第 1 期。

[2]　习近平：《决定两岸关系走向的关键是大陆发展》，新华网，2015 年 3 月 4 日。

在国际社会，"一个中国"已经是普遍的政治共识，"台独"缺乏所谓的"国际活动空间"，各国均秉持一个中国原则或政策，综合相关官方文件资料和研究成果[①]可以发现，接受中华人民共和国政府一个中国原则、统一目标论述的国家占全世界国家的比例呈上升趋势，而且有更多的国家明确承诺"不与台湾发展官方关系或进行官方往来"，"不支持或反对台独分离活动"，"支持两岸统一或一国两制"，以及"不支持或反对台湾加入以国家为会籍资格的国际组织"，等等。同时，近年来，不少国家以及国际组织更加严格遵循和执行一个中国原则来处理与台非正式关系，如要求台驻外代表机构摘牌与更名，以及更正对台湾的正式称谓等。这些他方实践为推进两岸统一进程营造了总体上更为有利的政治氛围和外部环境。

在台湾内部，台湾社会也普遍认知到两岸力量对比的翻转，台湾民众对于大陆推进祖国统一的决心也有清晰的感知，对于大陆的发展成绩和对

---

① 蔡政修：《"一个中国原则"与台湾的国际空间：以民进党政府参与联合国的策略为例（2000—2008）》，《全球政治评论》2013年第1期。附录：《国际社会接受（承认、承诺、或支持）"一个中国原则"与同意（支持、理解、尊重）中共反分裂法之国家数目与比例统计表》（第71—76页）中详细整理列举了截至2008年的各国与中华人民共和国建交的日期以及对待核心议题的相关态度。而2008年后，中华人民共和国新增建交国家包括南苏丹（建交时间2011年7月9日）、冈比亚（2016年3月17日）、圣多美和普林西比（2016年12月21日）、巴拿马（2017年6月12日）、多米尼加（2018年5月1日）、布基纳法索（2018年5月26日）、萨尔瓦多（2018年8月22日）等均认同一个中国原则。如冈比亚在建交公报中承诺，"冈比亚伊斯兰共和国政府承认世界上只有一个中国，中华人民共和国政府是代表全中国的唯一合法政府，台湾是中国领土不可分割的一部分。冈比亚伊斯兰共和国政府承诺不同台湾发生任何官方关系，不进行任何官方往来"。总体而言，2008年后数据的变动趋势不大，因此，本文主要引用蔡文的数据来说明一个中国原则的国际接受度日益升高。

台政策有一定程度的认同。大陆对台方略所产生的压力与引力已经显著传导到台湾内部，使得台湾社会对于两岸前途问题的态度在信念与信心之间产生内在碰撞，呈现出"信念坚定，信心不足"的矛盾状态。对于台湾民意而言，在两岸最终会逐渐走向统一还是逐渐走向独立的思考上，统一终局的必然性远比统一美好前景的或然性更具有震撼力。在影响台湾民众选择的因素中，理性预期可能逐渐超过感性认同的分量。近年来的台湾民意呈现信念与信心相背离的态势，虽然赞成统一的民众暂时是少数，但认为最终会统一的民众却不在少数。如同杜克大学与政治大学合作发布的民调数据所显示，在 2012—2015 年间认为两岸会逐渐走向统一的受访者比例分别为 48.3%、44.0%、37.4%、39.1%，基本高于认为台湾会走向独立的比例：35.3%、39.6%、40.3%、38.0%。而且截止到 2017 年，认为两岸统一的可能性均大于台湾独立的可能性。[1] 可以预期的是，随着这种趋势在未来的逐渐强化，推进祖国统一进程所遭遇的心理阻力和情感抗拒也会大大降低。

就两岸而言，大陆对于处理两岸关系的能力和自信也在不断增强，两岸关系和平发展的局面基本可控。党的十九大报告肯定了十八大以来的港澳台工作取得新进展，并从正反两方面总结了对台工作的成就："坚持一个中国原则和'九二共识'，推动两岸关系和平发展，加强两岸经济文化交流合作，实现两岸领导人历史性会晤"；"妥善应对台湾局势变化，坚决反对和遏制'台独'分裂势力，有力维护台海和平稳定"。相应的，中国大陆对于祖国统一必然趋势的信心也从未动摇。党的十九大再次确认了"和平统一、一国两制"的基本方针，显示了自信与定力并未受到岛内政

---

[1] The Taiwan National Security Surveys (2002–2017),Program in Asian Security Studies(https://sites.duke.edu/pass/taiwan-national-security-survey/).

治乱象和民意压力的影响。

因此，总体上，"两岸同属一个中国"的法律与政治现状没有改变，推进祖国和平统一的法律与政治基础是极其稳固的。从国家构成要素来讲，台湾也未从中国分裂分离，作为国家要素之一的中央政府更替并没有影响中国的同一性和连续性，中华人民共和国政府对"中华民国"政府的取代是政府继承；当一个中央政府暂时不能有效控制整个领土时，国家并不停止其存在。从民意基础来看，"两岸同属一个中国"是绝大部分中国人的共同认知，和平统一是广大中华儿女的共同追求和历史使命。和平统一的历史大势更加明显，祖国大陆掌控两岸关系发展大局的能力更为突出。但也不可回避的是，现阶段两岸和平统一目标在台湾地区的民众心理基础和群众基础上遭遇了一定程度的冲击。

第三节　和平统一的目标构成

一、统一的形式目标

基于对统一概念的解析和两岸关系的分析，祖国和平统一是指在主权和领土完整同一、政权对立及人民分立的现状和基础上，以和平方式结束两岸政治对立，达成两岸政权在内政外交上的有序安排，并建立两岸同一性、独占性、正常化的有效政治秩序，进而实现两岸在主权、领土、政府和人民等要素完全统一的过程和结果。和平统一不是由两个国家到一个国家的统一。民进党长期以来鼓吹所谓两岸"一中一台"的现状，并且认为未来两岸如果走向统一则是对"一中一台"现状的改变，而这种改变需经过全体台湾人民"公投"通过，这一谬论首先违背了两岸同属领土主权统一的一个中国的现状。如果因两岸当前尚未完全统一，就认为两岸已经处于分裂状态，那么在追求祖国统一的道路上也必然会出现偏差。

除了从国家构成要素角度对和平统一的目标进行形式解析之外，还存在一些其他角度的解读。如"治权统一"论认为，"两岸统一属于中国主权和领土完整基础上的治权统一问题"，将国家领土的统一和主权完整称为国际法上的国家统一，将主权、领土完整基础上国内统治权（治权）的统一称之为国内法上的国家统一，而"国家治权尚未统一意味着在一国领土之内存在两个或两个以上的争夺国家领土、人口、资源控制权的政权，他们之间展开内政外交全方位争斗，直至一个政权胜出，或几个分立的政权通过和平的方式结成一个新的、其权威覆盖整个国土的政权而完成统一大业"。[①] 当然，"治权"是一个含义比较模糊的概念，据考证，"治权"一词为孙中山先生所创，大概指"政府处理公务的权力"，包括五种：立法权、行政权、司法权、考试权、监察权。孙中山先生的学说，既未被各国学者所普遍接受，也未在中国政治实践中得到真正的应用。[②] 引用"治权"统一来指代国家统一的形式目标，以主权与"治权"的关系来揭示主权、政府、人民等要素之间的互动，较为形象直观。而主权"行使权统一"论则通过对"主权"构成的创新性研究，提出主权在构成上包括两部分：主权所有权和主权行使权，进而对统一和分裂进行解读，指出统一国

---

① 范宏云：《国际法视野下的国家统一研究：兼论两岸统一过渡期法律框架》，广东人民出版社 2008 年版，第 254、86、89 页。

② 吴大英：《评主权与"治权"分开》，《统一论坛》1995 年第 3 期。

家通常有两种情况：一种是在主权所有权统一的前提下，主权行使权也统一，为"完全统一国家"；另一种是在主权所有权统一的前提下，主权行使权同主权所有权被动分离的情形，称为"不完全统一国家"，如目前的中国。而两岸和平统一的任务是结束主权行使权与主权所有权被动分离状态，实现两者的统一，达到完全统一的目标。[①] 或者说，"海峡两岸至今尚未主权分裂，分裂者厥为主权的行使权或统治权而已"。[②] 对于解释两岸和平统一的目标而言，"主权所有权"与"主权行使权"相对于既有的国家四要素即主权、领土、政府、人民等概念也相对简要。"治权统一"论与"主权行使权统一"论均在实质上将两岸统一界定在非主权的政府与人民层面。

从事实的两岸政治关系来看，和平统一也是两岸由一种政府和人民"政治对立"的"不完全统一"状态过渡到"完全统一"的过程和结果。在党的十九大报告中，习近平总书记再次明确提到了"实现祖国完全统一"，这一概念不仅是指我们恢复对香港、澳门行使主权以及解决台湾问题而完成历史使命，还蕴含着深刻的现状定位及理论内涵，即对和平统一的理解可以进一步细化为"维护领土主权统一"和"追求两岸政权统一"两个不同层次的形式目标。在肯定目前海峡两岸领土主权统一、两岸同属一个中国框架的基础上，不否认中国境内仍然存在两个对立的政权，两岸在政权意义上尚未完全统一的现实，而两岸复归统一要实现的是结束两个政权之间的政治对立，实现完全统一。也可以说"两岸复归统一"，无涉领土和主权的问题，而是在一个中国框架存量政治基础上，如何经由"结

---

① 　王英津：《国家统一模式研究》，台北博扬文化 2004 年版，第 50—51 页。

② 　王晓波：《两岸关系论集》，海峡学术出版社 1997 年版，第 11 页。

束政治对立"，建立起更加和谐稳定的政治新秩序的问题。① 而从规范意义来看两岸关系，则当前的问题也可以被解读为中央政府或政治秩序的合法性与有效性之间存在着一定的落差，和平统一就是要以和平方式将中央政府的权威或一元化政治秩序拓展到台湾地区，因此也有台湾学者称推进祖国统一进程的实质就是"从法理统一走向事实统一"。②

立足于前述分析，未来两岸走向和平统一的形式有几种可能的结果：第一种情况，一个政权胜出，形成一个中央政府、一个独占性政治秩序；第二种情况，两个分立的政权通过某种方式结成一个新的、权威覆盖整个国土的政权，产生一个中央政府、一个独占性政治秩序；第三种情况，可能是两个分立政权由敌对到合作，经由协商谈判等达成共识，然后确立起两岸共同遵守的一元化政法秩序和内政外交的有序安排。而事实上，祖国和平统一的终局形式不是唯一的。虽然，目前世界大多数国家是"一国一制"和"一国一府"，但这并不意味着两岸和平统一的终局形式必然是"一国一制"的，并非如台湾所误解的那样一定是一方吃掉另一方。

回顾历史，在促进祖国和平统一的历史进程中，大陆对于未来祖国统一实现形式的战略设想越来越具有开放性和包容性，也不断与时俱进。邓小平提出的"和平统一、一国两制"是在两岸复归完全统一的终局安排上的创举和最佳模式，曾经的对立政权不必实行和中央政府相同的制度形式，可以保有自己的独立性和自主空间。江泽民曾经多次建议两岸双方就"在一个中国的原则下"，"正式结束两岸敌对状态、逐步实现和平统

---

① 刘国深：《习近平涉台论述的新两岸观》，《中国评论》2017 年第 12 期。

② 林碧炤：《营造更和谐与更和平的两岸关系》，田弘茂、张显超：《两岸交流二十年：变迁与挑战》，台北名田文化 2008 年版，第 358 页。

一"进行谈判，并达成协议①，实质上也是对和平统一的目标形式进行了初步的分解，即"正式结束两岸敌对状态"是实现和平统一的重要环节。2008 年以来，胡锦涛与习近平均在不同场合进一步提出，"两岸复归统一，不是主权和领土再造，而是结束政治对立"，这一政策号召科学地深化了"和平统一、一国两制"的学理内涵和现实针对性，两岸政权结束政治对立就达至复归统一，这实际上使得和平统一目标的实现形式更为深化与细化，即建立起一个获得两岸（政府和人民）服从、支持和认可的覆盖中国整体疆域的政治权威和统治秩序，就是实现了两岸和平统一。而祖国和平统一后与统一前相比，两岸关系的主体尤其是两岸政府或政权、政治体系并不必然消失，台湾的政权或政治体系仍然可以存在，而非所谓"大陆吞并台湾"，所改变的只是和平统一过程中各个主体间的关系，包括性质的改变和新关系的出现，前者包括两岸由政权的敌对或对抗走向合作或合一，两者在内政外交上实现有序安排；后者包括两岸人民对新的政治秩序或中央政府的服从、支持与认同。可以说，"两岸复归统一"的提出也使得"和平统一、一国两制"模式更具体化，更具可操作性。

二、统一的内涵目标

实现祖国和平统一，不仅是形式上的统一，还应有更为重要的实质内涵上的要求。在政权层面，和平统一要从"两岸同属一个中国"的现状走向完全统一；而在人民层面，和平统一要从"两岸一家人"的现状走向"两岸

---

① 江泽民：《为促进祖国统一大业的完成而继续奋斗》，《人民日报》1991 年 1 月
31 日。

一家亲"。和平统一的内涵目标就是指在人民层面立基于"两岸一家人"的现状逐步实现"两岸一家亲""两岸命运共同体"以及"两岸同胞的心灵契合"。香港回归20多年来的实践也在一定程度上表明，统一不是一劳永逸的，即便是在实现基本的和平统一后，国家建设还将面临深化统一、达至完全统一的新课题，① 形式上的统一并不必然意味着统一目标的完全实现。党的十九大报告将"坚持'一国两制'和推进祖国统一"作为习近平新时代中国特色社会主义思想的基本方略之一，强调"必须继续坚持'和平统一、一国两制'方针，推动两岸关系和平发展，推进祖国和平统一进程"，可以说是再次明确了对于祖国和平统一的形式目标的坚持。与此同时，随着两岸关系和平发展的深入，以及促进祖国和平统一进程中所面临的新问题、新形势，和平统一的内涵目标的重要性逐渐凸显，习近平总书记也强调指出："我们所追求的国家统一不仅是形式上的统一，更重要的是两岸同胞的心灵契合"。事实上，习近平总书记关于国家统一的"两岸一家亲""两岸命运共同体""两岸同胞心灵契合"等系列论述已经比较系统地揭示了统一的实质性内涵目标，这也是习近平总书记对台工作重要论述的重要构成部分，更是对"和平统一、一国两制"对台方略的继承与重大创新。

首先，对台反"独"促统目标的相关工作从配合到融合，推动了对统一目标的认知深化。中国大陆解决台湾问题的努力被认为可分成两种情形：反"独"与促统。在20世纪90年代，中国大陆在推动统一上更为积极。香港、澳门的回归使得人们对于尽快解决台湾问题抱持高度的乐观主义。而2000年以来，大陆做出了策略性调整，更多地将工作重心放在阻

---

① 王英津：《推进两岸融合发展的理论问题刍议》，《中国评论》2018年第1期。

止台湾追求"法理独立"上。然而，认为促统与反"独"依序是两个阶段各自所追求的政策目标的观点并不是绝对的，因为实际上这两类政策措施、目标是相互促进、相互补充的。[①] 党的十八大以来，中国大陆不仅强化了坚持一个中国原则和"九二共识"以及坚决反对和遏制"台独"分裂势力的力度，强化了底线思维和红线意识，而且还强调了两岸融合发展，加强了对台工作中反"独"与促统的配合与协同。但是，我们也应该注意到，在实际的对台工作中的反"独"举措往往会被台湾方面操弄为所谓"伤害台湾人民感情和尊严"的行为，促统举措也并未能够直接产生充分的反对"台独"的作用力，这是大陆对台工作所面临的困境。我们应该充分认识到，反"独"与促统是对台工作的两项目标，而非两类工作，这就要求在两岸关系和平发展进程中，大陆对台工作不能被割裂为"反独"与"促统"两类工作，而是要追求在同一项工作中同时落实两项政策目标。面向未来，在推进和平发展与和平统一进程中，应从对台政策中反"独"与促统工作的相互配合过渡到对台工作中反"独"与促统目标的相互融合。

习近平总书记在 2014 年会见台湾和平统一联合参访团时表示："两岸关系和平发展是通向和平统一的正确道路。当前，两岸关系和平发展进程正不断向前推进，没有因遇到一些沟坎而止步，反映了两岸同胞共同心愿。我们将毫不动摇坚持两岸关系和平发展的正确道路，坚持造福两岸同胞的政策举措，努力推动两岸关系不断取得新进展。"[②] 在 2016 年"两会"

---

① Li C, New Leaders with Old Lenses? China's Conflict Frames Toward Taiwan, 2003–2013, *Journal of Chinese Political Science*, 2015, 20(1): 67-85.

② 《习近平总书记会见台湾和平统一团体联合参访团》，新华网，2014 年 9 月 26 日。

期间参加上海代表团审议时，习近平总书记强调，"我们将持续推进两岸各领域交流合作，深化两岸经济社会融合发展"。[①]2016 年 11 月 1 日，习近平总书记在会见洪秀柱时再度强调，要推进两岸经济社会融合发展，两岸是割舍不断的命运共同体。[②] 党的十九大报告进一步号召包括港澳台同胞在内的全体中华儿女要顺应历史大势、共担民族大义，共创中华民族伟大复兴的美好未来。从"和平发展"到"融合发展"，从对台反"独"与促统的工作配合到更高层次的双方两岸同胞共圆中国梦以及心灵契合，体现了习近平总书记对台工作重要论述在统一路径和统一目标上的重大创新，即在两岸经济社会融合发展过程中实现反"独"与促统的融合，而这种融合可以发挥事半功倍的功效，既有助于彻底消除"台独"的危害，又有利于推进统一的水到渠成，而且这种融合下的统一也就不仅是政治、法律等形式意义上的统一，更是命运、心灵等内涵意义上的契合。

其次，新时代习近平总书记关于对台工作的重要论述揭示了"心灵契合"是统一目标内在的必然要求。从国家构成要素的角度分析，统一是主权、领土、政府、人民等诸要素的统一，两岸和平统一不仅有政府层面的统一，更应有人民层面的统一。当两岸在政治与法律意义上处于一个中国领土与主权完整时，对应的和平统一的任务是要结束两岸政治对立；而当两岸同胞处在"同属一家人"的现实状况下，相应的和平统一的实质性目标就是要实现"两岸一家亲"、实现两岸同胞的"心灵契合"。自"和平统一、一国两制"方针确立以来，实现了政治、政权、政府意义上的统一往往被视为是统一目标的实现，而"一国两制"下的统一也被设想为一种

① 《习近平参加上海代表团审议》，新华网，2016 年 3 月 5 日。
② 《习近平总书记会见中国国民党主席洪秀柱》，新华社，2016 年 11 月 1 日。

"河水不犯井水"的状态，这就在一定程度上忽略了两岸同胞之间的融合统一。大陆对台工作一向强调争取台湾民心、寄希望于台湾人民，尤其是在两岸关系进入和平发展阶段后，大陆对台政策也开启了"以人民为中心"的工作方式，① 从两岸关系发展的历史来看，争取台湾民心的工作一直是争取和平统一的重要路径，但人民的统一、心灵契合尚未被提升到统一目标的层次。然而，从中国共产党"执政为民""以民为本"以及中国人民民主政治体制的视角出发，人民的统一也是两岸和平统一目标的应有内涵。

习近平自 2012 年担任党的总书记以来，先后提出一系列对台重要论述，譬如"两岸一家亲""两岸命运共同体""两岸同胞的心灵契合"和"两岸融合发展"等，这些论述构成了习近平对台工作重要论述体系。其中"两岸一家亲""两岸命运共同体""两岸同胞的心灵契合"对于未来两岸和平统一提出了实质性的内涵要求，意味着统一不仅是形式上的统一，更是要实现两岸同胞在各个层面的统一。正如台湾学者所言："既然统一是要为中华民族的整体利益服务，因此是一件长期的工作，欲速则不达。何况，习近平所强调的是和平统一，不是武力统一；是追求两岸心灵契合下的统一，而非同床异梦下的统一。"② 习近平总书记对于深化统一目标内涵的论述丰富而全面：首先，习近平总书记指出，"两岸同胞是一家人"，"同属一个国家、同属一个民族从来没有改变"，③"两岸经济同属中华民族经济"，④ 这就从人民的层面指出了两岸关系的实质与现状，相对于以往从

---

① Li C, New Leaders with Old Lenses? China's Conflict Frames Toward Taiwan, 2003–2013, *Journal of Chinese Political Science*, 2015, 20(1): 67-85.

② 赵春山：《习近平的对台政策方略》，《中国评论》2017 年第 12 期。

③《习近平谈治国理政》第一卷，外文出版社 2018 年版，第 238 页。

④《习近平谈治国理政》第一卷，外文出版社 2018 年版，第 230 页。

主权和领土层面定义两岸关系，这也是对"两岸同属一个中国"的重要补充。其次，基于"两岸一家人"的现状，从整体意义上的人民视角来看，"两岸一家亲""两岸命运共同体"也就是统一所需要达到的状态，习近平总书记多次呼吁两岸同胞携手建设两岸命运共同体、增强对两岸共同体的认知。就两岸关系发展实际来看，"如果没有构筑两岸人民的命运共同体，就企求完全统一，那就不可能采取和平的方式"①。最后，习近平总书记指出，我们所追求的国家统一不仅是形式上的统一，更重要的是两岸同胞的心灵契合②，这就从个体意义上对于两岸人民的统一提出了更为微观而科学的目标要求。实现整体意义、宏观层面上的"命运共同体"与个体意义、微观层面上的"心灵契合"之间的相互统一，才会推进和平统一目标的全面实现，和平统一后的状态也会持久稳定。同时，对于如何实现和平统一的内涵目标，习近平总书记关于对台工作的重要论述也指明了方向，"标志着习近平对台思想达到一个新高度的就是两岸融合发展"，"只有通过两岸融合发展，让台湾同胞优先享受到中国大陆的发展机遇，优先享受到中华民族伟大复兴所带来的福利，才能逐渐形成命运相连的两岸共同体。没有融合发展，两岸就无法形成共同利益，也就无法做到心灵契合"。③

---

① 郭伟峰：《习近平十九大对台方略与两岸未来三十年思考》，《中国评论》2018年第1期。
② 《习近平总书记会见台湾和平统一团体联合参访团》，新华网，2014年9月26日。
③ 王英津：《融合发展——习近平推进和平统一的新思路》，中国台湾网，2017年10月18日。

第二章
祖国和平统一进程的情势变化

　　台湾问题的解决，根本上取决于大陆自身的发展进步。然而祖国和平统一的实现并不是一个线性的过程，一方面取决于自身的决心、实力和能力，另一方面也不能忽视在此过程中的环境变迁和"他者"反应的制约。促进祖国和平统一的路径与模式也必然随着外在环境和影响因素的变化而不断调适。环境变迁涉及美国、日本等国际因素，台湾内部政治生态，两岸政经结构及发展差异、实力对比、认同冲突、政治歧见等多个相互影响的方面。

第一节　台湾政治生态演变

　　"和平统一、一国两制"是解决台湾问题的基本方针，和平统一是实现国家完全统一的最佳选择。"以最大诚意、尽最大努力争取和平统一的前景，因为以和平的方式实现统一最符合包括台湾同胞在内的中华民族的整体利益"，^①"一国两制"在台湾的具体实现形式会充分考虑台湾现实情况，充分吸收两岸各界意见和建议，而和平统一的路径与模式也必然要充分照顾到台湾同胞的福祉与需求，充分考虑到台湾政治生态发展的相应影响。台湾政治体制与生态一直处于不断发展变动之中，民主政治、认同政治以及世代政治的交织作用，也使得和平统一进程中的新变数出现，而和平统一的路径与模式规划必须将其考虑在内。

一、民主政治

对于推进祖国和平统一进程而言，在民主政治的逻辑下，相应的和平统一路径与模式可以从台湾内部由下至上地积聚"促统"力量，并借助于台湾民主政治体制影响台湾当局的政策与行为，促使其转变，逐渐达成两岸在政治、政府、政权层面的协商统一，因此，台湾内部的民主政治发展态势也会直接影响着和平统一道路与模式的具体规划。与此同时，台湾民主政治在实践中对于两岸关系的影响之一就是，和平统一的目标实现也在很大程度上要以台湾人民的支持与认可为重要条件。因此，随着台湾政治的"民主化"，祖国大陆推进和平统一的工作对象与重心也从过去的"寄希望于台湾领导人""寄希望于国民党""寄希望于台湾当局"逐渐拓展到"寄希望于台湾人民"，并做好争取台湾"民心"工作。

台湾的"民主化"常被一些西方和台湾学者视为是"第三波"民主化中的成功案例，"是唯一从'党国体制'过渡到'支配性一党体制'再

---

① 《习近平关于总体国家安全观论述摘编》，中央文献出版社 2018 年版，第 42—43 页。

过渡到'竞争性正当体制'的个案,这个特殊的转型过程虽然未必全然平顺,但毕竟没有出现重大的政治动员或社会失序",① 常被西方学者称为是"宁静革命"。直接选举、多党制等被视为台湾民主的标志,已经经历过多次政党轮替的台湾被认为进入了所谓的"民主巩固期",民主在西方政治话语体系中很大程度上被等同于基于政治平等权利的选举,而"台湾的民主化,可以说是一种选举带动的民主化"。② 按照西方意识形态的标准,台湾相关指数的民主排序都是比较靠前的。但正如学者所批判的那样,"一方面,按照主流意识形态的标准,台湾的民主看似不错;另一方面,我们都清楚,台湾民主体制的运作存在严重问题"。③ 而且近年来,对于台湾民主政治的评价,也从先前所谓的"亚洲民主典型"的赞赏,转变为对台湾正经受"民主倒退"(Democratic Reversal)的忧思,④ 民进党再度执政以后也被批评利用立法、行政与司法优势借民主程序行"独裁"之实。从批判性视角来看,台湾的民主发展既受到民主自身局限的一般性束缚,又受到因其独特的背景、环境及机制影响而形成的特定困境,这对于台湾的政治生态、两岸关系发展前景都存在相应的影响,台湾民主政治的复杂性也使得借助于其民主体制从台湾内部构筑和平统一路径并非是一个线性的过程。

---

① 朱云汉:《台湾民主发展的困境与挑战》,《台湾民主季刊》2004 年第 3 期。

② 林佳龙:《台湾民主化与政党体系的变迁:精英与群众的选举连结》,《台湾政治学刊》2000 年第 12 期。

③ 王绍光:《台湾民主政治困境,还是自由民主的困境?》,《台湾社会研究季刊》2007 年第 3 期。

④ Fell D J, Taiwan's Democracy: Towards a Liberal Democracy or Authoritarianism?, *Journal of Current Chinese Affairs*, 2010, 39(2): 187-201.

首先，民主的逻辑张力使得推动和平统一的民意在当前难以成长与积聚。从当前台湾民主政治生态来看，所谓"民主"或"民意"就是"政治算术"的结果，尤其在民主作为一种统治方式的时候，多数人的意志高于少数人的意志，或者是一种诉求声音高于另一种，或者认为每一个都有权自主决定时，民意就得以个体的形式呈现，甚至直接以"公投"诉诸抽象"人民"的民粹主义[①]，而在此逻辑下的民主就是多数民意的实现，当然，这也容易带来"多数的暴政""沉默的螺旋"，或者是群体对立、民意割裂或"碎片化"。具体就台湾民主发展进程而言，打着"全体台湾人民"的旗号，借"公意"形式压制"众意"、以"众意"凌驾于"公意"之上的情形并不少见。而且常常在名义上倡导多元民主，却又铲除异己、极力建构具有所谓"台湾主体性"的民意；或是强调追求"2300万台湾人民共同决定""依循普遍民意"，但又将部分民意、政党意志逐步包装、建构为"台湾共识"，这都构成了台湾民主的深层张力。[②] 从当前和平统一的民意环境来看，台湾政治生活的"民粹化"、个人生活及私域的"政治化"也不可避免地压缩了统一民意的生长空间，"民意至上"会使得政党或政治人物等有了自上而下操弄民意瓦解统一力量的社会基础，而且直接选举、公民投票等更是让"台独"势力在相当一个时期内掌握着对抗统一的机会与工具。

其次，民主的程序困境使得支持和平统一的民意在当前难以得到完全体现和实现。民众政治参与、民意的表达与实现需要多元途径，而政党是

---

① 林淑芬：《"人民"做主？民粹主义、民主与人民》，《政治与社会哲学评论》2005年第3期。

② 王鹤亭：《台湾民主发展的困境与局限》，《现代台湾研究》2017年第3期。

一个居于核心的中介者。在台湾民主制度下，民意既是一种政治输入，也是一种政治资源，而政党既可以是一个民意中介者，也可以是民意引导者，因此民意与政党的关系呈现出较为复杂的状态。从民意委托的视角来看，当前台湾各政党作为民意中介者或代表者，其规模与特色反映了它所代表的社会规模与特色（如阶级、宗教、省籍、族群等），其缺点在于固化民意歧异和社会分裂，而且在台湾选制改革之后，代表和平统一民意的政党的政治生存空间被压缩。从民意选择和支持的角度来看，民众对特定政党的支持也并不意味着政党可以完全代表民意，民意表达与投票行为可能受到党派意识、阶级阶层、省籍、族群、区域等多元因素的影响，而统"独"倾向的影响可能并未得到充分体现。从政党能动的视角来看，政党的意识形态、价值体系与政策主张往往是"打包捆绑销售"的，"党意"与"民意"并不都一致，而且政党塑造民意的能力与其实力高度相关。台湾民众的个人选择、民意走向在很大程度上受到政党的意识形态操纵和控制的影响，政党可以通过操弄公权力、媒体等设定议程并确立偏好与支持，比如"去中国化""爱台"话语等，其后果是政党政策对真实民意状况的抽象与偏离，同时意图重新界定各政党的民意基础格局，例如对"台湾人""中国人"认同的操弄，使得"近十年来的台湾政治在国家认同议题上持续极化"。[①]扭曲的利益聚合机制从反面强化或制造了民意裂痕，而民意在传导过程中均可能被改变与重构。当前最为直观的结果是支持和平统一的政党生存空间被挤占，或者说政党原有的统一元素不断流失。

最后，台湾政治发展总的民主异化使得和平统一面临新的麻烦和障

---

① Clark C, Tan A C, Political polarization in Taiwan: a growing challenge to catch-all parties?, *Journal of Current Chinese Affairs*, 2012, 41(3): 7-31.

碍。不同于其他相对成熟的民主体制的内部分歧比较多地集中在经济与福利等领域，台湾内部的分歧往往是高度政治化的，台湾的民主发展无法避免因高度简约、族群动员与认同冲突等影响产生的异化危机。省籍族群矛盾与政治认同分歧往往交织在一起，"身份认同与政治社群想象上的分歧变成台湾内部最具破坏性、撕裂性的矛盾，这个尖锐的矛盾阻断社会共识、消耗内部精力、诱发政治恶斗"。[①] 虽然一般情况下的民主机制也在"服从多数"的同时"保护少数"，但具体实践中的台湾民主化更多的是选择压制、"清洗"或转化少数，而且这条路径似乎更加"有效"。此外，台湾的民主没有走上崩溃之路，在很大程度上并不归功于其民主机制的优越，除了经济成就因素外，其中很重要的原因或者说环境是臆造出来了一个被视为最大威胁的"他者"——中国大陆。中国大陆既被解读为一个负面的样本，又被塑造为台湾社会外部的敌人、民主的威胁，在"负面他者"的对比之下，台湾民众可以接受民主化给台湾社会带来的种种问题，而在"他者"威胁与内部撕裂的利益权衡下，台湾民众能够忍受"民主的阴暗面"。而"当现代争取民主的斗争涉及全体人民对被界定为外来的统治者（内部与外部的外来者）的抗争时，一种包含全体人民的民族感就诞生了"。[②] 随之而来的则是要通过所谓民主程序如"公投"等将台湾"正常国家化"作为台湾民主政治的目标，这也将成为和平统一进程中更大的阻碍因素。长远来看，民主异化对于台湾内部"统一向心力"的损害是不言而喻的。

---

① 朱云汉：《台湾民主发展的困境与挑战》，《台湾民主季刊》2004 年第 3 期。
② ［英］迈克尔曼：《民主的阴暗面》，中央编译出版社 2016 年版，第 6 页。

二、认同政治

认同政治是台湾政治发展的重要构成部分。在台湾民主化进程中，台湾民众的族群认同、政党认同、国家认同等都出现了某些移转、分裂与重构的现象。台湾地区的认同危机并没有因民主机制而缓解，因为在台湾政治生活中的认同既是一种动力，又被视为一种可资利用的资源和可以改造的工具。虽然期望中的"台湾的民主化必须防止族群动员的纠葛，尤其是当族群认同与政党认同、国家认同、以及国家定位相互强化的情况"，[①] 但在实践中，政治动员与认同政治却是相互强化的。总体而言，台湾的认同政治呈现出一种"对立统一"的矛盾局面。个体层面的认同分歧成为各种政治势力在岛内争夺权力与民意的斗争工具；而在面对中国大陆的场域中，台湾民众的政治认同也成为可资利用的资源，认同政治又被用于凝聚台湾内部民意并建构两岸的认同对立，整体意义上所谓的"台湾主体性"被逐步建构。而认同政治对于和平统一模式和路径的影响在于，一方面和平统一目标的实现必须尽力争取台湾同胞的认同，但另一方面则是使得"统一"渐渐从台湾社会的"内在"目标演变成为"外在"压力。

首先，台湾的认同政治呈现出"省籍—政党—国族—统独"联动的认同脉络。一般情况下的政治民主化并不会涉及国家认同等方面的歧异，而恰恰是在一定的共同体意识基础上循序渐进的。然而，由于台湾地区特殊的政治环境、权力结构、历史轨迹等因素，台湾政治发展历程中充满了认同冲突，包括了省籍族群、政党、国家、统独等方面的认同分歧以及彼此

---

① 施正锋：《台湾民主化过程中的族群政治》，《台湾民主季刊》2007 年第 4 期。

间的相互强化。"两蒋"时代的台湾内部认同问题比较多地与省籍族群之间对于资源、权力分配不公的冲突相关。然而,省籍族群矛盾却是台湾民主化、本土化的重要动因。而民主化、本土化的要求则对国民党政权主张自己为中国政权的合法性形成了挑战。^①当国民党政权代表被逐出联合国、中美建交使得"中华民国"政权的"外部合法性"破产,其在岛内的"内部合法性"也在严重衰退。"由于国民党政权尽力维持一个代表全中国的政治架构,所建立起来的政治机构和权力分配机制不以台湾地区为基点,表现在利益分配上,就是大陆籍的人士占据着大多数的政治和社会资源,权力的分配极不平等。当对于整个中国代表权丧失以后,国民党政权自身的正当性或'合法性'就受到了前所未有的质疑,这种政治认同的变化发生在政府层面,本不应波及国家认同层面。"^②开启民主化、本土化的国民党呼吁,"透过选举换政府是能够被接受的,若改变的对象是国家,则是个非常严重的问题",要求台湾人民明白"选举非革命,国家应认同",台湾民主化的最终目标是实现"中华民国民主化",而非通过民主化而消化"中华民国"。^③然而在后续的政治发展中却事与愿违,省籍族群意识却被刻意强化动员,并被操弄为"省籍(外省人/本省人)—政党(国民党/民进党)—国族(中国人/台湾人)—统独(统一/独立)"联动的认同脉络,在选举机制下成为"催票利器",将省籍族群意识与政党认同的冲突扩及国家认同和统独认同层面。

---

① Hughes C., *Taiwan and Chinese nationalism: national identity and status in international society*, Routledge, 2013.

② 王鹤亭:《台湾地区政治民主化进程中的国家认同危机》,《党政论坛》2010年第2期。

③ 林震:《论台湾民主化进程中的国家认同问题》,《台湾研究集刊》2001年第2期。

　　其次，台湾的认同政治逐步解构了台湾社会的"中国认同"和"统一认同"，并朝向不利于和平统一的方向重构。台湾的政治民主化道路存在着一个先天的结构性缺陷，台湾作为中国不可分割的一个地区，民主化却是在一个国家意义的政治架构上施行，这种政治民主化的药方，并不能解决台湾当局的"合法性"危机，却带来国家认同的错位和混乱。"民主化""本土化"是对于威权体制的质疑与挑战，但也波及当时国民党政权所持有的意识形态。在"戡乱""戒严"体制下，国民党政权在"光复大陆""统一中国"的导向下，仅是将台湾作为"光复基地"或"中华民国"体制的载体，却在台湾实行专制统治。为了集结反对国民党政权的力量，将"外省人"与"国民党"甚至"中华民国"政权、中国人塑造成四位一体的"他者"，诱导占台湾人口多数的"本省人"产生"我群"意识，这是一种简单有效的斗争路径。对国民党威权和独大的反对是一种民主诉求，但反对势力为了反对而反对，将对台湾地区的政府认同与对中国的国家认同加以混淆和联结，对原本的国家认同加以解构和加工，将其作为动员、操纵民意的工具，如将本省人与外省人之间的竞争歪曲为台湾人对中国人的斗争。对于"台独"力量而言，要实现"台独"目标，就必然要先突破中国认同和统一认同的限制，在"民主化""本土化"的旗号下，"台独"势力大肆鼓吹台湾"住民自决"，散布"台独"意识，推进"去中国化"，割裂台湾与祖国大陆的认同纽带。虽然仍有不少台湾民众不拒绝认同自己是种族和文化意义上的中国人，但大部分台湾民众在涉及国家认同时都否认自己是中国人。[①] 可以说，"在台湾民主化进程中，国家统一观

---

① Zhong Y, Explaining national identity shift in Taiwan, *Journal of Contemporary China*, 2016, 25(99): 336-352.

念和价值成为政治转型的最大牺牲品，民进党是最大的受益者，它借此扩大了自己的群众基础，壮大了实力"。① 民进党再度执政以后，在认同政治的框架下推行的所谓"转型正义"也只是一种"政治清算"，持续解构并重构着台湾社会的认同结构。

最后，整体意义上的"台湾主体性"已经初步建构成型。台湾政治发展进程中，"台湾认同"与"独立认同"逐渐被赋予了较多的道德正义性色彩，而中国认同和统一认同也相应地被"污名化"，两种认同呈现出此消彼长的态势。"台湾认同政治的发展经历了从种族民族主义（ethnic nationalism）到政治民族主义（political nationalism）的重要转变。"② 尤其是 2000 年以来，以民进党为主体的相关政治势力加大政治建构力度，而国民党在面临合法性危机以及所谓"原罪"压力的情况下，以国民党为主体的被视为具有"中国""统一"倾向的政治力量则是被动调适乃至"随波逐流"，甚至不断朝向民进党设定的方向靠拢。民进党通过鼓吹"住民自决""台湾独立""新兴民族""台湾前途应由 2300 万台湾人民决定"等口号，力图将"台湾人"建构为一个独立于中国人之外的群体，在这个意识形态体系中，本省人／台湾人被视为具有"爱台湾"的先天基因和道德优势，而那些被视为可能"卖台""亲中"的外省人／中国人则必须融入"台湾民族主义"中。而国民党在开启"中华民国"政治体制本土化的同时，也不断以"新台湾人""爱台湾"进行消极抵御，这在实质上是与民进党所进行的"台湾主体性"建构的方向是一致的。因此，就台湾认同政

---

① 林震：《论台湾民主化进程中的国家认同问题》，《台湾研究集刊》2001 年第 2 期。

② Chen R L, Beyond national identity in Taiwan: A multidimensional and evolutionary conceptualization, *Asian Survey*, 2012, 52(5): 871.

治的内部面向而言，认同分歧与斗争的趋势都是在走向"台湾主体"。而在认同政治的外部面向，中国大陆则成为台湾社会共同的"他者"，这与以往的国民党"反共"、民进党的"反中"密切相关，台湾社会逐渐将中国大陆/中国排除在"我群"之外，即便是两岸关系和平发展阶段，民进党依然不断歪曲大陆方面的善意，而国民党也不断强调"以台湾为主""对台湾有利"，双方的作为在事实上产生了建构"台湾主体"的合力。而所谓"维持现状"即认为台湾是"事实独立但非法理独立"的观念随着时间的推移变得更加根深蒂固，并成为台湾各党派凝聚认知及政策的出发点。① 虽然也有学者认为，"台湾认同""台湾主体性"不等同于支持独立或反对改善两岸关系，② 但总体而言，从台湾认同政治的内外发展面向而言，台湾已经被建构成为一个与中国相对应的"主体"。

三、世代政治

在发展变动的社会进程中，不同世代之间的差异是非常显著的。即便是在相对稳定的政治生态中，同一个体处于其生命史不同阶段的认同与行为也是有差异的。既有的社会科学研究框架比较容易略过世代政治，但与传统的研究注重对阶级、政党、人格分析等研究视角对政治行为进行解释不同，世代政治理论则以不同年龄群体或出生世代的政治心理、政治意

---

① Huang C H, James P. Blue, Green or Aquamarine? Taiwan and the Status Quo Preference in Cross-Strait Relations, *The China Quarterly*, 2014, 219: 670-692.

② Shelley Rigger, Taiwan's *rRising Rationalism: Generations, Politics, and "Taiwanese Nationalism"*, East-West Center Washington, 2006.

识、政治行为、政治文化的差异作为研究对象，通过探讨年龄与行为直接的关系来解释不同世代政治态度与行为差异的原因。[①] 而台湾社会特殊的历史进程使得世代政治议题不容忽视，不同世代受到不同历史事件、政治社会化、外在环境、生命历程等方面的影响，形成了差异性较为明显的政治态度、偏好、行为及认同，对于台湾政治生态变迁与两岸关系都在不同方向上产生着不同程度的作用，这也使得促进和平统一的路径与模式也会随着世代更替面临新的挑战和机遇，需要与时俱进地进行继承与创新。

所谓世代，按照卡尔·曼海姆的分析，不仅是指出生于同一时代和相同文化背景之下，除了年龄相同以外，还必须存在着额外的共同联结，即"对历史与社会统一体的共同命运的参与"。[②] 此外，共享记忆也被认为能够催生世代的产生。[③] 因此，世代可以理解为生长于同一时代和相同社会背景下，经历相同社会变迁，并拥有相似生命历程和共同记忆的群体。综合学术界的"世代"概念以及台湾社会发展变迁实际，台湾社会大概可以区分出 5 个世代：第一世代出生于 1931 年，在 1949 年以前进入性格形成关键期；第二世代出生于 1931—1953 年间，在 1949—1971 年间进入性格形成关键期；第三世代出生于 1953—1968 年间，在 1972—1986 年间进入性格形成关键期；第四世代出生于 1968 年后（—1986 年，笔者注），在

---

① 刘凌斌：《世代政治学视角下"时代力量"与台湾青年时代的互动分析》，《中国青年研究》2017 年第 8 期。

② Karl Mannheim, *The Problem of Generations*, in Paul Kecskemeti, ed., *Essays on the Sociology of Knowledge*, London: Routledge & Kegan Paul, 1928, p.303.

③ Tesser, Mark, Carrie Konold, and Megan Reif, Political Generations in Developing Countries: Evidence and Insights from Algeria，*Public Opinion Quarterly*, 2004, Vol.68(2):188.

1986 年后（—2000 年，笔者注）进入性格形成期；[1] 第五世代出生于 1987 年后，在 2000 年后进入性格形成关键期，这一世代与今天所称的台湾"青年时代"基本重叠，这其中还包括 2000 年前后出生、2014 年前后进入性格形成关键期的所谓"首投族"。

既有研究成果认为，总体上，老世代更倾向于选择排他性认同（中国人或台湾人），而较年轻的世代则倾向于拥抱双重认同（中国人和台湾人），[2] 当然，这一研究结论是基于前 4 个世代的研究发现，难以覆盖 5 个世代的全部状况，台湾社会世代政治仍须进一步深入分析。第一世代的本省人生于日本殖民统治时期，即便那些排斥日本殖民统治的人也深受与大陆隔绝这一情境的影响；第一代外省人既有地域认同也有强烈的中国认同。第二代本省人经历了"白色恐怖"、经济快速发展、两岸敌对，产生了拥抱台湾认同并排斥中国认同的情况，并在当代台湾政治生活中发挥关键作用；第二代外省人也较少融入台湾社会，认同感以单一的中国认同为主，但没有其父辈强烈。第三代本省人相比于第二代，变得更为灵活、务实，也对国民党和大陆较少持敌对态度；第三代外省人较多地感受到认同分歧的力量，一小部分直接转向台湾认同，大部分则选择"新台湾人"认同，总体上更"爱台湾"，而且第三代外省人与本省人之间的差异远远小于第一代和第二代。第四代本省人经历了"解严"、开放赴大陆探亲、党禁报禁解除、"独立"主张除罪、"宪政改造"等，也经常被称作"草莓

---

① Shelley Rigger, Taiwan's *Rising Rationalism : Generations, Politics, and "Taiwanese Nationalism"*, East-West Center Washington, 2006:16.

② Chang G A, Wang T Y., Taiwanese or Chinese? Independence or Unification?An Analysis of Generational Differences in Taiwan, *Journal of Asian & African Studies*, 2005, 40(1-2):29-49.

族"，政治对他们而言是较为遥远且不相关的；第四代外省人比其父辈、祖父辈更好地融入了台湾社会，认同上深受其父辈影响。第五世代出生于台湾民主化开启之后，经历了政党轮替、"去中国化"、两岸关系和平发展，无论是本省人还是外省人，一方面是"其成长生活的现实是祖辈父辈移民后的'台湾'移民社会环境，而不是之前的'中国'环境，如此不仅在群体集体记忆上先天'中国'空白，而且在感情上也无法产生对祖国的亲近和认同感"；[1] 另一方面则是长期处于岛内"去中国化"的外在政治操弄之下，青年世代都较为缺乏对于中国和统一的认同，而其中 2000 年前后出生的青年人甚至被贴上"天然独"的标签。第五世代具有相当明显的特点：首先，不同于第四世代在政治参与上的"政治冷漠"，一般认为，随着民主转型的发展，越年轻世代应有越高程度的民主价值，[2] 第五世代经历"民主化"与"本土化"的政治转型以及岛内政治、经济、文化、教育等领域的剧烈变迁，并亲自参与重要事件，参政热情与参政能力较为突出，近几年的选举投票都显示了青年世代正在扮演着更为积极和更加重要的角色。[3] 其次，深受"本土化"和"去中国化"影响，在具有共同的社会经历和生命历程的同时，其"共同记忆"也被建构起来，而"反共""反中""去中""台湾事实独立"等构成了这种"共同记忆"的重要组成部

---

[1] 李彬：《世代政治视角下台湾青年国家认同问题》，《当代青年研究》2015 年第 4 期。

[2] 陈光辉：《民主经验与民主价值——两个时代台湾大学生之比较》，《台湾民主季刊》2010 年第 7 期。

[3] Matthew Southerland, Kevin Rosier, Taiwan's *2014 Local Elections_ Implications for Cross-Strait Relations*, U.S. -China Economic and Security Review Commission Staff Report, December 30, 2014.

分。再次，由于深受西方民主政治思潮及岛内民主政治实践影响，坚定反专制、反权贵、反黑金、反贪腐，普遍认同民主、自由、平等、公平、正义等价值，重视人权为核心内涵的所谓"普世价值观"。复次，追求"后物质主义"价值观，更注重实现自我价值，重视自主性、自我表达和精神层面的满足，而非单纯追求财富，实现物质层面的满足，[①] 对于宏大叙事"无感"，满足于"小确幸"。最后，青年世代受到民主化、台湾化以及与大陆接触等三方面的综合影响，不再完全以传统"四大族群"作为认同、行为与交往的框架，[②] 坚持"台湾主体意识"，以"他者"的角色来看待大陆、看待中国，对于政治认同问题也显得较为自信和理性，不易受到两岸历史纠葛的影响，也不会受到民族情感的感召，但对于大陆因素保持较为客观理性的认知和评价，将大陆视为能够提供发展机遇的"他者"，不排斥与大陆改善关系，不排斥在大陆发展进程中"搭便车"以壮大自己，甚至将大陆作为求学、就业、创业的首选地，还有不少青年世代已经选择在大陆发展，但青年世代对于参与大陆社会主义现代化建设和中华民族伟大复兴也呈现出"实用主义的过客"[③] 的心态和状态。

此外，以年龄段划分为视角的世代政治研究也独立揭示了转型政治对于不同生命阶段的群体的影响，如果将年龄段转换为出生时间，也基本上会得出与按出生时间划分群体进行研究相同的趋势。研究认为，自1995

---

① 刘凌斌：《世代政治学视角下"时代力量"与台湾青年时代的互动分析》，《中国青年研究》2017年第8期。

② Le Pesant, Tanguy , Generational Change and Ethnicity among 1980s-born Taiwanese，*Journal of Current Chinese Affairs*, 2011, 40(1):133-157.

③ 陈超、蔡一村、张遂新：《"实用主义的过客"：台湾青年在大陆社会融入的指标建构与现状评估》，《台湾研究集刊》2018年第1期。

年以来，台湾民众的本土认同全面提升，对有条件台独的支持度波动但大致稳定，但是对有条件统一的支持度全面减弱，而且民众对言论管制与威权主义的支持程度大幅下滑。在这一整体趋势中，同一时期的青年世代比老年世代更加支持"台独"、不赞成言论管制、不支持统一等。总体上，世代政治的发展显示了台湾民众不分年龄群体或出生世代，在"自由化"与民主转型过程中，逐渐改变了自己的政治价值，深化了民主意识，[①] 但细分之下，不同时代的政治认同与行为模式又存在一定的差异，而世代政治的发展趋势也给和平统一进程带来机遇和挑战。

台湾世代政治发展变迁对于促进和平统一路径与模式设计的影响在于，相关研究与规划必须面对现实，不能以主观愿望来取代客观事实，必须理性分析世代政治所带来的机遇与挑战。处理大陆因素是台湾社会不得不面对的"宿命"，未来世代也将更多地参与到两岸事务和大陆社会发展中来，也必然成为两岸经济社会融合中的重要角色。而如何应对台湾社会世代政治的变迁，适时调整战略与政策，是推进两岸和平发展与和平统一进程中的重要命题，因为基于老世代行为特征的政策举措未必能够被新世代所接受。例如检讨大陆对台政策可以发现，诉诸民族大义、"血浓于水"等原生性纽带的话语往往并不会唤起青年世代的积极情感共鸣，而对于大陆发展成就、发展机遇和两岸关系美好愿景的描绘却更可能引起台湾青年世代的关注与好评；将利益与情感直接挂钩的举措比较容易让台湾青年产生警惕和疑惧心理，而真正让台湾同胞通过市场的、竞争的、公平的方式去谋求利益的路径更可能让其生成"共同体感"。总之，世代政治的变迁

---

① 《台湾社会变迁基本调查》，转引自林宗弘：《再探台湾的世代政治：交叉分类随机效应模型的应用，1995—2010》，《人文及社会科学集刊》2015 年第 27 期。

要求对台政策不断进行调整与创新。

第二节　两岸差异与争议

由于各自所处环境、发展道路与模式的不同，两岸之间存在着一定程度的差距和差异，这也影响到两岸民众之间的正常交流以及台湾民众对于祖国大陆的理性认知。不可否认的是，祖国大陆在人均经济发展程度、生活水准、社会福利、文化素养等方面已经取得了长足进步，但与台湾相比仍存在一定程度的差距，这种落差在以往常常成为台湾民众对于和平统一产生疑虑和抵触心理的诱因，因此祖国大陆也一再强调解决台湾问题的根本在于把自己的事情做好。而另一个不能忽视的问题则是，两岸同属一个中国，同属中华文化，两岸同胞同属一家人，同时彼此间也存在诸多差异，虽然差异可能带来更多的两岸分工合作与优势互补，但台湾民众却常常将两岸差异误读为两岸差距，而对于差异的不宽容也成为阻碍两岸融合的重要因素。基于对两岸差距和差异的客观认识，大陆提出了"和平统一、一国两制"的统一模式，在促进统一过程中逐步消除两岸差距，在统一后让两岸差异和平共存。大陆与台湾在经济社会等领域的发展差距可以逐步消除乃至发生反转，但两岸差异却可能长期存在，由此衍生的两岸争议也在不断产生新的变化，而差异可能使得争议因误解而被扩大化，差异又很容易因为争议而成为新的分歧增长点。

一、两岸差异

首先，两岸之间存在着政治经济社会等方面的结构性差异。海峡两岸同胞同根同源，血浓于水，是骨肉天亲，具有共同的语言、文化、历史背景，但自 1895 年台湾被割让后，台湾同胞经历了 50 年的日本殖民统治；从 1945 年到 1949 年间台湾重新回到祖国母亲怀抱，接受了与中国其他省份相同的政治经济社会治理模式；而在 1949 年后，由于国共内战的延续，两岸政治敌对加上冷战的影响，两岸分别走上了两条不同的发展道路，建立起不同的政治、经济和社会体制，虽然两岸终归会殊途同归，但在相当长时期内，两岸之间的差异将持续存在，这使得两岸内部发展出不同的社会意识、价值观，甚至不同的族群、国家认同，差异性也相当明显。

在政治方面，大陆选择了中国特色社会主义道路，坚持人民民主专政，实行社会主义民主，倡导社会主义核心价值观，全国人民代表大会为最高权力机关，政治运行过程中实行民主集中制，坚持党的领导，依法治国，社会主义现代化建设各项事业在党的领导下取得巨大发展和重要成就；台湾地区经历了国民党独裁统治、威权政体以及"民主化"等不同政治发展阶段，走上资本主义道路，政治体制逐步趋同于西方"三权分立"制度（原五权中的监察、考试权在台湾政治发展过程中不断弱化），倡导所谓的"民主""自由"与"人权"等价值，奉行选举政治、议会政治与政党政治，被台湾地区及西方社会部分政界人士和学者称之为"民主转型的典范""亚洲民主的灯塔"等。两岸政治体制差异以及台湾社会对于大陆政体的误解也成为两岸政治分歧强化的诱因。

　　在经济方面，大陆经历了从所有制改造到全面公有制再到公有制为主体的经济体制发展过程，改革开放以来逐步建立并完善有中国特色的社会主义市场经济，不断解放生产力，保持经济高速增长，国家综合实力持续上升，发展成就举世瞩目，经济总量已经远远超过台湾，但在人均经济发展指数上仍与台湾有较大差距；而台湾经历了从政府引导市场到逐步形成资本主义市场经济的发展历程，值得注意的是，台湾地区经济的全球化程度较高，对外投资强劲，许多产业在全球产业链中占据重要位置。与此同时，台湾内部还存在着大量的中小企业，台湾经济发展成就曾被誉为"奇迹"，是昔日"亚洲四小龙"之一，然而经历高速发展后的台湾社会已经进入经济发展的"高原期"，长期保持"低速"增长，经济转型面临困境。以 2017 年为例，台湾 GDP 为 16.329 兆元新台币，在中国各省 GDP 排名中持续下滑，然而台湾人均经济指数仍保持相对优势，人均 GDP 约在 2.6 万美元左右，[①] 位列中国各省市第一。

　　在社会方面，大陆经历了从计划体制到市场体制的转变，社会力量逐步被激活，社会主体的自主性日益增强，社会阶层与利益呈现多元分化趋势，社会创新能力稳步提升，社会向心力与政治凝聚力保持协同状态；台湾自威权体制转型以来，原本体制外的"反对力量"逐渐进入正常利益表达渠道，社会力量蓬勃发展，甚至形成推动或制约政治发展的重要动力，多元化的社会团体数量众多，成为表达群体诉求、维护民众利益、关切社会问题的重要途径，社会利益分化明显，社会结构相对复杂，社会离心力较强。就生活水平和社会环境而言，台湾社会相比于中国大陆仍有一定的

---

① 台湾地区行政主管部门"主计总处"：《台湾重要经济变动指标》，见 http://www.cier.edu.tw/cef/CEF-index-1.pdf，2018-4-4。

优势，台湾已经建立起比较全面而完善的社会救助与福利保障制度，台湾民众也较为认同台湾现有的生活方式，而大陆社会整体上社会福利与保障水平虽然取得较大进步，但仍存在着贫富、城乡、地区与阶层差距，有着很大的提升空间。

在文化上，两岸同属中华民族，同属中华文化，两岸文化同构性显著，中华文化在台湾枝繁叶茂，但台湾社会内部也存在着强调中华文化只是台湾文化重要构成部分的观点。两岸的意识形态、价值导向存在着较为明显的差异，"从社会基础来看，台湾已逐渐是个人主义的社会，也就是个体主义，个人性比较强，一切事物依赖自我安排，不习惯了集体的额外的制约，而大陆则长期以来比较是集体主义的社会；从两岸文化的发展路径来看，台湾走的是一条资本主义台湾化的发展取向，假设了个人自由的绝对价值，而大陆选择的是社会主义中国化，集体的公平正义是绝对价值"[1]。即便是两岸经济依存度相当高，但两岸政治亚文化的差异仍然对两岸和平统一形成阻碍。[2]

当然，随着大陆的高速发展以及两岸交往交流日益增多，两岸之间的差异和差距是逐渐缩小的，如 2012 年两岸间差异与差距远远小于 20 世纪 80 年代和 20 世纪 90 年代。但两岸政治与社会之间的差异远大于经济与科技之间的差异，逐渐缩小的两岸经济与科技差距给人以信心，两岸间的政治与社会分歧却是和平统一的阻碍。[3] 无疑，两岸政治经济社会差异和

---

① 杨开煌：《两岸交流中文化现象之观察》，载田弘茂、张显超：《两岸交流二十年：变迁与挑战》，台北名田文化 2008 年版，第 206—208 页。

② Chao, Chien-Min, Will Economic Integration between Mainland China and Taiwan Lead to a Congenital Political Culture? *Asian Survey*, 2003,43(2): 280–304.

③ Mario Arturo Ruiz Estrada, Donghyun Park, China's unification: Myth or reality?, *PANOECONOMICUS*, 2014, 4:465.

差距会影响两岸同胞之间的交流理解，尤其是可能会让台湾同胞对于祖国大陆产生疑惧、排斥心态，是限制两岸走向完全统一的不利因素。60多年来两岸缺乏制度化的交流、沟通、协商与治理的经验，在这样的基础上，虽然两岸差异并非是完全性和整体性的，但两岸的政治、经济、社会体制间无法进行互利性学习和整合，彼此也未能正确而深刻地认识对方，加上两岸确实存在某些差距，而差异与差距往往容易相互纠结、被无限放大，最后，就台湾民众看来，彼岸的制度和生活也就缺乏统一的诱因。①

其次，两岸民意之间存在着较大落差。大陆民众长期以来所受的相关教育观念包括台湾是祖国的宝岛、台湾人民是自己的手足兄弟和骨肉同胞等，也因此形成了一种整体意义和抽象层面的"台湾观"和"同胞情意"。大陆民众也高度拥护党和国家对于两岸关系定位和统一目标的政策方针，高度认同"两岸同属一个中国""台湾是中国／中华人民共和国不可分割的一部分""台湾人是中国人""两岸一家亲"等，随着大陆民众日益关注台湾问题，大陆高度一致的民意也成为支持对台方略的民意基础、促进两岸关系和平发展的重要动力。随着两岸关系和平发展的深化，两岸民众之间的交流交往也更为频繁和广泛，但由于长期以来"台独"势力和"台独"意识引发了大陆民众的疑虑，也使得大陆民众对于台湾民众在抽象层面的"同胞亲情"落实与体现在具体与个体层面时会呈现出多种样态。现实中的大陆民众对于台湾民众也存在一定误解，会出现将对于"台独"分子的愤慨无差别地扩

---

① 孟昭昶：《联邦制？邦联制？海峡两岸整合的前瞻》，《政策月刊》2000年第9期。

大化到所接触的台湾同胞身上，将对于台湾当局、特定政治人物的不满无意识地移情到台湾民众身上的情况，这也在客观上限制了大陆民众对于台湾同胞的了解、理解以及进一步的深入交流。同时，虽然和平统一方针已确立 40 多年，"可人们的内心中依然是对抗在作祟，统一的基础可见甚薄，……在两岸关系上，往往不讲是非，不辨情况，一味讲立场，态度强硬者，不管对错，至少'立场'是坚定的"，[①] 理性声音常常被掩蔽，尤其是在互联网上情绪化的声音不断出现，实则不利于推进两岸人民之间的相互理解和融合。从和平统一的目标导向来看，大陆同胞理应承担更大的责任和义务，"对丁台湾人民，要有同胞的情谊，要有同情的理解，力求化解敌意，消除敌对意识"，[②] 但现实中的大陆民众在主体性与积极性的发挥上仍有待进一步引导。

从台湾人民的角度来看，当前认同自己是"台湾人"的比例在逐步升高，而认同自己是中国人的比例在下降；认为两岸最终应该走向统一和独立的民众都是少数，而大部分赞成"维持现状"。不可否认的是，当下的台湾民意与我们对于统一的期待有所落差，但也需详细分析，不能以偏概全、一概而论。首先，因为"此国已非彼国""此时中国已非彼时中国"，"中国大陆"变为"中国"，"中华民国"的内涵已经多元。"由于在台湾，无论是政党或人民都把国家做成不同的理解或者混合呈现，因此一般人也极难有条理地分析出统独主张的真正意义"，"台湾政党的主张亦时常刻意含混其词，这使得统独议题的公共意见仅能透露出较倾向情感层次的

---

① 章念驰：《两岸关系必须坚持与时俱进》，《现代台湾研究》2003 年第 5 期。
② 陈孔立：《台湾学导论》，台北博扬文化 2000 年版，第 35 页。

内涵，而较少实质且理性互动对话"①。其次，台湾民众所抱持的"台湾意识"也并不等同于台独意识，台湾民众"出头天"的当家作主诉求与"台独"并不是一回事。胡锦涛在纪念《告台湾同胞书》发表30周年座谈会上指出："台湾同胞爱乡爱土的台湾意识不等于'台独'意识"。"台湾意识"具有多元的内涵，是在近代以来特殊的历史环境下而逐步形成的，乡土意识和"出头天"意识是主要构成部分，虽然不可避免地遭受到"台独"分裂势力别有用心的操弄，但与图谋分裂中华民族的所谓"台独意识"有着本质区别。

在台湾民众的大陆认知上，台湾民众对于大陆经济社会发展成就持正面评价态度的比例在上升，但是好感度仍有待提升。长期以来，由于受到两岸政治对立环境以及台湾内部的"反共""反中"教育与政治操弄的影响，大多数台湾民众对于大陆政府、政治体制抱有疑惧心态，对于祖国大陆坚定推进和平统一进程抱持排斥心态，将祖国大陆坚决维护国家领土主权完整、抨击"台独"言论、阻遏"台独"分裂行径的举措视为对台湾的"打压"和"敌意"。与此同时，台湾内部所谓"大陆/中国打压台湾""飞弹对准台湾"等政治话语也加剧了台湾民众对于大陆的疑虑和方案情绪。参考台湾内部所提供的民调数据，基本上受访的台湾民众对于大陆政府及民众的认同度较低。以台湾地区陆委会所发布的民调数据为例，其中受访台湾民众认为大陆政府对台湾当局具有敌意，而认为友善的比例较低，许多民众认为大陆政府对台湾人民也具有敌意。近年来，这一现象略有改观或起伏，但基本上负面评价比例仍然

①　沈宗瑞：《国家与社会："中华民国"的经验分析》，台北韦伯文化2001年版，第220—221页。

较高。如 2017 年 10 月份陆委会民调显示，台湾民众认为大陆政府对台湾政府和民众态度"友善"的比例分别是 25.2% 和 44.8%，而"不友善"的比例分别是 60.1% 和 41%，①值得注意的是，受访者认为大陆政府对台湾民众"友善"的比例略高于"不友善"的比例，也说明祖国大陆争取台湾民心工作取得一定成绩。

当然，即便是在台湾内部，台湾社会对于两岸关系以及中国大陆的认知也存在极大的分歧，两岸关系曾一再沦为台湾民众内部"蓝绿"意识形态对抗的议题，中国大陆也成为台湾社会内部建构的"他者"，使得台湾民众之间也欠缺理性辩论。台湾民意的内在分歧主要由四个因素造成：第一，台湾内部的不同族群拥有不同历史记忆与原乡情结，使得两岸关系有时难以理性评价；第二，面对两岸的政治歧见与民间交流热络，台湾社会对于两岸关系是"威胁"还是"机遇"的见解不一；第三，两岸的各项互动频繁，祖国大陆促进和平统一工作的成效显著，台湾内部的个别利益与整体利益相互纠葛而难以产生客观理性的分析；第四，朝野的尖锐对立、国家认同的分歧与统独意识形态制约，促使两岸关系无法求同存异，反而刻意强化歧见促成对立。②这也意味着台湾民意并非是铁板一块，在不同情境下可以发生改变，随着两岸关系环境的变化也会有相应调整，而

① 台湾地区大陆事务主管机关：《"民众对当前两岸关系之看法"民意调查（2017.10.27-31）结果摘要》，见 https://ws.mac.gov.tw/Download.ashx?u=LzAwMS9VcGxvYWQvMjk1L2NrZmlsZS8yNTkwOWU5ZC1lZWYxLTQyMjktOTc2Yi0xYTBhZjUxYTM2MTAucGRm&n=6Kq%2f5p%2bl57WQ5p6c5pGY6KaBLnBkZg%3d%3d [2018-1-15]。

② 张五岳：《推动两岸合作机制的策略布局：从朝野对话到社会共识的建立》，载蔡朝明主编：《马"总统"执政后的两岸新局：论两岸关系新路向》，台北远景基金会 2009 年版，第 55—56 页。

且从民调数据来看，台湾民意变化与大陆对台政策变化具有正相关性。

此外，两岸关系进入和平发展阶段以来，两岸同胞之间的交流交往日益频繁密切，在很大程度上促进了两岸同胞之间的了解与理解，但也出现了局部性、暂时性的"越交往越了解，越了解越疏远"的背离情形，其主要原因在于过去长期对抗意识的历史遗留、"台独"势力和"台独"意识阻碍了两岸同胞情谊的复苏与深化。在两岸各种交流方式与渠道中，最值得注意的是互联网、新媒体的广泛应用，一方面扩大了两岸同胞交流的场域，另一方面也容易产生一些"极化"、偏激、对抗的心理。跨境的两岸网络空间既具有成为两岸民众"融合新平台"的巨大潜力，也有着演化为"内战新战场"的风险，综观当前两岸民间网络政治交流，一方面是两岸民众之间自由、开放、多元且直接的理念激荡与观点碰撞，但另一方面则是现实中的某些政治分歧、情感对立及认同歧异在网络空间里的再生产与强化。当前网络政治交流的"热火"尚未能融化两岸民众之间的心理"坚冰"。[1]事实上，网络交流的这种困境也出现在两岸民众自发的现实交流中。

二、两岸争议

首先，两岸之间存在着中国代表权之争下"如何统一"的分歧。所谓代表权之争是指在认同"两岸同属一个中国"原则的基础上，对于以何种基础、何种过程、何种路径及何种模式来实现祖国统一的相关争议。两岸在官方层面意义上的代表权之争时期，主要是以台湾方面的立场变化来判

---

[1]　王鹤亭：《两岸民间网络政治交流的内在机制与困境治理》，《台湾研究》2016年第 3 期。

断，大致为 1949 年到 1991 年或是到 1996 年这一阶段，基本上涵盖"两蒋"时代及李登辉前期。然而，两岸官方代表权争议的时段不等同于两岸代表权之争下"如何统一"分歧的时段，因为两岸代表权之争下的"如何统一"争议既包括两岸官方之间的纷争，也包括两岸民间、社会各界的相关分歧。虽然台湾当局拒不承认体现两岸同属一个中国的"九二共识"，但是两岸民众之间对于"如何统一"的纷争并未终结，而且可以预期的是，随着两岸关系和平发展与和平统一进程的推进，这一问题在未来仍会成为两岸间的重要议题。

代表权之争下的"如何统一"问题，对于大陆方面而言，"和平统一、一国两制"是统一的最佳路径和模式，台湾在统一后将成为中华人民共和国的一个特别行政区，享有比香港和澳门更为广泛的权利，而在两岸统一之前的两岸关系是事实上的"中央与地方"的关系，当然在两岸政治协商过程中不用"中央对地方"的名义。与此同时，在大陆看来，所谓的"中华民国"从法理上和事实上已经不存在，"中华民国"问题是个假议题。而对于台湾方面而言，尤其是"两蒋时代"的"中华民国"政府强烈主张"汉贼不两立"，坚持"中华民国"政府才是代表中国的唯一合法政府的立场，不仅源自对于一个中国领土主权完整、中国统一以及意识形态斗争的坚持，以及其维护自身代表中国的"合法性"需要，更是因为"两个中国""一中一台"等方案会从根本上动摇"中华民国"立足或统治台湾地区的"合法性"，进而也使得国民党政权失去最后的生存空间，恐无法苟全于台湾。对于"中华民国"自我定位而言，在国家层面从未消失，是领土主权一如既往地包括大陆在内的一个中国，在政府层面依然是根据 1947 年全中国人民选出代表制定的宪法所产生的唯一合法"中国政府"，统一过程应该由台湾方面主导，即所谓"三民主义统一中国"。而对于在海内外初露端倪的"台独"思潮和运动，包括质疑"中华民国"合法性，宣称"中华民国"为"流亡政体""台湾地位未定论""住民自决""台湾人自救"等，台湾方面也都强力驳斥与封杀，并将官方立场由上至下地贯彻到政治、文化、社会及教育等各个方面。这一时期两岸双方对于现状认知均是两岸同属一个中国，目标追求则是中国的完全统一，都坚决反对"两个中国""一中一台"，在此大框架下，双方的歧异在于谁是代表中国的合法政府以及何者主导统一进程，也都基于"中央—地方""合法—非法"的"汉贼不两立"模式而对两岸关系加以定位，然后规划和设计相应的统一方案。

在1991年4月台湾方面废除了"动员戡乱时期临时条款"，终止"动员戡乱时期"，也不再将中华人民共和国定位为"叛乱团体"，基本认可中华人民共和国政府在大陆的统治，并成立了"国家统一委员会"，制定"国家统一纲领"作为规划两岸关系和统一进程的指导性文件，按照"一个中国、两个对等的政治实体"的架构作为两岸关系定位方案，强调"海峡两岸应在理性、和平、对等、互惠的前提下，经过适当时期的坦诚交流、合作、协商，建立民主、自由、均富的共识，共同重建一个统一的中国"；而统一时机与方式，首应尊重台湾地区人民的权益并维护其安全与福祉，在理性、和平、对等、互惠的原则下，分为近程、中程、远程等三个阶段达成统一。作为调整后的台湾官方统一路径设计的"国统纲领"，在一定程度上坚持了统一目标，注重交流秩序、规范及机构的建设，但其模糊的"互不否认对方为政治实体"、"对等"乃至"邦联"的两岸政治定位设想实质上与一个中国原则相抵触，而且分阶段统一计划在事实上将会阻碍统一进程。因此，这一统一方案也并未为大陆方面所接受。

随着李登辉逐步从追求"一国两府""对等分治"走向主张"一中两国""特殊两国论"，台湾方面在"如何统一"问题上止步不前，两岸官方之间的争议重心也从未来统一路径与模式转移到两岸关系现状政治定位上来，但"如何统一"的争议仍然持续扩散到民间层面。就台湾社会而言，对于"一国两制"的不接受度远高于接受的比例，这一时期的台湾民众多认为"两制"是中央对地方的招降，要台湾地区人民在一定时间后放弃已经享有的权利，统一就使得既有权益无法得到保障。除了支持既有的"三民主义统一中国""国统纲领"等官方主张之外，台湾社会也提出了多种统一模式，如"一国良制""阶段统一论"等。然而，两岸统一模式的争议与多元主张之间也一直没有取得共识，随着两岸争议重心的转移，以及"两个中国""一中一台"论的影响，台湾社会关于"如何统一"的话语也逐渐沉寂，对于统一目标的认同感逐步降低，两岸之间"如何统一"相关争议在内涵上也发生着重大变化。

其次，两岸之间出现了"主权争议"下"是否统一"的歧异。所谓"主权争议"并不是指两岸之间真正存在着主权、领土争端，其实质是两岸之间在主权问题上存在着认同歧异，致使两岸关系政治定位问题的争端从代表权或所谓的"治权"层面上升到主权层面。当然，这一争议本身并不影响也没有改变"两岸同属一个中国"的现状，只是台湾方面对于两岸现状定位的主张从过去"汉贼不两立""一国两府"异化为"两个中国"或"一中一台"，对于两岸关系未来前途的主张从以统一为唯一目标演变为"统一选项论"甚至"台湾独立论"。自台湾政治"本土化""民主化"以来，尤其是在"台独"分离势力加强对政治、社会、文化教育等领域不断渗透的影响下，台湾内部及两岸之间在两岸关系等现状认知和目标追求上开始产生诸多分歧，国家认同与统"独"认同的多元化直接冲击到对两岸关系现状定位、统独问题的理性认知。综合比较来看，两岸之间分歧与争执逐步扩大，主要是由于台湾方面的一些立场变化使得统一问题日趋复杂，即：在台湾政治地位的认知上，从一个中国内部的政府变为"一中一台"下的独立国家；在价值规范上，从维护领土主权完整、追求统一走向分裂分离；在目标定位上，从既往的追求统一到暂时的过渡状态转向永久的分治或独立；在功能设定上，将统一从不可动摇的原则转化为权宜之计的选项；在行为逻辑上，从一个中国下以中国为主体走向以台湾为唯一主体。两岸在统一问题上的分歧广泛存在于基础、过程与目标等各个环节，而最为严重的歧异则是在两岸"是否统一"的目标与方向上的分歧。

在台湾当局层面，李登辉执政期间的两岸立场从"统"逐步向"独"靠拢，初期仍然延续"两蒋"时代的"中华民国"政治定位立场，在取消"动员戡乱"后则认可了中华人民共和国在大陆的统治，在两岸政治定位上开始主张"中华民国"在台湾是与中华人民共和国在大陆对等的政治实体或政府，在执政后期开始将"中华民国"定位为主权仅限于台湾的国家。如 1997 年 9 月李登辉在巴拿马国会演讲时认为"中华民国"符合国家标准，将领土、人口均限定于台湾地区，[①] 逐渐将"中华民国"过渡为"中华民国在台湾"，其目的是"将'中华民国台湾'或者是'台湾的中华民国'实质化……台湾必须先取得国际间的认同与地位，至于思考中

---

① 罗智强：《中华民国（或台湾）国际法地位争议之研究》，政治大学法律系学士
　　后法学组硕士论文，2004 年。

国整体的问题，则是以后的事"，① 后来更是直接抛出"特殊两国论""一中两国"，而对于祖国统一问题的"解答"也由此从中国本位转向台湾本位。陈水扁执政初期也基本上消极接受了"中华民国"法政体制，但其内核为"一边一国"，逐渐将"中华民国"在台湾过渡为"中华民国"是台湾，将"中华民国"界定为台湾这个主权独立国家的国号，将其作为实现台湾"正名""制宪"进而实现最终"法理独立"的过渡阶段或载体，并终止"国家统一委员会"运作和"国家统一纲领"的适用，而后则直接主张要"正名制宪"彻底摆脱束缚，也意味着统一不再是台湾的目标，而是宣示将"台湾独立"作为近期任务。马英九时期"不统、不独、不武"政策下的两岸现状被定位为模糊的"一个中国、各自表述"，其定位逻辑始终坚持"以台湾为主"，而且明确宣示在其任内不谈统一。而蔡英文所谓"维持现状"下的定位其实质仍是"一中一台"下的"台湾是主权独立国家，中华民国是台湾"的"现状台独"，其两岸政策相应的逻辑则是不存在两岸政治定位问题，也不只有台湾的主权国家地位问题，而"中华民国"只是台湾的外在符号而已，更不存在统一的问题，只存在如何抗拒和清除统一压力的问题。在台湾内部，蔡英文当局利用立法、行政、司法渠道营造"绿色恐怖"，围剿岛内支持两岸关系和平发展或"一个中国"与和平统一的政党、社会团体和人士，以各种形式在各个层级推动"去中化"与"渐进台独"，其"手法之狠、行动之快、动作之大，比起陈水扁有过之而无不及"。② 虽然"法理台独"并不具备外部条件和成功可能性，但通过全力操作"民主内造国家"、强化"台湾主体意识"、阻挡统一力

① 李登辉：《台湾的主张》，台北远流 1999 年版，第 62—63 页。
② 《两岸四战会继续扩大吗》，中评网，2017 年 12 月 26 日。

量的成长、建构"趋独拒统"民意基础,对于和平统一进程必将产生长期的负面影响。

从总体上来看,在台湾当局的操弄或不作为之下,各种"台独"主张"除罪化",统一不再被视为一种具有道德正义性的价值,甚至在台湾被"污名化",而"台湾独立"主张甚至被视为一种"政治正确"。尤其是两度执政的民进党,利用公权力"去中国化",由上至下地在政治、法律、文化、教育等各个层面渗透"台湾是主权独立国家,中华民国是台湾"的意识形态。台湾社会内部的统一力量积聚与意识发展处于低谷阶段。而在大陆方面,推进两岸关系和平发展、实现祖国和平统一目标的努力和决心没有任何动摇,中央政府与台湾当局之间在两岸关系现状与目标上缺乏基本共识,而大陆社会也对于台湾当局高度不满,大陆民众对于台湾民意变化也充满疑虑。两岸在官方与民间层面的分歧日益显著,而且两岸差异与两岸分歧之间呈相互强化态势,使得和平统一进程面临严峻挑战。

第三节 外部环境

中华人民共和国政府在对外交往中和国际社会上坚持一个中国原则,国际社会也依循国际法理尊重中国主权,确立起一个中国原则或政策框架,不与台湾建立正式、官方关系,认同或支持两岸和平统一。在一个中国框架下,大陆的建交国及国际社会与台湾方面保持着非官方的往来关系。综合而言,国际社会在宏观上形成了有利于维护一个中国、促进和平统一的整体环境，但也因美国等个体行为形成了阻碍中华人民共和国政府推行和平统一进程的力量，这可能成为突破一个中国国际共识的破坏性因素，阻碍统一的内外力量之间的主动与联动则企图改变"两岸同属一个中国"的框架，并进一步影响到祖国和平统一的历史大势，而从当前中美关系和两岸关系的态势来看，这种风险并不能完全排除。

一、"一个中国"的国际共识

1949 年，中华人民共和国政府成立，而"中华民国政府败退到台湾，并不是成为一个与中国分裂的国家，中华民国只是一个败逃的旧政府"，[①] 国际社会理应取消对"中华民国"的政府承认，并尊重和支持中华人民共和国政府在台湾问题上的主张。实际上，在中华人民共和国政府宣告成立后 3 个月内就有 25 个国家承认其为代表中国的合法政府，其中除了社会主义各国外，还包括瑞典、丹麦、瑞士、芬兰、英国、挪威、荷兰等资本主义国家，"这些国家并非基于意识形态因素而承认北京政权，而是依照国际法原则加以承认"[②]。当然，在具体的承认实践中，各个国家基于对政治局势的判断以及对自身利益的考虑，对新政府的承认并不必然与新政府的建立同时发生。而无论是承认"中华民国"政权还是承认中华人民共和国政府，都是属于政府承认，即便是主张"法理台独"的部分台湾学者也不得不承认这一点，"即使目前中华民国政府在世

---

① 台湾教授协会：《台湾国家定位论坛》，台北前卫出版社 2009 年版，第 219 页。
② 吴志中：《"一个中国"政策与台湾加入国际组织的资格》，《台湾国际法季刊》2006 年第 9 期。

界上的邦交国，他们对于中华民国的承认，也都是承认中华民国是合法代表全中国的'政府承认'，而非承认中华民国是与中国无关的，是在台湾的另一个国家的'国家承认'"①。而且在事实上，对于坚决维护国家主权领土完整的中央政府而言，也绝不容许这种情况在未来发生，"一个中国"已经成为国际社会的基本法理规范和政治交往架构，而且越来越多的国家和国际组织认同和支持中华人民共和国政府关于"台湾是中华人民共和国的一部分"的立场。认可"两岸同属一个国家"的"一个中国"架构就意味着尊重或承认中华人民共和国政府统一目标的合理性，而承认一个中国原则则等同于认可中华人民共和国选择以适当方式完成统一目标的合法性。

中华人民共和国在国际社会坚决主张并维护一个中国原则，即世界上只有一个中国，中华人民共和国政府是中国的唯一合法政府，台湾是中华人民共和国（中国）领土不可分割的一部分（一个省），这种符合国际法理和历史事实的立场是中华人民共和国参与国际组织以及与其他国家建交的前提。同时，在中华人民共和国政府对一个中国原则的坚持下，世界各国也都在与中华人民共和国的交往过程中确立了各自的"一个中国"政策来落实对一个中国原则的认可、尊重与承认。② 根据各国在与中华人民共和国建交时对待一个中国原则"三段论"中的"台湾是中华人民共和国不

---

① 台湾教授协会：《台湾国家定位论坛》，台北前卫出版社2009年版，第220页。
② 各国在与中华人民共和国建交后明确承认一个中国原则的前两点，承诺不制造、不支持"两个中国""一中一台"，但也因中华人民共和国尚未有效管辖台湾，而在具体政策实践和对外交往中对一个中国原则中"台湾是中华人民共和国不可分割的一部分"的主张采取尊重、认可或承认等不同立场，这就构成了整体性的一个中国政策。

可分割的一部分"的态度和政策的不同，一个中国原则在中外关系中的体现形式不拘一格，而与中华人民共和国建交的国家的一个中国政策的实践模式也是多样的。

第一，一个中国原则的完全承认模式，是指与中华人民共和国建交的国家完全承认一个中国原则，断绝与台湾当局的正式关系，承认台湾是中华人民共和国／中国不可分割的一部分。如马尔代夫与中华人民共和国在 1972 年建交的联合公报中载明："马尔代夫共和国政府承认中华人民共和国政府为中国的唯一合法政府，台湾是中华人民共和国领土不可分割的一部分。"随后采取直接承认一个中国原则的国家还包括几内亚比绍（1974 年 7 月 20 日）、尼日（1974 年 7 月 20 日）、波扎那（1975 年 1 月 8 日）、约旦（1974 年 4 月 11 日）、葡萄牙（1979 年 2 月 9 日）、印度尼西亚（1990 年 8 月 8 日）、乌兹别克斯坦（1992 年 1 月 2 日）、哈萨克（1992 年 1 月 3 日）、乌克兰（1992 年 1 月 4 日）、塔吉克斯坦（1992 年 1 月 4 日）、吉尔吉斯斯坦（1992 年 1 月 5 日）、土库曼斯坦（1992 年 1 月 6 日）、白俄罗斯（1992 年 1 月 20 日）、摩尔多瓦（1992 年 1 月 30 日）、阿塞拜疆（1992 年 4 月 2 日）、亚美尼亚（1992 年 4 月 6 日）、格鲁吉亚（1992 年 6 月 9 日）、利比里亚（1993 年 8 月 10 日）、莱索托（1993 年 12 月 30 日）、圣多美和普林西比（2016 年 12 月 21 日）、巴拿马（2017 年 6 月 12 日）、多米尼加（2018 年 5 月 1 日）、布基纳法索（2018 年 5 月 26 日）、萨尔瓦多（2018 年 8 月 22 日）等。值得注意的是，采用或转换为完全承认模式与中华人民共和国建立或保持外交关系的国家越来越多。

第二，"一个中国"政策的"法国模式"，是指在建交公报中不提及

"台湾是中华人民共和国不可分割的一部分"。1964 年 1 月 27 日，中法同时在北京、巴黎发布建交联合公报。全文如下："中华人民共和国政府和法兰西共和国政府一致决定建立外交关系。两国政府为此商定在三个月内任命大使。"[①] 法国对于"台湾是中华人民共和国不可分割的一部分"的立场采取不谈及或不明确的官方态度，在与中国的正式建交文件中采取这种方式的国家曾包括联合国"2758 号决议案"通过前已经承认中华人民共和国的苏联、保加利亚、罗马尼亚、匈牙利、捷克、朝鲜、波兰、蒙古、东德、阿尔巴尼亚、北越、印度、瑞典、丹麦、缅甸、瑞士、芬兰、巴基斯坦、挪威、荷兰、南斯拉夫、阿富汗、尼泊尔、埃及、叙利亚、也门、斯里兰卡、柬埔寨、伊拉克、摩洛哥、苏丹、阿尔及利亚、古巴、马里、索马里、老挝、乌干达、肯尼亚、法国、刚果、坦桑尼亚、赞比亚、土耳其、伊朗等 56 国，以及"2758 号决议案"后的卢旺达（1971 年 11 月 12 日）、塞内加尔（1971 年 12 月 7 日）、塞浦路斯（1971 年 12 月 14 日）、墨西哥（1972 年 2 月 14 日）、加纳（1972 年 2 月 29 日）、毛里求斯（1972 年 4 月 15 日）、圭亚那（1972 年 6 月 27 日）、西德（1972 年 10 月 11 日）、马达加斯加（1972 年 11 月 6 日）、卢森堡（1972 年 11 月 16 日）、牙买加（1972 年 11 月 21 日）、上沃尔特（布基纳法索 1973 年 9 月 15 日）、加蓬（1974 年 4 月 20 日）、特立尼达和多巴哥（1974 年 6 月 20 日）、莫桑比克（1975 年 6 月 25 日）、圣多美普和林西比（1975 年 7 月 12 日）、孟加拉国（1975 年 10 月 4 日）、科摩罗（1975 年 11 月 13 日）、苏里南（1976 年 5 月 28 日）、塞舌尔（1976

---

①　中华人民共和国外交部：《中法建交公报》。

年 6 月 30 日）、中非共和国（1976 年 8 月 20 日）等。然而，没有提及并不代表这些国家并不承认"台湾是中国不可分割的一部分"，如阿尔及利亚等国，而且不少国家在后续的补充性文件中明确表达认可"台湾是中国的一部分"，如中法两国政府在 1994 年 1 月 12 日再度发表联合公报，法国方面确认，法国政府承认中华人民共和国政府是中国的唯一合法政府，台湾是中国领土不可分割的一部分，法方承诺不再批准法国企业参与武装台湾。

第三，"一个中国"政策的"加拿大模式"，是指建交国政府以"注意到"（take note of）来表达对"台湾是中华人民共和国领土不可分割的一部分"的原则的尊重。加拿大总理特鲁多在 1968 年 5 月 29 日的政策声明中指出将尽快与中华人民共和国建立外交关系，并支持其拥有"中国代表权"的席位，在台湾的"中华民国"政府将被视为是另一个不相隶属的政权，即大陆与台湾是"两个地区"，都应给予事实承认。随后，加拿大代表与中华人民共和国代表会谈建交事宜。中华人民共和国方面坚持建交三原则：寻求与中华人民共和国建交的国家，必须承认中华人民共和国政府为中国唯一合法政府；必须承认台湾是中华人民共和国神圣不可分割的领土，并与蒋介石集团断绝任何外交关系；必须在联合国中支持中华人民共和国政府取得其合法权利，且不支持蒋介石集团为国际政治实体。[①] 加拿大的方案之一是由中华人民共和国在建交公报中加入第二条原则的主张，但加方不接受也不反对，在同时发表的声明中说明态度。双方历经

---

① 王文隆：《"中华民国"与加拿大断交前后政府的处置（1968—1970)》，《"国立"政治大学历史学报》2009 年第 11 期。

13 次谈判达成最终协议。双方在 1970 年 10 月的建交公报中，[①] 中国政府重申，台湾是中华人民共和国领土不可分割的一部分，加拿大承认中华人民共和国政府为中国的唯一合法政府，但以"注意到"（take note of）回应"台湾是中华人民共和国领土不可分割的一部分"这一立场，及尊重且不会违背中方这一原则。加拿大开启了与中华人民共和国政府建交时以"注意到"应对"台湾是中华人民共和国不可分割的一部分"的"加拿大模式"，继而意大利（1970 年 11 月 6 日）、智利（1970 年 12 月 15 日）、比利时（1971 年 10 月 25 日）、秘鲁（1971 年 11 月 2 日）、黎巴嫩（1971年 11 月 9 日）、冰岛（1971 年 12 月 8 日）、马耳他（1972 年 1 月 31 日）、阿根廷（1972 年 6 月 16 日）、希腊（1972 年 6 月 5 日）、委内瑞拉（1974年 6 月 28 日）、巴西（1974 年 8 月 15 日）、厄瓜多尔（1977 年 12 月 27日）、哥伦比亚（1980 年 2 月 9 日）、科特迪瓦（1983 年 3 月 3 日）等国依循此一模式与中华人民共和国政府建交。[②]

第四，"一个中国"政策的日本模式，是指直接以"理解并尊重"来表

---

① 中华人民共和国政府外交部：《中华人民共和国政府和加拿大政府关于中、加两国建立外交关系的联合公报》，见 http://www.fmprc.gov.cn/web/ziliao_674904/1179_674909/t7481.shtml,2016-12-16。《中华人民共和国政府和加拿大政府关于中、加两国建立外交关系的联合公报》全文：中华人民共和国政府和加拿大政府根据互相尊重主权和领土完整、互不干涉内政和平等互利的原则，决定自一九七〇年十月十三日起，互相承认并建立外交关系。中国政府重申：台湾是中华人民共和国领土不可分割的一部分。加拿大政府注意到中国政府的这一立场。加拿大政府承认中华人民共和国政府为中国的唯一合法政府。中、加两国政府商定在六个月之内互派大使，并在平等互利的基础上，根据国际惯例，在各自首都为对方的建馆及其执行任务提供一切必要的协助。

② 王文隆：《"中华民国"与加拿大断交前后政府的处置（1968—1970)》，《"国立"政治大学历史学报》2009 年第 11 期。

达对"台湾是中华人民共和国领土不可分割的一部分"原则的立场。1972年9月25日至28日，中日政府首脑举行了建交谈判。中华人民共和国坚持中日复交三原则：中华人民共和国是代表中国人民的唯一合法政府；台湾省是中华人民共和国领土不可分割的一部分；所谓"日华条约"（即"中华民国"政府与日本间和平条约）是非法的，无效的，应予废除，应由中华人民共和国与日本之间正式"结束中日两国战争状态"，由中华人民共和国政府来决定放弃对日本的战争赔偿要求。而日方从法律角度认为"日华条约"的签订即宣告中日战争状态结束，不同意将"日华条约是非法的、无效的，必须予以废除"写入联合声明，日本在《旧金山条约》中已经放弃了对台湾的一切权利，没有必要再对台湾归属作认定，[①] 日本表示绝不支持台湾独立，对台湾也没有任何领土野心，希望在中日邦交正常化之后，在不损害中日关系的前提下，继续保持与台湾的非官方经贸往来，并设立一个类似"备忘录办事处"的机构。经过四轮正式谈判，双方本着求同存异的原则，既坚持立场，又在一些具体问题上不失灵活性，最终在一系列问题上达成一致意见，直接推动了中日两国联合声明的签订和发表，实现了中日建交。[②] 双方在联合声明中对相关问题表述为："日本方面重申站在充分理解中华人民共和国政府提出的'复交三原则'的立场上，谋求实现日中邦交正化"，"迄今为止的不正常状态宣告结束"，"日本国政府承认中华人民共和国政府是中国的唯一合法政府"，"中华人民共和国政府重申：台湾是中华人民共和国领土不可分割的一部分。日本国政府充分理解和尊重中国政府的这一立场，并坚持遵循波茨

---

① 赵阶琦：《中日复交谈判述说》，《日本研究》1998年第3期。

② 徐行、薛琳：《1972年9月中日政府首脑建交谈判述略》，《党的文献》2010年第4期。

坦公告第八条的立场"。① 此后采用以"理解并尊重"模式与中华人民共和国政府建交的国家还包括菲律宾（1975 年 6 月 9 日）、韩国（1992 年 8 月 24 日）等。

第五，"一个中国"政策的美国模式，是指建交国政府在与中华人民共和国建交时对"台湾是中华人民共和国不可分割的一部分"采取"认知 / 认识到"的处理方式，如英国（1954 年 6 月 17 日的建交公报未提及，1972 年 3 月 13 日的公报改为认知 acknowledging）、澳大利亚（1972 年 12 月 21 日）、新西兰（1972 年 12 月 22 日）、西班牙（1973 年 3 月 9 日）、马来西亚（1975 年 5 月 31 日）、泰国（1975 年 7 月 1 日）、斐济（1975 年 11 月 5 日）、西萨摩亚（1975 年 11 月 6 日）、美国（1978 年 12 月 17 日）等，而其中又以美国与中华人民共和国建交公报的相关表现最为典型。美国的一个中国政策以"三公报一法"作为处理海峡两岸关系的主轴。1972 年中美《上海公报》中，美方宣称美国认识到，在台湾海峡两边的中国人都认为只有一个中国，台湾是中国的一部分，美国政府对这一立场不提出异议。它重申它对由中国人自己和平解决台湾问题的关心。1979 年中美建交公报上，英文版表述为"acknowledge"，中文版为"承认"，美方并无异议。在《美中八一七公报》中，美国在英文文本中直接援引建交公报的文字。总体上，采用此表述方式的各国在涉台问题上除了美国之外，基本上严格遵循了中方一个中国原则的相关要求，与此同时，美国虽然是解决台湾问题、实现祖国统一的最大阻碍因素，但也明确表示不支持"两个中国""一中一台"，

---

① 中华人民共和国外交部：《中华人民共和国政府和日本国政府联合声明》，见 http://www.fmprc.gov.cn/web/gjhdq_676201/gj_676203/yz_676205/1206_676836/1207_676848/t4970.shtml。

不支持台湾独立，不支持台湾加入主权国家身份资格的国际组织。

无论与中华人民共和国建交或复交的时候，建交国以何种方式来表达对"台湾是中华人民共和国不可分割的一部分"立场的态度，但是取消对"中华民国"的政府承认的行为和法律效果是确定无疑的，认可"两岸同属一个中国"的态度也是明确的，一个中国原则的实效是显著的。而且，"国际社会的大多数开始接受北京对于台湾的领土主权主张及其在外交关系中独特地位。至1972年美国总统尼克松访华时，69%的联合国会员国均已结束与台湾的外交关系而倾向于中国"。① 随着中外关系的深入发展，越来越多的国家明确支持一个中国原则，"自从1971年以来，国际社会的大多数，至少从政治角度来看，已经将台湾仅仅视为是中华人民共和国的一个省"。② 综合相关官方文件资料和研究成果③

----

① Gilley B, Not So Dire Straits: How the Finlandization of Taiwan Benefits U.S. Security, *Foreign Affairs*, 2010, 89(1):45.

② Donald G. Palmer, Jr., Taiwan: De Jure or Not De Jure? That is the Question.An Analysis of Taiwan's Legal Status Within the International Community, *John F. Kennedy University Law Review*, 1996.7(1):65.

③ 蔡政修：《"一个中国原则"与台湾的国际空间：以民进党政府参与联合国的策略为例（2000—2008）》，《全球政治评论》2013年第1期。附录：《国际社会接受（承认、承诺、或支持）"一个中国原则"与同意（支持、理解、尊重）中共反分裂法之国家数目与比例统计表》（第71—76页）中详细整理列举了截至2008年的各国与中华人民共和国建交的日期以及对待核心议题的相关态度。而2008年后，中华人民共和国新增建交国家包括南苏丹（建交时间2011年7月9日）、冈比亚（2016年3月17日）、圣多美和普林西比（2016年12月21日）、巴拿马（2017年6月12日）、多米尼加（2018年5月1日）、布基纳法索（2018年5月26日）、萨尔瓦多（2018年8月22日）等均认同一个中国原则，如冈比亚在建交公报中承诺，"冈比亚伊斯兰共和国政府承认世界上只有一个中国，中华人民共和国政府是代表全中国的唯一合法政府，台湾是中国领土不可分割的一部分。冈比亚伊斯兰共和国政府承诺不同台湾发生任何官方关系，不进行任何官方往来"。总体而言，2008年后数据的变动趋势不大，在此也主要以蔡文为依据。

可以发现，接受中华人民共和国政府一个中国原则论述的国家占全世界国家的比例呈上升趋势。而且有更多的国家明确承诺"不与台湾发展官方关系或进行官方往来"，"不支持或反对台独分离活动"，"支持两岸统一或一国两制"，以及"不支持或反对台湾加入以国家为会籍资格的国际组织"等。

据综合统计世界各国对中国大陆一个中国原则论述的回应发现，1999年年底前在官方文件中明确承认"世界上只有一个中国"的国家数目为57国，占世界国家总数的29.2%，在2000年到2008年之间该数字上升为172，比例也高达88.2%。而对于"中华人民共和国政府是代表全中国的唯一合法政府"，接受该说法的国家数目在1999年年底以前是114个（58.5%），到2008年则达到172个（88.2%）。至于承认"台湾是中国的一部分"的国家数量，在1999年以前有50个，同时有31个国家以"注意到"（take note of）、"认知到"（acknowledge）或"尊重"（respect）等模糊的言词回应，因此确定无疑的国家比例仅25.6%。然而在2000年后，有143个国家表达承认，同时有11个国家维持模糊措辞，明确承认的国家比例提高到73.3%。

就宣示"不与台湾发展官方关系或进行官方往来"的国家而言，相应的数量和比例在1999年以前分别是41个国家和21.4%，到2008年则上升到73个与37.4%。关于"不支持或反对台湾独立分离活动"的论述，国际社会承诺支持中华人民共和国政府主张的国家，在1999年以前只有5个（4.6%），然而该数字到2008年达到117个国家，比例也上升到60%。除了要求邦交国承诺一个中国、反对台湾独立，中华人民共和国政府还呼吁邦交国支持两岸的"和平统一""一国两制"，在1999年以前只有 3 个国家正面回应这一诉求，而在 2000 年到 2004 年间，表达支持的国家数目迅速上升到 61 个（31.3%），并于 2008 年进一步上升到 114 个国家（58.5%），几乎占全世界独立国家总数的六成。对中华人民共和国政府要求"不支持或反对台湾加入以国家为会籍资格的国际组织"的回应，在 1999 年以前仅有两个国家有所回应，2000 年和 2006 年间呼应该论述的国家逐渐提高到 23 个（11.7%），2007 年后更上升到 82 个（42.1%）。在中华人民共和国《反分裂国家法》通过后，两年中就有 44 个国家宣称支持反分裂国家法，21 个国家通过表达"理解""尊重"或强调部分条款的方式给予有限的支持，总数占世界国家数目的 33.2%。相对地，有 4 个国家或国家集团表达关切（美国、加拿大与欧盟）或反对之意（日本）。

过程分析表明，在 2000 年后有更多的国家同意一个中国原则的论述，在 2000 年以前，国际上承认世界上只有一个中国的国家比例还不到三成（29.2%），同意"中华人民共和国政府是全中国唯一合法政府"的国家比例接近六成，同时只约四分之一的国家承认"台湾是中国或中华人民共和国的一部分"。而到 2008 年，有近九成的国家（88.2%）都接受了世界上只有一个中国，以及"中华人民共和国政府是全中国唯一合法政府"的论述。明确承认"台湾是中国或中华人民共和国的一部分"的国家上升到超过七成（73.3%）。这意味着台湾实行"两个中国""一中一台"的主张不仅与国际法理不符，更不可能获得国际社会的政治支持，而承诺"不支持或反对台独分离活动"的国家数目占到世界国家总数的六成。

上述统计结果也确证了中华人民共和国政府的一个中国原则的论述以

及各国相对应的政策实践，已经成为国际社会的共识与主流。[1]"国际社会赞同中华人民共和国一个中国原则，承认其为中华民国政权的继承者。相应地，中华人民共和国构成了中国的法律上的政府，其主权及于台湾，而'中华民国'被判定为一个管辖台湾的地方权威。因此，尽管有着新兴的民主和强有力的全球经济实力，在台湾的'中华民国'并不被认为是国际法上的国家。"[2]"中华民国"是在法律上已经消失的"旧政权"或政治上的"叛乱团体"，台湾是中国不可分割的一部分，"两个中国"与"一中一台"没有出路，这些都已经成为世界各国的共识。显然，"世界上只有一个中国"的现状、中国统一目标的合理性以及中华人民共和国政府选择以适当方式完成统一目标的正当性与合法性正在得到越来越多的国家理解与承认，这也是有利于中央政府推进和平统一工作的国际政治与法治环境。

二、和平统一的外部风险

首先，美国因素是中国实现完全统一的最大外部影响因素或障碍。"自冷战以来，美国自视为在维护台海和平与稳定方面发挥了关键作用。美国一贯奉行战略性的模糊政策，也被称为'双重威慑'，使华盛顿为台湾提供防御的手段，并在必要时保持军事准备来台湾提供援助，另一方面，它

---

① 蔡政修：《"一个中国原则"与台湾的国际空间：以民进党政府参与联合国的策略为例（2000—2008）》，《全球政治评论》2013 年第 1 期。

② Steve Allen(2000),Statehood, Self-determination and the "Taiwan Question", *Asian Yearbook of International Law*,9:191.

也力图让北京方面相信美国不支持台湾独立，并依然支持'一个中国'原则下实现和平统一的可能性。战略模糊性维持一种不确定性以阻止单方面鲁莽行为。"①美国坚持台湾问题应经由海峡两岸双方和平地达成共识解决。而"美国的国家利益和世界战略从根本上决定了其对华政策，而其对华政策又决定了美国在台湾问题上的立场和方针"。1949年以来的美国对台政策，一直从属于对华政策的战略考虑，而不是一项单独的政策。美国对台政策的调整，是根据中美关系的变化来定位的。②

冷战时期，美国在欧亚推行"遏制"战略，而台湾则是其"遏制"中国的"不沉的航空母舰"，此时的对台政策是：武力阻挠中国统一，制约蒋介石"反攻大陆"，在台湾领土归属和国际法律地位采取模糊立场。从20世纪60年代末，美国为对付苏联扩张和摆脱越战，谋求改善对华关系，开始降低台湾在美国全球战略中的作用，对台关系逐渐处于从属地位，在与中华人民共和国政府建交后确立了处理对华与对台关系的"三公报一法"政策框架。但美国也有一些政府官员和学者认为"中美三个联合公报"只是美国的政治声明，不属于条约，没有约束力。如美国国务院曾认为"八·一七公报"只是总统的一项政策声明，不是一项行政协定，并不具有国际法所有的约束力的权利或义务。③美国国会在中美建交之际通过了"台湾关系法"，以美国国内法的方式规范与台湾人民的关系，甚至将台湾视为具有与国家同等权力的实体，成为"美国自1979年正式承认中

---

① Dean P. Chen, Constructing Peaceful Development: The Changing Interpretations of "One China" and Beijing's Taiwan Strait Policy, *Asian Security*, 2014,10(1):26.

② 王缉思、李晓岗：《美国的世界战略与台湾问题》，载卢晓衡：《中国对外关系中的台湾问题》，经济管理出版社2002年版，第20页。

③ 陶文钊：《中美关系史》（下卷），上海人民出版社2004年版，第133—134页。

华人民共和国政府后与台北交往的立法基础，确立起在处理台湾问题时与中华人民共和国主权主张实质上不兼容的授权模式"。① 后来的里根也向议会提出"对台六项保证"，表示不会正式承认中华人民共和国对于台湾的主权。这就造成了美国的一个中国政策的内在矛盾，"美国政府事实上而非官方意义上将台湾视为独立于中国的一个政治实体"，"毫无疑问美国对台政策在实际上是与美国'一个中国'理论相矛盾的"。② 甚至是"一方面在外交上正式承认了中华人民共和国，但同时又不顾中国政府的反对，同台湾建立起了以'台湾关系法'为基本法律依据的'实质性'关系"。③

20 世纪 90 年代是美国对台政策变化较为频繁的时期，从布什到克林顿政府时期，经历了三次较大调整，其中前两次是朝背离一个中国政策和中美三个联合公报原则的方向的调整，而第三次则是向着一个中国立场的回摆，克林顿还公开宣示"三不"政策。④21 世纪初的美国在应对恐怖主义、金融危机等全球性问题时，逐步认识到中国的重要地位，而中美关系长期健康稳定发展对美国战略利益至关重要，在台湾问题上，美国总统多次公开表示奉行和坚持一个中国政策，尊重中国主权和领土完整。当美国

---

① Brad R, Roth(2009), Entity That Dare Not Speak Its Name:Unrecognized Taiwan as a Right-Bearer in the International Legal Order, *East Asian Law View*, Vol.4:112.

② Stephen Lee, American Policy toward Taiwan: the Issue of De Facto and De Jure Status of Taiwan and Sovereignty, *Buffalo Journal of International Law*, 1995-1996, Vol.2:325.

③ 罗国强：《美国〈与台湾关系法〉的立法特点与法律实效》，《太平洋学报》2015 年第 10 期。

④ 张也白：《台湾问题上的美国因素》，载卢晓衡：《中国对外关系中的台湾问题》，经济管理出版社 2002 年版，第 49—50 页。

从恐怖主义、中东问题以及金融危机等问题中抽身以后，美国对于中国的疑虑心态和围堵意图处于上升态势，认为中国的崛起改变了亚太地区地缘政治格局，不符合美国的全球利益，以所谓"亚太再平衡战略"对我加以阻遏，对于台湾问题也并未脱离美国政府既有的一个中国政策框架。而特朗普执政以来，其本人在经济、政治、外交及军事等领域对中国进行全方位的指责，美国政界对华战略疑虑也处于高位。特朗普政府提出所谓"印太战略"，美国发布的《国家安全报告》将中国称之为"修正主义国家"，将中国定为美国的直接战略竞争对手，《美国国防战略报告》等文件公然渲染中国威胁，特朗普的国情咨文直称中国是美国重要的对手，并认为中国是一个危险，因为"他们挑战我们的国家利益、影响我们的经济、抵触我们的价值观"。[①] 在经济领域，特朗普政府对中国发起贸易战。而美国立法体系则一直在持续推动支持台湾的相关活动，参众两院的"友台"议员则以个人或次级团体的方式强化对台支持力度，《国防授权法》直接夹带强化美台军事合作条款。"台湾旅行法"也在参众两院无异议通过并经特朗普签署而形成法律，成为美国会继"台湾关系法"以后再次以法律形式要求行政部门"友台"的举措，该法授权美国高阶官员与台湾交往，并有很大几率得到行政体系的支持，美国与台湾地区高阶官员将有机会在正式场合公开交往，这意味着美台交往如果走向公开化、官方化将会直接干涉中国内政，可能破坏几十年来中美交往的政治基础，直接冲击两岸和平统一的有利外部环境。

回顾中美关系逐步改善的历史过程中，台湾问题事关中国的核心利

---

① 中评网：《美国国情咨文含沙射影　中国应有定力》，见 http://mag.crntt.com/crn-webapp/mag/docDetail.jsp?coluid=23&docid=104968608。

益，也是最容易激发中美冲突的问题，甚至被认为是中美战争的引爆点，① 但是美国一直以来相对谨慎地处理所谓的"中美台三角"关系，并持续获得这种结构性的优势地位，一部分是因为美国的全球战略地位，另一部分是因为两岸间内生性地不能形成双边合作关系。"这种结构冷战后就一直维持，美国不断调整与大陆和台湾的关系以保持平衡，并没有改变其占优势的三角格局"。② 而维持这种有利格局的政策精神则体现在反对"两岸任何一方单方面改变现状"，但对于现状的内涵却从不明确表述，始终维持一种模糊的态度，只依据各种不同的情况，做出是不是会改变现状的判定，③ 让美国保持在"现状"解释上的主导权和政策行为上的主动性。例如美国虽然声称其一个中国政策没有改变，但在实践中却认为"国民党政权承认'九二共识'会使台湾趋向与北京统一，这与美国及其亚太地区盟友的利益相悖，而让台湾脱离中国设定的轨道（orbit）就与美国利益一致，也符合美国长久以来的政策框架，有利于维持台海的健康平衡"。④美国强调台海和平稳定符合美国利益，支持两岸和平解决，但事实上美国的台海政策也在阻碍着中国和平统一的进程，其具体的政策举措也在某种程度上干涉了中国内政，也限制了中国在追求完全统一道路和模式上的可

---

① Carpenter T G, *America's coming war with China : a collision course over Taiwan*, Palgrave Macmillan, 2005; Copper J F, *Playing with fire: The looming war with China over Taiwan*, Greenwood Publishing Group, 2006.

② Lowell Dittmer, *Bush,China,Taiwan: A Triangular Analysis*, Journal of Chinese Political Science,Vol.10.no.2,Fall 2005.

③ 李鹏：《绝对获益、相对获益与美国"维持现状"的台海政策》，《台湾研究集刊》2006 年第 2 期。

④ Chen D P, US–China Rivalry and the Weakening of the KMT's "1992 Consensus" Policy: Second Image Reversed, Revisited, *Asian Survey*, 2016, 56(4): 754-778.

操作空间，这也是两岸和平统一必须面对和处理的政治现实。

展望未来，中美关系的大格局、美台关系与两岸关系的小格局以及美国在台海政策中所谓的"平衡"是否仍将保持"现状"，值得进一步观察，然而美国主动改变其对华战略和台海平衡政策的可能性在上升，导致中美冲突与台海矛盾联动的风险也在不断增加。既往的美国对华战略秉持所谓的"接触"与"遏制"，期待在交往中实现"和平演变"并将中国纳入美国价值与秩序体系，而特朗普在所谓"美国优先"导向下调整对华战略，将中国视为主要竞争对手或是敌人，是否维持中美关系的良性发展并非其首要考虑目标，而以往被视为中美关系"压舱石"的经贸领域也面临着"贸易战"，中美之间在政治、外交、军事等领域的潜在冲突增加，因此，中美关系的大格局正面临变化。在此背景下，以往美国消极阻碍两岸和平统一的政策作为也在发生改变，将中美关系与台海关系挂钩进而打"台湾牌"成为美国方面更为积极的选择，主动强化并提升美台"实质关系"，甚至突破其一个中国政策框架，似乎成为美国各界的"共同呼声"，在美国内部形成一种"合力"，对美国以往的台海平衡政策形成较大压力。特朗普"拥抱军事民族主义、贸易重商主义以及外交单边主义，对于'一个中国'的承诺将更多地视中美交易交往情况而定"，[①]"蔡特通话""六项保证"公开化、批准"台湾旅行法"与美国官员访台及对台军售等都显示特朗普当局遵守美国的一个中国政策的承诺并不坚定。与此同时，行政体系与立法体系之间相互制衡的倾向在对华政策问题上持续减弱，甚至双方形成以台湾问题遏制中国的"合谋"，这既与美国国内政治认知及政治氛围

---

① Dean P. Chen, Liberal Internationalism, Jacksonian Nationalism, and the US One China Policy, *Asian Survey*, 2017, 57(5):885-909.

转变有关，也与台湾方面加大对美工作力度相关。美国行政体系也在不断凸显"与台湾关系法"和"六项保证""台湾旅行法"去强化所谓"台湾安全"，顺势推动美台关系的实质提升。

如何应对美国因素，并化挑战为机遇，一方面取决于大陆在台湾问题的政策举措上如何与美国进行策略互动，另一方面更是由中美在全球格局下国家利益的战略性关系所决定的。在既往中美关系大格局以及美国一个中国政策维持不变的情况下，美台关系基本上从属于中美关系，而两岸关系就属于唯一变量，"外部因素只能透过内因起作用，如果两岸双方能够自行找出解决问题的办法，美国因素就很难产生作用。也就是说，两岸双方关系越紧张，美国因素的影响力也就越大；反之，两岸关系越是缓和，美国因素的影响力就越小"。① 但在美国调整对华战略将中国视为对手的背景下，一个中国政策、"台海平衡"都将可能会成为新的变量，而美台关系很可能由附属性地位转换为独立性地位，台湾成为美国阻遏中国大陆的重要盟友和工具，解决台湾问题也就更具紧迫性。因此，当原本被视为"常量"的美国对华政策成为不稳定的"变量"时，通过两岸途径实现和平统一的难度就大大增加。

其次，日本因素也是潜在地牵制两岸和平统一的外部力量。由于历史恩怨、地缘政治因素以及日本内部独特的"台湾情结"，尤其是 20 世纪 90 年代以来，日本明显提升日台关系，"右翼"势力抬头，在对华战略上利用台湾问题牵制和遏制中国的倾向明显加强。日本也成为除美国之外的另一个制约两岸关系的潜在重要外部因素。

---

① 刘国深：《两岸互动中的美国因素》，《台湾研究集刊》2002 年第 3 期。

1895 年，台湾被迫割让给日本，1945 年日本战败，台湾归还中国。1972 年中日邦交正常化，《中日联合声明》第二条明确规定："日本政府承认中华人民共和国是中国唯一合法政府"，第三条指出：中国政府重申"台湾是中华人民共和国不可分割的一部分，日本政府充分理解和尊重中国政府的这一立场"，并承诺不与台湾发展官方关系。但 20 世纪 90 年代以来，随着国际格局的变化、中国的迅速崛起以及日本国内政治的变化，日本对两岸统一的制约倾向明显加强，在台湾问题上卷入的意志上升。日台关系的发展突破了经济、文化领域的民间层次，开始进入实质性的政治交往阶段；日本国内"台湾地位未定论"论调不绝，日本"右翼"势力与台湾的"台独"势力之间的联络加强；日本在对外安保政策上跟随美国，美日安保体制使日本对两岸关系的影响体制化，按照美日安保体制，若美国协防台湾，则日本将提供支持和后勤，日本政府还通过系列法案，不断扩大防卫范围和对出兵条件的解释。这些因素都势必给祖国统一带来阻力，增加"台独"的势力和风险，阻碍着中国完全统一目标的实现。究其原因，日本内部部分势力出于地缘政治的考虑，遏制中国，不希望海峡两岸走向统一，认为统一对日本不利，会破坏亚太地区的力量平衡，更倾向于海峡两岸长期维持现状，"不统不独"。①

在中日关系未得到根本改善的背景下，日本在配合美国亚太、印太战略的同时也在积极构筑其"防线"，除了加大对东南亚、对印外交力度外，还积极强化台日关系，协助台湾加入"印太战略"，尤其注重以非官方、半官方形式强化并提升与台关系，通过私人网络、代理人、半官方代表等

---

① 孙云：《试析两岸关系中的日本因素》，《世界经济与政治论坛》2001 年第 4 期。

渠道保持对台湾的支持和影响，而民进党执政也为日本涉入台湾问题提供了更好的机会和空间。

最后，阻碍祖国统一进程的外部力量与内部因素之间存在着联动与扰动。阻碍祖国统一的内外两种力量从一开始就是相关的。台湾问题是中国内战的遗留问题，外部力量出于自身利益的考虑介入国共内战，导致被继承的旧政权继续与胜利的新政权对抗，合法中央政府以常规手段终结内战的进程被迫中止，两岸也因一直处于内战尚未终结的状态而未能实现国家的完全统一。以美国为主的力量成为妨碍中国政府选择以适当方式结束内战进而实现祖国统一的重要外部影响因素；台湾当局则长期以来排斥以大陆主张的路径和模式实现统一甚至拒绝统一，而民进党等基于"台独"取向则从根本上否定统一目标，这些构成了"拒统"的主体力量。随着美国等加大力度对和平崛起进程中的中国进行围堵，岛内民进党执政后增强了其"去中""远陆"力度，内外两种力量在阻碍中国和平统一上更为主动，而且联动的趋势更加明显。

蔡英文执政以来，拒绝接受"两岸同属一个中国"的"九二共识"，认为两岸交流融合会威胁台湾的所谓"国家安全"，无意改善两岸关系，有意"冷却"两岸关系，不断利用法律、行政等手段阻碍两岸交流交往，营造"敌视大陆、恐惧大陆、反对大陆"的氛围，从政治、经济、文化等方面"去中""远中""离中"来抗拒大陆压力、逃避大陆的磁吸力。在两岸政策上，玩弄文字游戏，以空洞的"维持现状"论、"善意"论来敷衍大陆压力和台湾社会维持和平发展的民意期待，甚至叫嚣要力抗"中国压力"。在台湾内部，利用立法、行政、司法渠道营造"绿色恐怖"，围剿岛内支持两岸关系和平发展或一个中国与和平统一的政党、社会团体和人士，以各种形式在各个层级推动"去中化"与"渐进台独"。虽然"法理台独"并不具备外部条件和成功可能性，但通过全力操作"民主内造国家"、强化"台湾主体意识"、建构"趋独拒统"民意基础，对于和平统一进程必将产生长期的负面影响。蔡英文当局在苦练"内功"的同时，还刻意借助"外力"，"联美亲日抗陆"，并将台湾设定为区域结构中的重要参与者，谋求跳脱两岸关系结构的约束，而且事实上的台美日之间沟通协调畅通的程度也越来越高于之前。而从中美、中日、区域与两岸等多种关系的发展态势来看，美日之间存在美国主导下的同盟体制，美国视台湾为价值和利益上的重要盟友，台湾期待借助美口力量抗拒统　，各方有充足的动机和充分的理由更为主动地联动起来，而各方的政策与行为调整也使得这种联动更具有现实中的可操作性，对和平统一进程产生更大的扰动。

在大的中外关系与小的两岸关系联动的情况下，促进和平统一的路径和模式的首要选项是，尽力在不改变中美结构的背景下，通过两岸协商达成共识进而改变两岸结构达成完全统一状态，这也使得美国在所谓的"双方共同解决"说词下缺乏名义上的干涉依据；次要选项则是逐步在改变中美关系结构的过程中协同推动两岸关系结构的改变；备用选项则是在改变中美关系结构的态势下，改变两岸关系结构来实现统一目标。而当中美关系等大格局尚未发生根本性改变之际，在遏制中国与阻碍统一的力量趋于主动与联动的态势下，统一路径的规划与设计所需考虑的影响因素及其作用机制将可能从原本的"由内至外"拓展到"由外及内"，也必须更要对两岸间的和平统一路径与模式进行深化、拓展与创新，以尽可能地限缩、排除外部势力干涉台湾问题的机会，真正落实"台湾问题是中国内政"规则下的和平统一。

第三章
促进祖国和平统一的经济路径

和平统一是一项系统工程，需要政治、经济、社会、文化等多元路径的协同。推进两岸经济合作制度化，打造两岸共同市场，是促进祖国和平统一的重要路径之一。习近平总书记在不同场合多次强调，"我们将持续推进两岸各领域交流合作，深化两岸经济社会融合发展，增进同胞亲情和福祉，拉近同胞心灵距离，增强对命运共同体的认知"，[①]"促进两岸经济社会融合发展，符合两岸同胞共同利益"，[②]"深化两岸融合发展，夯实和平统一基础"。[③] 习近平总书记的重要讲话指明了两岸经济关系要走"融合发展"道路，要追求"共同利益"、拉近"心灵距离"、增强"命运共同体认知"、夯实"和平统一基础"。

两岸之间具有先天的地缘、文缘与亲缘优势，也各自具有经济上与发展上的比较优势，在经济全球化力量推动下，两岸经济关系克服了政治关

[①] 《习近平参加上海代表团审议》，新华网，2016 年 3 月 5 日。

[②] 《习近平总书记会见中国国民党主席洪秀柱》，新华网，2016 年 11 月 1 日。

[③] 《习近平谈治国理政》第三卷，外文出版社 2020 年版，第 408 页。

系的障碍，保持了快速发展势头。大陆已是台湾最大对外投资地和贸易顺差来源地，两岸之间也形成密切的产业分工关系。两岸经济关系的发展不仅能够促进两岸经济互利双赢与共同繁荣，也能够成为稳定两岸关系和促进祖国和平统一的重要因素。[①] 然而，当前两岸经济关系对于政治关系缺乏有序的影响渠道，两岸政治对立导致两岸经济关系无法实现完全正常化，2009 年以来建立起的制度化交流机制也因蔡英文当局拒不承认"九二共识"而受阻，两岸经济交往仍属于一种市场自发行为，加上台湾当局的防范与干扰，两岸共同经济利益并未衍生出政治合力。当然，两岸经济关系有其自身的发展轨迹和规律，对两岸政治关系的影响毕竟是间接的、渐进的。在当前两岸经济关系尚处于间接、单向的非正常化格局下，其所产生的利益分配结果是复杂的，并受到政治因素的强力干预。

在此背景下，祖国大陆更应深化两岸经济关系，促进两岸经济融合发展，为两岸关系和平发展与和平统一奠定物质基础、提供利益诱因，而经济杠杆与工具的运用也能够增加"台独"分离分裂的成本，进而拓展管控与形塑两岸关系的可能路径。当然，深化两岸经济交流、分工与合作，推进两岸经济一体化与融合发展，逐步构建两岸利益共同体，仅是和平统一的必要条件，而非促进祖国和平统一的充分条件。因而，探索促进祖国和平统一的经济路径，应在客观分析两岸经济关系的政治效应及其影响因素的基础上，提出针对性的优化措施。

---

① 张冠华：《两岸经济关系发展及其政经影响》，《台湾研究》2005 年第 2 期。

第一节　两岸经济关系的政治效应

一、理论构建

区域整合、经济依赖、冲突管控等相关研究中对于行为体间经济关系的政治效应分析为探讨海峡两岸经济融合对于市场主体、两岸民众、政府以及两岸政治关系、政治认同等方面的影响及其机制提供了有益参考，也为两岸经济融合的促统效应及路径研究提供了理论框架和逻辑进路上的借鉴。两岸经济整合产生的经济增长、共同利益等经济效应非常明显，而相应的理论建构与方法选择也基本遵循市场规律和经济学基本原理，然而利益变动对于市场主体、两岸民众、政府以及宏观意义上的两岸政治关系、政治认同等方面的影响及其机制，仍需综合相关理论学说、借鉴既有案例，并结合两岸关系实践进行具体分析。

新自由主义者在讨论国际社会的冲突与和平时认为，由于国际行为者之间的相互依存，无政府状态的国际社会可以通过合作，特别是国际制度来降低战争的危险，并创造和平。相对于现实主义认为国际体系是无政府状态，新自由主义更强调全球社会及复合相互依存的概念。而且不同于现实主义认为国际体系的主要角色是国家，新自由主义也凸显国际组织、非政府国际组织以及个人在国际体系中的行为者角色。[1] 而将新自由主义的理论框架从国际社会迁移至两岸关系后，原本的国家主体对应于两岸关系

---

[1]　张亚中：《全球化与两岸统合》，台北联经出版社 2003 年版，第 240—241 页。

中的政府主体，其他非国家主体则对应于两岸间的政党、企业、社会团体等其他行动者，而两岸经济关系的政治效应主要表现在，通过合作共赢消除市场障碍和外部性，促进和深化两岸经济融合；通过建立两岸经贸争端解决机制可以有效处理两岸经济摩擦与纠纷，维护两岸经济关系发展的秩序。所有这些都最终有助于减小两岸出现对立或冲突的风险，促进两岸关系的和平与稳定发展。[1] 这不同于古典现实主义和结构现实主义的观点，即两岸关系是以权力（而非利益，笔者注）为基础的，台湾经济依赖中国大陆越多，大陆对台湾国家安全的威胁就越严重。[2] 而且在新自由主义视角下，非政府的行为主体如企业、组织、个人等的地位与作用被强调，经济关系中的利益联结经由"由下至上"的路径可以影响到两岸公权力机关的决策及行为，两岸经济融合下的共同利益进而也会促成政治上的"统合"。

功能主义者则强调经济整合的"外溢"（spillover）效应，即"扩溢"到政治领域，会使得政治关系保持在与经济关系相同方向上的发展。与新自由主义相似之处在于，功能主义提供了一套相当具有分析性而非规范性的基础，来挑战现实主义以国家为中心的世界政治观。不同之处在于，功能主义者认为从各方具有的共同利益出发，积极合作建立共同的认知后，统合才可能完成。功能主义者认为经由经济关系到政治关系的统合应该是一种"由下至上"的途径，并认为公众的态度将随着跨国界功能组织的合

---

① 唐永红：《两岸经济合作的政治效应问题探讨》，《台湾研究》2014 年第 3 期。

② Leng, T., A Political Analysis of Taiwan's Economic Dependence on Mainland China. *Issues & Studies,* 1998,34 (8), 132-154 ；Friedberg, A., Ripe for Rivalry: Prospects for Peace in a Multipolar Asia. *International Security,* 1993,18 (3), 5-33.

作而逐渐增强他们对统合的看法，两岸关系中的"北京是台湾内部政治的一个重要参与者（player），通过重塑台湾民众的物质利益来寻求改变台湾民众的意识形态信念"。[①] 总体上而言，功能主义有两个重要观点：一是强调"互赖"会自动扩张的逻辑性；二是人民对国家的忠诚态度会改变。[②] 延续功能主义的逻辑，推进两岸经济关系，"两岸共同利益将不断增长，两岸双方各界会更加珍视两岸关系和平发展的环境，从而会更加重视维持两岸治关系的稳定性，并更加愿意加强、深化和扩展两岸交流与合作"。[③]

而新功能主义者与功能主义者的看法不同。通过对欧盟统合实践的分析，新功能主义者认为"扩溢"现象并非是一个自动发生的过程，而是在原有的基础上强调了政治精英乃至于政府的地位与作用，认为通过精英的推动，经济关系才会发生"扩溢"效应，并且政府的主动角色是政治整合能够推动的最重要关键。新功能主义者对于两岸实践的启示被认为包括：（一）两岸如果只是依赖"合作"，由于合作本身并不必然会有跨两岸政治机构的建立，因此并不容易产生"扩溢"的自觉效果。纯粹依据民间或政府精英的"逐渐政治化"或有意图地将其"扩溢"的推动仍是不够的，唯有将较多的权威人士参与集体决策机构，或向其他相关功能领域扩大其合作范围，才能达到他们所想要设定的目标。还应该在两岸政府间有共识，共同以协商的方式，来推动彼此在相关领域内的"垂直深化"与不同领域

---

① Schubert, G (Ed.), Taiwan and The 'China Impact': Challenges and Opportunities, *Routledge*, 2015:15.

② 张亚中：《全球化与两岸统合》，台北联经出版社事业股份有限公司 2003 年版，第 252—254 页。

③ 唐永红：《两岸经济合作的政治效应问题探讨》，《台湾研究》2014 年第 3 期。

的"水平广化"。(二)在建立两岸功能性事务整合时，还是需要有适当的政治推动力才行。两岸任何技术功能性的合作都会牵涉政治，如果要强将政治考虑排除，是有些不切实际的。当然，在两岸整合的初期阶段，是应该避免太多"刻意的联系"，先在一个领域里面建立好良性的互动后再逐渐往外推展。两岸应挑选争议性较低，或双方最需要处理的事务，以此为基础来先"提升共同利益"，并使得原本的功能合作逐渐政治化。(三)社会精英在整个统合过程中的角色是很重要的。如果精英愿意从正面的方向去鼓励统合的发展，并愿意主动地去解决问题，则"扩溢"较会向扩张的方向发展，但是如果精英们仅是着重于凸显本身的利益，而不愿意在跨国或超国家的机构内解决，那么统合则有可能"溢回"或是"停滞"。①新功能主义者显然对于功能主义"由下至上"的政治效应路径持消极评价，而所谓的"外溢"不是一个经济而是一个政治驱动的过程，并强调政治精英及政府在"由上至下"地促成政治整合过程中有着不可替代的重要地位及功能。②

建构主义者强调共同规范与认同对于行为体的影响，其本体论是一种弱化物质主义的实践本体论。③建构主义并不认同新现实主义、新自由主义、新功能主义等基于行为体、行为体的能力和他们的偏好而将国家行动

---

① 张亚中：《全球化与两岸统合》，台北联经出版社事业股份有限公司 2003 年版，第 258—265 页。

② Muyard F, Taiwanese national identity, cross-strait economic interaction, and the integration paradigm, *National Identity and Economic Interest*, Palgrave Macmillan, New York, 2012:166.

③ 秦亚青：《建构主义：思想渊源、理论流派与学术理念》，《国际政治研究》2006 年第 3 期。

解释为相关的行为体使用他们的能力去寻求先定偏好的结果。而利益与权力并不总是如同新自由主义者、新功能主义者及新自由主义者设定的那样发挥作用，利益与权力也并不是属性不变的常量，因为物质力量是次要的，物质力量只有在被建构为对行为体有着特定意义的时候才是重要的；而权力和利益的意义和作用依赖于行为体的观念；社会的深层结构是由观念而不是物质力量构成的。① 国际社会的核心内容是规则、制度和价值。国家利益的再定义常常不是外部威胁和国内集团要求的结果，而是国际共享的规范和价值所塑造的，规范和价值构造国际政治生活并赋予其意义，而且"国际组织和市民社会组织这样的非国家行为体能够通过操纵观念、规范和价值而不是枪炮和金钱而变得强大"。② 而在抽象层面，"规范既约束行为，也创造认同，而不是仅仅着眼于前者"。③ 因此，对于促成国际和平、区域整合而言，共同规范、集体认同、共享价值至关重要。客观上物质的相互依存是形成集体认同的基础，而只有主观上观念的相互依存才能构建集体认同，问题是把客观相互依赖转化为主观相互依存，把给定的效用结果转化为有效的效用结果。④ 就经济关系的政治效应而言，经济上的相互依赖是形成集体身份的一个必要条件，可以促使相互依赖的各方的原有身份减弱，各方都在用学习用他者的眼光来看待自己，可能会导致自

---

① ［美］亚历山大·温特：《国际政治的社会理论》，秦亚青译，上海人民出版社2000年版，第28—29页。

② ［美］玛莎·费丽莫：《国际社会中的国家利益》，袁正清译，浙江人民出版社2001年版，第2、3、7页。

③ ［美］彼得·J.卡赞斯坦：《文化规范与国家安全：战后日本警察与自卫队》，李小华译，新华出版社2002年版，第4页。

④ ［美］亚历山大·温特：《国际政治的社会理论》，秦亚青译，上海人民出版社2000年版，第431—437页。

我身份的再定义和集体认同的出现。① 根据建构主义者的分析框架，"通过推进两岸经济合作与一体化发展，两岸双方也会改变既有的观念，形成更多的共识从而有助于两岸共同的认知与观念的形成乃至国家认同的建构，进而有助于两岸政治关系问题的和平解决"。②

不同理论学说对于经济关系的政治效应的阐释，其基本假设、逻辑演进以及核心观点各有不同，但基本上围绕经济一体化对于政治一体化影响的各个方面展开分析，核心概念包括经济关系中衍生的利益、认知、权力、观念、认同等，经济关系产生政治效应基本遵循从利益联结到共同认知、集体认同、共享价值的逻辑进路。而这些路径也是相互影响的，而且在不同的实践环境中不同影响路径的向度和力度也存在差异，经济关系的政治效应发挥并非是线性的。具体结合两岸关系的实际情况而言，中国大陆期待经由经济一体化产生的利益联结驱动"合则两利"的共同认知，通过"先经后政"，提升台湾民众对于一个中国的认同，建立和平统一的共享价值，持续的共同利益产生政治一体化的压力和动力；而台湾当局方面期待通过经济交流合作互利增强台湾经济实力、降低战争风险以维持低度和平，尽可能地抑制经济一体化的外溢和政治一体化的压力，希望"只经不政"，并借助于台湾民众的整体认同或"共享价值"来抵御政治效应中的统一压力。因此，海峡两岸各方在两岸经济关系发展上的目标、立场、路径的歧异使得经济关系的政治效应具有一定限度，也需要一定的条件，因为政治交流整合乃至统一的启动与发展既有经济驱动力，也有其非经济因素的逻辑，至少需要双方共同的政治意愿与行动，尤其是经济关系外溢

---

① 李鹏：《海峡两岸经济互赖之效应研究》，九州出版社 2010 年版，第 179 页。

② 唐永红：《两岸经济合作的政治效应问题探讨》，《台湾研究》2014 年第 3 期。

产生政治整合效应，需要各方的主要价值的相同或兼容以及基本行为的可预测性。[①] 综合前述理论框架以及两岸关系实践进行分析，可以发现，共同认知、集体认同及共享价值等本身既是和平统一的经济路径所追求的目标，事实上也是两岸经济关系产生政治整合效应的条件，却并非直接的必然结果，这也预示着经由经济一体化到政治一体化的统一路径不可能是线性发展的。

二、现状评估

祖国大陆长期以来重视推进两岸经济关系发展，尤其是在两岸关系进入和平发展阶段后，遵循"先易后难、先经后政、循序渐进"路径，力求通过和平发展为两岸和平统一创造条件，推动紧密经济交流合作，提高台湾社会对于互利双赢以及共同利益的认知度，提升台湾民众对于"两岸一国"的认同度，培植台湾社会对于统一价值的认可度，降低台湾社会在所谓"政治安全"上的疑虑感，增强两岸在政治互动中的互信度，充分发挥两岸经济关系的促统效应。就当前两岸实践而言，两岸经济关系的发展，在反"独"中起到一定的积极作用，紧密的两岸经济联结至少在一定程度上克服了两岸敌对感[②]，但也因可能实施时间较短且尚未充分展开等因素而不足以证实或证伪其在促统方面的作用。[③] 台湾社会对于持续增长的

---

① 唐永红：《两岸经济合作的政治效应问题探讨》，《台湾研究》2014 年第 3 期。

② Wu C, Su X, Tsui H C, Threats, acceptance, and ambivalence in cooperation: The image of China in Taiwan, *East Asia*, 2014, 31(4): 305-322.

③ 唐永红：《两岸经济合作的政治效应问题探讨》，《台湾研究》2014 年第 3 期。

两岸经贸关系的评价也高度政治化，"担心经济交流的步伐会降低岛内的安全和政治灵活性"，[①]认为台湾在与大陆的关系中维持经济安全和贸易增长上存在一定程度的不确定性，经济整合与政治安全之间的张力使得台湾是在"与狼共舞"。[②]长期以来，两岸关系呈现出"经济融合、政治疏离"的格局。[③]当前两岸经济关系的"外溢"效应相对多元，并呈现交叉冲突的状态。但值得注意的是，显然不能因经济关系的"促统"效应不彰来否定两岸经济关系发展成就及其未来长期的政治效应。

首先，台湾民众对于两岸经济关系的利益认知不够清晰，而且其情感认同呈现出与经济关系发展相脱节的态势。大陆在"寄希望于台湾人民"的方针下，深化两岸经济合作，不断出台惠台让利措施，尽最大努力做好增进台湾人民福祉、争取台湾民心的工作。基于"理性选择"理论，人在政治活动中是理性的，会选择最大化个人利益的方案，而认同是利益汇集的结果。[④]假定这一假设为真，那么以经济利益争取认同的重要前提是要让台湾民众切实产生正确的利益认知，台湾民众通过"解释性的理解"和"策略性的算计"，认识到两岸经济关系发展对自己有利、对台湾经济有利，尤其是参与两岸经济互动并有着直接利害关系的民众应形成客观的利益观，进而才可能经由利益传导机制影响到情感与认同的变化。2005 年

---

① Bolt, Paul J. (2001), Economic Ties Across the Taiwan Strait: Buying Time for Compromise, *Issues & Studies*, 37(2): 80–105.

② Lai C, Dancing with the Wolf: Securitizing China–Taiwan Trade in the ECFA Debate and Beyond, *Asian Security*, 2018: 1-19.

③ Keng S, Chen L, Huang K, Sense, Sensitivity, and Sophistication in Shaping the Future of Cross-Strait Relations, *ISSUES AND STUDIES*, 2006, 42(4): 23.

④ 陈陆辉、陈映男、王信贤：《经济利益与符号态度：解析台湾认同的动力》，《东吴政治学报》2012 年第 3 期。

以来，大陆对台推行各项惠台政策，① 除了中国大陆方面有计划、大规模地进行采购等具体惠台让利举措外，也向台湾同胞感性诉求"让利于兄弟""两岸经济同属中华民族经济"等，台湾同胞还享受到了和平发展的"经济红利"，两岸在农业、渔业、金融、经贸、社会与文化等各领域的交流合作日益深化，《两岸经济合作框架协议》（ECFA）等多项协议以及赴台采购、旅游等更是给台湾普通民众带来了实实在在的好处。

相关实证研究也发现，当台湾民众对两岸交流的"整体利益"评估出现较为负面的评价时，仍然坚持"台湾人认同"；当民众认知到两岸经贸交流对台湾整体经济利益有所帮助时，认同"中国人"与"既是台湾人又是中国人"的比例显著升高。② 但是大多数相关民调及研究均显示，经济关系至少在短期内尚未达到能够发挥促统效应的目的，甚至反而出现"两岸愈好，台湾认同愈高"的现象。更值得注意的是，台湾民众对于大陆政府的敌意在下降，但是其"中国认同"总体趋势上仍在下降③。台湾民众"并未乐观期待两岸交流能为台湾与个人带来经济帮助。由此可知台湾民众并未正面肯定两岸交流的预期利益，以无差别或变坏等评价占多数。此外，民众对于两岸交流预期利益的评估，在'整体

---

① Wang C C, Primordialism, Instrumentalism, Constructivism: Factors Influencing Taiwanese People's Regime Acceptance of Mainland China's Government, *Journal of Contemporary China*, 2018, 27(109): 137-150.

② 陈陆辉、陈映男、王信贤：《经济利益与符号态度：解析台湾认同的动力》，《东吴政治学报》2012 年第 3 期。

③ Li Y, Constructing peace in the Taiwan Strait: a constructivist analysis of the changing dynamics of identities and nationalisms, *Journal of Contemporary China*, 2014, 23(85): 119-142.

利益'与'自评利益'的感受有落差，对'自评利益'的预期明显不如'整体利益'"，[①] 而"自评获益"不如"整体获益"的心理落差更容易导致对两岸交流产生负面评价。而且，通过对台湾民众观感与政治立场趋势的观察，"发现中国大陆的惠台政策仅改善了台湾人民对中共的印象，并未扭转台湾民众的统独、身份认同及政党倾向等政治立场"[②]。甚至"自 20 世纪 90 年代以来的调研表明，台湾认同的增长并未因紧密的两岸经贸关系而受到阻碍"。[③]2014 年的"反服贸学运"则被视为直接反映了越来越多的台湾民众尤其是年轻人对于所谓经济依赖的焦虑。[④] 此后，两岸学界以及大陆民众将对于两岸经济整合"外溢"效应的信心调低，质疑甚至否定惠台让利的声音在互联网空间里也开始出现。

其次，在政府或政治层面，台湾方面难以脱离或突破所谓"经济利益—政治安全"二元对立思维束缚。不可否认，对于经济利益的追求曾推动了台湾当局两岸经贸政策的转向，例如当年台湾社会普遍认为"戒急用忍"应当调整，台湾政界也基本上对此政策持负面评价，包括陈水扁在随后的"大选"中也表示要"大胆西进"，而陈水扁执政后则改行"有效管理、积极开放"的两岸经贸政策，表明两岸的经济互赖整合确实能够影响到台湾内部政治，尤其是其两岸经贸政策，而这又会进一步地反过来影响

---

① 陈陆辉、陈映男、王信贤：《经济利益与符号态度：解析台湾认同的动力》，《东吴政治学报》2012 年第 3 期。

② 耿曙：《经济扭转政治？中共"惠台政策"的政治影响》，《问题与研究》2009 年第 3 期。

③ Wu N, *Will economic integration lead to political assimilation?*, National Identity and Economic Interest, Palgrave Macmillan, New York, 2012:200.

④ Lai C, Dancing with the Wolf: Securitizing China–Taiwan Trade in the ECFA Debate and Beyond, *Asian Security*, 2018: 1-19.

着两岸关系。通过对两岸经济联结、台湾内部政治以及两岸关系之间关系的历时性观察可以大致看出：1990 年至 2000 年间，两岸经济联结的增长导致台湾社会出现获益群体（例如经济上的优胜者，大多数是台湾工商业者）与未获益群体（例如竞争中的劣势者，多数是未掌握技术的台湾工人）的分化；自 2001 年始，台湾开始呈现利用这种分化去争取政治利益的政治生态，反对独立的政治力量与经济上的优胜者组成了赞成两岸开放的联盟，偏向独立的政治力量与经济上的劣势群体组成了反对两岸开放的联盟，从 2001 至 2008 年，两个联盟展开竞争，并试图影响台湾政府的两岸经贸政策；至 2008 年，赞成两岸开放的联盟比反对者对台湾公众更有吸引力，尤其是从 2005 年至 2008 年，台湾公众相信经济联结有利于台湾经济，在倾向独立的台湾当局反对两岸开放的背景下，更加支持两岸开放，这也让主张开放的联盟在 2008 年"大选"中获胜；2008 年主张开放的联盟获胜，对两岸关系也持更加和解的立场。①

随着两岸关系进入和平发展阶段，大陆对台"硬的更硬，软的更软"政策也随之发生变化，逐步将"硬的"压力手段转换为较为隐性的状态，而将"软的一手"展现为系列更为具体的惠台与让利举措，马英九当局也将大陆政策由"对抗"转为"和解"，"强调台湾与大陆的经济整合要服务于台湾的利益，两岸可能成为经济上的利益相关者，紧密的经济关联能够带来两岸和平稳定。马英九的政策主张接近于新功能主义论断，即持续

---

① Chen C K, *Cross-strait economic ties, Taiwan's domestic politics, and China-Taiwan relations, 1990–2008*, Boston University, 2013, p.337.

的相互依赖会减少双方产生敌对行为和冲突的可能性"。① 两岸均有意改善两岸关系，两岸经济关系的良性发展也产生了庞大的经济增量和利益分配。但这种"和解"的意愿在事实上仍有其限度，而且与台湾方面维护所谓"政治安全"乃至"事实独立"的目标形成冲突。马英九执政期间，主张两岸更加紧密经济联结与互赖的力量仍能继续支持着两岸经贸政策的推行，认为两岸经贸有助于增强台湾经济竞争力并避免被边缘化，会降低失业率，而且对传统产业的影响是可以控制的。但两岸经济互赖的政治效应的进一步发挥受到了内外两方面的限制，一方面是来自马英九政府自身对于所谓"政治安全""台湾优先"及"台湾主体性"的考虑而防范经贸关系的"外溢"，例如强调两岸协商谈判绝不触及包括统一与主权等在内的任何政治议题；另一方面是以民进党为代表的政治力量从根本上反对两岸经济关系的深入发展，宣扬两岸经贸会"掏空台湾"、让台湾经济高度依赖大陆、增加失业率并摧毁传统产业，极力将两岸经贸议题"泛政治化"，认为两岸经贸将推进统一、让台湾失去"主体性"，主张两岸协议必须经过"公投"；此外，社会大众对于两岸经贸发展利弊的政治化争议也趋于激烈。而自蔡英文执政以来，秉持其一贯的"两岸经济互赖有损于台湾主权安全"观念，推行"经济去中化"配合其"台独"立场，并以"新南向政策"分散、降低所谓对大陆经济依赖的风险，直接以政治力阻滞两岸经济关系发展及其政治效应发挥。

因此，持续的经济联结与互赖促成了一定程度的两岸和平稳定，然而由于台湾基本上以"与对手贸易"的政策框架、以"与狼共舞"的心态来

---

① Lai C, Dancing with the Wolf: Securitizing China–Taiwan Trade in the ECFA Debate and Beyond, *Asian Security*, 2018: 1-19.

处理两岸经济关系及经济利益，"统一"也尚未成为两岸的共享价值。经济整合整体上对于双方经济本身都产生了积极影响，[①] 经济互赖与两岸和平之间确实存在相互影响的关系，海峡两岸自 1990 年至 2007 年间经济联结的增长，为 2008 年两岸较为和缓的关系的出现奠定了一定的基础。[②] 即便是 2016 年以来两岸政治关系遇冷，但两岸间充沛的经济社会关系使得两岸关系和平发展仍然可持续。只不过两岸对于经济关系发展成就的评价迥异，预期中的更高层次的政治效应也难以发挥。而台湾人民认为自己处于两难境地，"在维护台湾独立或自治的共识下，他们明白如果与中国经济整合持续的话，现状将难以维持，他们一方面欢迎与中国经济的联结是台湾经济发展的关键要素，但也担心经济联结会把台湾从政治上与中国捆绑在一起"，[③] 还认为大陆增进两岸经济关系的手段（如 ECFA）促进了台湾与大陆的经济整合、增加了大陆控制台湾经济与社会的手段、有助于将台湾"锁进"中国，[④] 这也反映了台湾社会对于大陆及两岸经贸的疑虑与不信任。不少台湾民众相信或恐惧更为紧密的两岸经贸关系会损坏或削弱台湾人的国家认同，而且经济的外溢效应会带来政治整合，[⑤] 在台湾社

---

① Fuller D B, The Cross-Strait economic relationship's impact on development in Taiwan and China: Adversaries and partners, *Asian Survey*, 2008, 48(2): 239-264.

② Chen C K, *Cross-strait economic ties, Taiwan's domestic politics, and China-Taiwan relations, 1990–2008*, Boston University, 2013, p337.

③ Wu N, *Will Economic Integration Lead to Political Assimilation?*, National Identity and Economic Interest, Palgrave Macmillan, New York, 2012:200.

④ Chang P H, Beijing's Unification Strategy toward Taiwan and Cross-Strait Relations, *Korean Journal of Defense Analysis*, 2014, 26(3):299-314.

⑤ Muyard F, *Taiwanese National Identity, Cross-strait Economic Interaction, and the Integration Paradigm, National Identity and Economic Interest*, Palgrave Macmillan, New York, 2012:154.

会，"独立"成为"政治正确"或者"统一"成为"政治不正确"的背景下，以经济整合来增强互信、推进统一的路径就面临一定障碍。

此外，从两岸公权力机关互动历程来看，当前经济联结与政治互信的相关性不明显或不直接。两岸当局曾在"九二共识"的基础上推进两岸关系和平发展，经济互赖与整合态势迅猛，但两岸对一个中国内涵争议并未得到缓解或解决，虽然大陆刻意回避，但台湾方面包括马英九当局及执政党均会彰显一个中国的内涵是"中华民国"的主张。而对于大陆方面正式呼吁双方共同探讨国家尚未统一特殊情况下的两岸合情合理安排、台湾的国际空间，以及经由双方平等协商正式结束两岸政治对立、达成和平协议，台湾方面也采取了回避、拖延甚至拒绝的态度。对此，台湾方面相关人士均以两岸政治互信不足以驱动下一阶段较高层次的政治互动来作为理由。两岸在马英九当局拥有执政权和立法优势的情势下错失"机会之窗"，其原因除了台湾内部的反对外，更有台湾当局对于大陆和平发展与和平统一方针的不信任以及双方的政治互信不足。大陆领导人及两岸学界也因此在这一时期强调两党和两岸双方继续巩固和增进政治互信。蔡英文执政以来，除了对两岸经贸维持疑虑心态之外，更刻意回避大陆对其承认"九二共识"的期待，虽然大陆对蔡英文"未完成的答卷"也体现了战略自信，但两岸间的政治互信已经难以维系，而且两岸间的经济联结甚至已经难以阻止两岸政治互疑的升高。

三、争论解析

1979 年以来，通过两岸交流合作，主要是经济交流合作，以强化大

陆对台湾的吸引力、争取台湾民心，一直是大陆对台工作的重点。40 多
年来的两岸经济关系发展迅速，而且大陆逐步拓宽惠台让利范围，对两
岸、尤其对台湾经济社会的影响已经很大。但从推动祖国和平统一进程
这一目标来看，当前两岸经济关系对于促成统一大势的贡献明显小于预
期。① 与此同时，海峡两岸对于两岸经济关系的功能与效应也存在一些
分歧与争议。一方面，大陆对台经贸政策在岛内被刻板化为"收买人心"
(buying hearts and hearts) ②、"以民逼官"、"以商围政"③、"木马屠城"④ 等，
遭遇曲解和"污名化"。另一方面，自"反服贸学运"以来，尤其是蔡英
文胜选后，促统效应低于理论和心理预期也引发了对于惠台举措、"以经
促政"逻辑的质疑。事实上，基于和平统一最高目标的政治期待，各界对
于两岸经济关系的政治效应进行反思也是非常自然的现象。两岸经济关系
是否具有政治效应？是有利于统一还是不利于统一的政治效应？为何会
产生特定的政治效应？还要不要继续深化两岸经济关系？这些都成为促
进祖国和平统一的经济路径优化必须要探讨的基本问题。从逻辑上而言，
这些问题涉及理论与实践两个方面，即"由经及政"的作用机制与"以政
引经"的政策作为。笔者在此无意也无力从学理上构建一个"以经促统"

---

① 郭震远：《加快塑造中国统一大势的探讨》，《中国评论》2018 年第 1 期。

② HUNG T C, Buying Hearts and Minds: China's Proxy Agent in Taiwan, アジア研
究，2017，63(3): 1-11.

③ 曾建元：《以商围政、以民逼官——两岸政经关系与台商政策》，《共党问题研
究》2000 年第 26 期；颜建发：《当前两岸关系之问题与挑战：一个绿营观点》，
《全球政治评论》2013 年第 43 期。

④ 洪财隆：《木马屠城之假戏真做——关于 ECFA 的迷思与争议》，《新社会政策》
2009 年第 3 期；黄健群：《木马屠城或经济活水？陆资来台投资路径与政商协
力网络》，《台湾社会学会通讯》2015 年第 83 期。

的必然性框架与路径，而是参照既有的或然性或是可能性机制与路径，结合两岸经济关系政治效应过程中的实践情况，尝试厘清可能影响"以经促统"效果的问题之所在，尽可能校正既有理论框架，进而为优化对台经贸政策、促发正面政治效应提供参考。

首先，两岸经济关系中的利益扩散与分配机制存在一定的不足，会从源头上影响正面政治效应的发挥。政治效应以"利益"为基点，对台经贸政策以"利益"为诱因，台湾民众的认同改变以"利益"为起点，利益扩散决定了有多少民众受到影响，而利益分配则反映着哪些民众受到何种影响。就利益扩散而言，两岸间经贸关系已有近40年的历程，但这种往来交流、市场关系的范围事实上仍有局限，行动主体仍是少数的台商、台资、企业等，而大多数的台湾民众并未直接参与其中，利益扩散对象也是以工商业者为主，利益渗透相对不足，习近平总书记在2016年11月会见洪秀柱时就强调，要扩大基层民众参与面和获益面；[1] 虽然自2008年以来，大陆在"入台"的经济作为取得一定的突破，但范围与规模均相对有限，两岸间的利益扩散的单向性明显。在确实存在利益的基础上，就利益分配而言，市场机制下必然存在一部分人获利而另一部分人受损的情况，既有的研究与观察多认为台湾社会的现代企业与工商业者等是两岸经贸关系中的获益者，而传统产业与普通工人是受损者，甚至认为"两岸经济整合使得台湾中小企业面临存亡挑战"[2]。而且"直指台商利用大陆进行'台湾接单、海外生产'的出口模式，是叶克膜经济，也是台商外移、企业大

---

[1] 《习近平总书记会见中国国民党主席洪秀柱》，新华网，2016年11月1日。

[2] 李宗荣、林宗弘：《未竟的奇迹：转型中的台湾经济与社会》，台北"中央研究院"2017年版，第2页。

型化、中小企业式微、劳工被剥削、长年低薪及人才外流的关键原因"，[①]
更有实证研究认为经济一体化使台湾出现阶级分裂，从经济整合中受益的
高技能群体在 2001 年、2004 年的"立委选举"和 2004 年"大选"中支
持泛蓝阵营，而受损的低技能群体则支持泛绿阵营，[②] 或是较少受益的台
湾民众有着较强"民族主义"情绪，而从支持国民党逐渐变为支持民进
党；[③] 虽然大陆惠台让利举措如采购台湾农渔产品等尽力去实现精准惠及
台湾弱势群体，但往往因受到诸多中间环节的掣肘而效果不彰。这在事实
上也为民进党等长期以来关于两岸经济整合以及所谓"倾中"有害于台湾
"经济安全"的论调提供了口实，而围绕 ECFA 以及服贸协议的反对意见
也大多片面凸显与夸大部分行业和群体的利益受损。可以说，利益匮乏和
利益受损都会从源头上影响到经济关系的政治效应。

两岸经济关系中不同主体的利益认知在方向和力度上呈现出多元而冲
突的局面，会削弱两岸经济关系的促统效应。客观上的利益固然重要，但
是如何认知利益以及如何评价等主观因素却直接影响甚至构建着受众的政
治认同。总体上而言，2008 年以来，两岸关系好转产生了巨大的"和平
红利"，但是台湾民众却普遍"无感"，这让台湾社会对于两岸"合则两
利"缺乏直接认知。就不同群体而言，利益损益所产生的获得感或剥夺感

---

① 《台湾"未竟奇迹"背后的故事》，《经济日报》2017 年 12 月 25 日。

② Wong K T W, The Emergence of Class Cleavage in Taiwan in the Twenty-first
Century: the Impact of Cross-Strait Economic Integration, *Issues & Studies*, 2010,
46(2): 127-172.

③ Qi D, Globalization, Social Justice Issues, Political and Economic Nationalism in
Taiwan: an Explanation of the Limited Resurgence of the DPP During 2008–2012,
The China Quarterly, 2013, 216: 1018-1044.

不同，换而言之，经济优胜者诸如现代企业工商业者对于利益增加的敏感度相对较低、对于利益减损相对敏感，而经济领域的弱势群体如传统产业劳工对于利益增加的敏感度高、对于利益减损适应性较强。事实上，在两岸 ECFA 谈判过程中，台湾劳工及传统产业担心因 ECFA 而受损，要求将台湾劳工权益纳入谈判中去，2014 年的"反服贸"运动也营造并利用了台湾弱势产业与劳工将因之受损的"社会认知"。因此，两岸经济关系与对台经贸政策中的"锦上添花"边际效益递减，而"雪中送炭"的增益巨大。在两岸经济关系需要更深入发展并面临挑战时，既有获益群体并未能发挥关键支持作用，而民进党则不断宣扬两岸经贸整合不利于台湾并利用部分群体的疑虑形成话语优势误导社会认知，而"替罪羊效应"则将传统产业与劳工在市场竞争中的弱势地位和濒临淘汰的险境归咎于两岸经贸的冲击，这都使得台湾民众难以对两岸经贸关系产生理性的利益认知。理论上，建立在真实利益传导基础上的利益感知有助于形成正确的判断，相关的实证研究也表明两岸经济关系及惠台政策确有显著影响，但其前提为"实惠确实到位，并形成正面观感，两者缺一不可"。① 习近平总书记在 2015 年会见国民党主席朱立伦时就强调，深化两岸利益融合，"要充分考虑两岸双方社会的心理感受，努力扩大两岸民众的受益面和获得感"②。而在当前的实践中，台湾民众理性的两岸利益认知与正面的两岸利益观感还尚未形成，也就必然会迟滞两岸经济关系的促统效应。

---

① Keng S, Tseng J Y C, Yu Q, The Strengths of China's Charm Offensive: Changes in the Political Landscape of a Southern Taiwan Town under Attack from Chinese Economic Power, *The China Quarterly*, 2017, 232: 956-981.

② 《习近平总书记会见中国国民党主席朱立伦》，新华网，2015 年 5 月 4 日。

其次，两岸经济关系中存在着由"理性自利"到"情感认同"的线性关系与"理性自利"与"情感认同"的二元对立关系并存的复杂决策机制，会迟滞两岸经济关系的促统效应。按照由"理性自利"衍生到"情感认同"的逻辑，只要妥善解决前述两个方面的问题，即随着两岸经济关系发展的深入，两岸经济联结日益绵密，台湾民众从中切实得到经济利益，经济一体化不仅缓和两岸政治关系，而且会逐步增强两岸政治互信，最终改变台湾民众的政治认同，产生由下至上的驱动力，进而水到渠成达成政治一体化。然而，当前不少研究者持"利益"与"认同"二元对立观点，认为"利益"与"认同"在相反方向上作用于台湾民众，分别生成远离或贴近大陆的推力或拉力，[1] 甚至认为利益因素远没有认同因素的影响力大。[2] 按照这种逻辑，促进和平统一需要从客观的、物质的、利益的与主观的、观念的、认同的两个方向同时规划路径，相互协同才可能让经济关系发挥正面效应，"情感认同"并不是"理性自利"的结果，而改善台湾民众的认同已经不是利益机制所能够解决的问题，则需要寻求经济路径之外的社会与文化路径，这也意味着既有的理论框架和政策设计可能需要适度调整。然而在现实的两岸关系中，这两种决策机制或两种逻辑存在于两岸关系发展的不同阶段、不同层面、不同情境与不同群体。在复杂决策环境下，民众的政治选择更容易受到情感认同的影响，因为情感认同的联结可以有效简化复杂的政治世界，减少个体的焦虑以突破决策困境，而要改

---

[1]　Yang W Y, The China Complex in Taiwan: The Tug of War Between Identity and Interest, *Issues & Studies*, 2016, 52(01): 1-34.

[2]　吴乃德：《面包与爱情：初探台湾民众民族认同的变动》，《台湾政治学刊》2005年第 2 期。

变这种情况就必须从塑造新的"映像""符号"与"话语"入手。而在利益辐射相对不足、利益分配不尽公平以及利益感知不充分的情况下，台湾民众就相对倾向于依赖"情感认同"路径，因此短期内经济利益的效用难以体现，基于近年来两岸关系实践的观察与研究甚至会得出利益无效或认同为上的结论①。但当排除环境的干扰以及认同的冲突后，经由利益联结产生认同联结的机制自然会发挥作用，例如对于大陆对台湾农产品关税优惠投票效应的研究表明，那些受益的中间选民（"摇摆农民"）较少可能支持民进党。②

第二节　促进和平统一的两岸经济融合

中央政府对台方针具有长期稳定性与连续性，推动两岸关系和平发展，不断增进两岸同胞福祉，深化两岸经济交流往来与融合发展，是一贯的政策与方向。2013 年，习近平总书记强调，"两岸同胞同属中华民族，两岸经济同属中华民族经济"，"两岸同胞要真诚团结合作，共同为实现中华民族伟大复兴的中国梦而努力奋斗"，③习近平总书记站在中华民族伟

---

① Keng S, Schubert G, Agents of Taiwan-China unification? the political roles of Taiwanese business people in the process of Cross-Strait integration, *Asian Survey*, 2010, 50(2): 287-310.

② Hok-wui Wong S, Wu N, Can Beijing Buy Taiwan? An empirical assessment of Beijing's agricultural trade concessions to Taiwan, *Journal of Contemporary China*, 2016, 25(99): 353-371.

③ 习近平：《两岸同胞要共同为实现中华民族伟大复兴的中国梦而努力奋斗》，中国共产党新闻网，2013 年 4 月 8 日。

大复兴的高点指出了两岸经济融合的必要性，意味着经济融合不仅仅是和平统一的必然要求，更是实现中国梦的重要构成部分。2014 年，习近平总书记在福建调研时谈道，"两岸同胞同祖同根，血脉相连，文化相通，没有任何理由不携手发展、融合发展。大陆人口多，市场大，产业广，完全容得下来自台湾的商品，完全容得下来自台湾的企业。欢迎更多台湾企业到大陆发展"，并充分肯定台湾企业家们长期为大陆改革开放和两岸关系发展作出的积极贡献，希望他们一如既往，继续为两岸经济交流合作、为两岸关系和平发展出谋划策、多作贡献，① 习近平总书记点明了两岸经济融合的先天基础和后天优势，这表明两岸经济融合具有充分的可行性。2015 年，习近平总书记在会见国民党主席朱立伦时强调，"深化两岸利益融合，共创两岸互利双赢，增进两岸同胞福祉，是推动两岸关系和平发展的宗旨"，② 指明了两岸经济融合的本质是利益融合、共利双赢。2016年，习近平总书记在参加上海代表团审议时指出，"我们将持续推进两岸各领域交流合作，深化两岸经济社会融合发展，增进同胞亲情和福祉，拉近同胞心灵距离，增强对命运共同体的认知"，③ 提出了"融合发展"的创新性概念。2016 年习近平总书记在会见洪秀柱时强调，"两岸开展经济合作具有得天独厚的优势。秉持互利双赢，促进两岸经济社会融合发展，符合两岸同胞共同利益"，④ 指明经济合作要走"融合发展"道路，追求的是"共同利益"。党的十九大报告也再次明确，"我们将扩大两岸经济文化交

① 《习近平在福建调研时强调 全面深化改革全面推进依法治国》，新华网，2014 年 11 月 2 日。
② 《习近平总书记会见中国国民党主席朱立伦》，新华网，2015 年 5 月 4 日。
③ 《习近平参加上海代表团审议》，新华网，2016 年 3 月 5 日。
④ 《习近平总书记会见中国国民党主席洪秀柱》，新华网，2016 年 11 月 1 日。

流合作，实现互利互惠"。习近平总书记不但深化了两岸经济融合的意义、方向与内涵，还在不同场合对于如何增进两岸经济合作提出了具体意见，如"希望本着两岸同胞一家人的理念促进两岸经济合作"，"积极促进在投资和经济合作领域加快给予台湾企业与大陆企业同等待遇"，"加强经济领域高层次对话和协调"，"提高经济合作制度化水平"，[①] 扩大民众的参与面、受益面与获得感等。可以说，在追求和平统一的进程中，推进两岸经济交流合作，推动两岸经济融合发展，增进两岸同胞共同利益，是必须要长期坚持的工作。两岸经济融合不应因为两岸政治关系遭遇暂时波折而停止，也更不能因之而停滞，中央政府应保持战略定力，在两岸经济整合既有的成绩和基础上，引领方向，厚植共同利益，为反"独"促统奠定坚实的物质基础。

一、两岸经济融合的动力

两岸经济融合[②]是两岸融合发展的重要组成部分，经济基础决定上层建筑，经济力量是驱动社会变迁的重要源泉，海峡两岸政治对立的结构并未能够完全限制两岸经济的交流与整合，经济融合也是两岸社会的经济功能的融合。两岸经济融合既受到内生性的市场力量驱动，也不可避免地受到和平统一目标引领等外源性的政治力量拉动。

---

① 习近平：《两岸同胞要共同为实现中华民族伟大复兴的中国梦而努力奋斗》，中国共产党新闻网，2013 年 4 月 8 日。

② 对于两岸经济融合的分析，主要从促进和平统一的目标与视角展开探讨，在此并不做过多经济学意义上的量化论证。

首先，两岸经济融合包括一种基于两岸优势互补、互利双赢的"自然整合"。正如习近平总书记所强调的，大陆人口多、市场大、产业广，对于台商台资有着巨大的吸引力，也成为促发两岸经济融合的动因。而且自两岸经济关系发展以来，台湾方面基本上在产业、技术、资金、管理以及国际营销网络上有优势，而大陆在资源、市场、劳力、科研以及政策等方面则具备有利条件，[①] 两岸各具比较优势，构成了互补双赢的自然基础。基于两岸在地理、血缘、文化等相近相通的先天优势，随着两岸开放，加之经济全球化、信息化和国际市场分工的推动，受到市场力量和经济利益的驱动，两岸经济同步发展的同时也自然走向融合发展，逐渐形成一种不对称的互赖依存结构。不对称是指投资与产业以台湾对大陆单向为主，贸易上台湾保持优势出超，主体产业在分工上仍以垂直分工为主，使台湾在经济整合领域保持着较高位阶和收益优势。但两岸经济整合仍大大促进了两岸各自的经济发展，台湾在两岸整合过程中获得了广阔的市场、廉价的原料和劳动力，以及丰厚的经济利益，并实现了自身产业转移与结构升级；对大陆而言，获取了大量的建设资金、管理经验、先进技术支持，提高了劳动就业率，也使自己在全球市场和产业链中占据一席之地。习近平总书记充分肯定台湾企业家们长期为大陆改革开放和两岸关系发展作出的积极贡献。[②] 在经济全球化以及国际产业分工的境况下，两岸都面临着国际竞争、产业结构升级等问题，而加强两岸经济整合，双方受益，对台湾而言，"必须透过以中国大陆作为载体，去面对全球经济体系；另一方面，

---

① 李非：《论 21 世纪初两岸经济合作发展趋向》，《台湾研究集刊》2000 年第 1 期。
② 《习近平在福建调研时强调 全面深化改革全面推进依法治国》，新华网，2014 年 11 月 3 日。

台湾也必须以全球经济体系和区域经济发展作为载体，与中国大陆互赖共荣"。① 从两岸经贸互动实际来看，双方逐渐形成垂直分工与水平分工相互交错重叠的并存局面。两岸经济体在贸易、投资与发展层面形成了一定程度的相互相关性与功能性一体化态势。② 当然，两岸经贸关系发展过程中也一直存在一些问题，如早期台资企业一般与大陆本土产业之间的融合度不高，除了大陆方面在招商引资常以台资园区形式导致台资相对封闭外，也与台资内在社会网络信任度高以及台企"母鸡带小鸡"式投资模式相关。此外，随着中国大陆经济飞速发展，大陆与台湾在某些产业领域开始形成竞争大于合作的局面，资源要素互补的程度在降低，而且台资在大陆面临着劳动力等成本上升的困境，这些问题都在影响着两岸经济"自然整合"的深入。而新常态下的两岸经济自然融合的新动力可能涵盖"以产品价值链分工为主的合作""创新发展互助式合作""以绿色可持续发展为主导的合作""新兴产业和现代服务业合作"这几个方面。③

其次，两岸经济融合也包括一种受到政治博弈影响的"政策融合"，主要是在大陆政策引导下的融合。两岸双方均不讳言各自在两岸经济融合问题上的目标、主张与疑虑等，尤其是两岸政府、各个政党在经济关系上的政治目标、现状评估、方式路径迥异，使得两岸经济关系发展过程中充满了政治角力。祖国大陆的改革开放、招商引资等政策驱动并培育了大陆

---

① 李英明：《全球化时代下的台湾和两岸关系》，台北生智文化 2001 年版，第 161 页。

② 唐永红：《当前两岸制度性经济一体化的经济可行性考察》，《台湾研究集刊》 2007 年第 1 期。

③ 王媛媛：《新常态下两岸经济融合发展的动力转换与路径选择》，《福建论坛》 2016 年第 9 期。

市场以及成本优势等，促发了两岸经济关系的蓬勃发展，而台湾当局对于赴陆投资则从禁止、阻止到限制，对于陆资、陆企、陆才赴台更是重重限制，这基本上奠定了此后两岸经济关系的发展框架与格局，既是以大陆市场为主体、大陆政策驱动为主要动力的融合发展道路。有学者认为，祖国大陆的基本构想是："推动两岸经济合作必须遵循'一个中国'的基本原则，以双方的经济利益为动力，以民间经济交流为形式，以产业对接为内容，循序渐进，逐步走上市场化与规范化的良性循环轨道。""两岸经济合作的发展目标是：以台湾海峡为纽带，借助海峡东岸在产业、技术、资金、管理以及国际营销网络上的优势，结合海峡西岸在资源、市场、劳力、科研以及政策等有利条件，在现有两岸经济关系发展的基础上，以实现两岸直接'三通'为突破口，达成区域之间全面、直接、双向的经济交流与合作。"[①] 两岸经济融合已经取得不少成就，例如台商投资规模日益扩大，台企在大陆经营也日趋"本土化"，两岸也已签订系列经贸协议，已经实现两岸直接"三通"，然而这种融合依然是以单向融合为主，仍未形成双向全面的局面，这都与两岸经贸政策主旨与方向的差异息息相关。"伴随着 2014 年下半年以来大陆经济步入'新常态'，尤其是 2016 年 5 月台湾民进党蔡英文当局执政后执行一系列'去中国化'的两岸经济政策，两岸经济关系由此开始步入不确定性不断增加的'深水区'，两岸经济关系转型发展也开始经历'阵痛期'。"[②] 当前甚至未来一段时期内的两岸经济融合既面临着台湾当局政治力的拖累，也受到市场效益增速放缓的影响。在此态势下，祖国大陆仍需一如既往地发挥主动性、主导性，完善法规政

---

① 李非：《论 21 世纪初两岸经济合作发展趋向》，《台湾研究集刊》2000 年第 1 期。
② 王勇：《两岸经济关系发展回顾与展望》，《中国评论》2018 年第 3 期。

策等市场环境，创新开拓市场，引领两岸经济融合发展。基于两岸同文同种天然纽带、经济"先天"互补优势、经贸"后天"互利格局以及祖国大陆的政策创新，两岸经济融合发展仍是大势所趋。

二、两岸经济融合的机制

首先，两岸经济融合是由特殊化到常态化、制度化的过程。两岸经济关系的生成与发展由两岸民间交流的需要、市场经济利益驱动等触发，具有自发性、个案性、即时性、特殊性的特点，虽展现出了蓬勃的生命力，但总体上规模与完整度较为欠缺，也就难以发挥经济学意义上的集聚效应、规模效应。而随着市场的逐步扩大与政策的引导，两岸间经济关系的范围与层次日益扩展，两岸经济整合初见端倪，但也开始呈现出一定"自发失序""市场外部性"等局限性，影响两岸经贸活动在市场经济领域里的扩散效应。当两岸经济关系持续发展，市场力量驱动下的两岸经济融合不得不触及高阶政治议题时，两岸公权力对立造成了两岸治理的困境，而两岸经济关系的"外溢"效应也难以发挥正面功能。在此背景下，推动两岸经贸整合、一体化的规范化、制度化、常态化是两岸民众和市场主体的共同利益所系，也是两岸政府的责任，2008 年以来，两岸加强了经济领域高层次对话和协调，初步增强了经济合作制度化水平，共同推动经济合作迈上新台阶。在两岸经济关系中的市场机制已经建立并持续运转的情况下，应注意发挥政府的"制度创新"功能，逐步突破和消除两岸间的人为限制与障碍，推动两岸经济关系从以往"单向""间接""局部""短期"迈向"双向""直接""全面""长期"新的历史性里程碑，促成两岸人流、物流、金流的正常双向交流。①而当台湾当局无意于此甚至加以限制时，中央政府则需承担着更多的动能输出任务。

其次，两岸经济融合是与两岸组织及功能整合密不可分的。因为市场作用及政治效应的发挥是附着于组织的，功能是组织在整体中所发挥的作用，组织是功能的载体，两岸社会的市场对接与融合必须通过组织的互动或整合才能得以实现。过去两岸或许以区域对区域、民间对民间、行业对行业、政府对企业的互动方式，灵活处理有关事宜，实现两岸部分经济组织的分工或对接，如两岸相关金融组织谈判签署协议，实现两岸在金融方面的功能对接。同时两岸也可以通过组织整合带来两岸的功能融合，如两岸共建统一的行业协会、企业并购等，两岸经济合作框架协议内经济合作委员会加强规划沟通等。事实上，两岸经济领域的融合发展是两岸关系中最具基础与前景的领域，两岸在经济相互相关性、经济市场规模、经济技术发展水平、经贸政策可协调性等经济层面，已初步具备进行一定程度与形式的经济一体化安排，在两岸具备经贸关系正常化的前提下，两岸经济体可以从内容广泛的新型自由贸易区形式着手，进而迈向关税同盟、共同市场、经济与货币联盟等更为高级的一体化形式。②

再次，两岸经济融合是互补性融合与同构性融合综合作用的结果。同构型整合建立在两岸相关产业或经济子系统的功能、性质、内容和结构等趋同的基础上，面对更为广阔的市场竞争环境和挑战态势时，能够形成

---

① 张五岳：《分裂国家模式之探讨》，载包宗和、吴玉山：《重新检视争辩中的两岸关系理论》，台北五南图书 2009 年版，第 64 页。

② 唐永红：《当前两岸制度性经济一体化的经济可行性考察》，《台湾研究集刊》2007 年第 1 期。

集聚效应和规模效益。互补性整合是一种异质性整合，两岸产业与经济子系统由于相互需要或比较优势而产生的互惠互赖关系，进而凝聚为整体，如相当长时期以来的两岸经贸互利和产业分工合作主要是互补性融合。两岸经济融合发展，不能仅专注于两岸经济的互补型整合，还要发挥同构性整合的思维，将两者结合，不能偏废，尤其是在大陆经济飞速发展、产业结构日益完善的背景下，两岸产业及经济系统已经具有一定程度的同构性，如何将竞争性的趋势转化为规模效应成为两岸经济融合发展的新方向。不应认为两岸经济融合发展只能建立在优势互补所带来的稳定性上，两岸经济同构性融合更有助于双方做大做强、共同合作开拓海外市场等。

复次，两岸经济融合是水平整合与垂直整合相互作用下的融合。水平整合指两岸经济子系统的功能在同一层次上的整合，而垂直整合则是按照产业系统内的功能分工、位阶进行级差式的整合，两岸经济领域各产业在哪种方向上展开功能整合，主要取决于环境条件、该产业的运作方式以及整合对象的可替代性。在两岸经济分工与整合问题上，台湾期待两岸经济垂直分工，将大陆作为原料、资源、劳力的廉价供应地，类似于"经济殖民"，以维护所谓的"经济安全"，大陆较倾向于逐步走向水平整合。从两岸经贸互动实际来看，双方已经形成了垂直分工与水平分工相互交错重叠的并存局面，总体上两岸经济整合呈水平式的"合而为一"，但由于两岸生产要素的条件差异，导致海峡两岸经济在不同产业、产品上存在不同的比较优势，进而形成优势互补的产业上下游分工和垂直整合。

最后，两岸经济融合发展将在"两岸规则"下构筑并维护共同利益。两岸经济融合发展过程中的重要问题涉及在什么框架下融合、基于何种利益融合，两岸融合应追求一个中国框架下的共同利益。40 多年来，"两岸的经济交流合作，基本上仍然没有超出两个经济实体'正常的'经济交流合作的范畴"。[①] 两岸经贸整合带来了互利双赢的格局，但也存在共同利益不足的问题，甚至处于"你的是你的，我的是我的"的状态。而在大陆主导下，通过诸如"惠台 31 条"等政策举措，逐步赋予台资、台胞在大陆地区的同等待遇，既能落实经济领域里的一个中国原则，逐渐形成"你中有我，我中有你"的共同利益格局。

三、两岸经济融合的扩溢

在经济全球化背景下，台湾对外经贸、两岸经济融合以及区域经济一体化之间相互关联。"冷战后地缘经济的兴起，重新定义了权力和权力博弈均衡的规则，经济安全已经令军事安全或传统的国防黯然失色。与以前的所有时代相比，地缘经济已经成为地缘政治的'竞争对手'，成为一个国家的国家利益和政策选择的战略需求"，"地缘经济时代的权力是非常不同的。由不同的规则发挥的权力平衡也是如此"。[②]

大陆方面则致力于推进两岸经济融合的扩溢，促进两岸经济发展与区域经济合作进程的衔接整合。台湾通过与大陆的分工合作融入区域经济一体化进程中来，既符合台湾经济子系统自身的发展利益，也能为巩固一个中国原则、促发经济整合的政治效应提供助力。胡锦涛在纪念《告台

---

① 郭震远：《加快塑造中国统一大势的探讨》，《中国评论》2018 年第 1 期。

② Hsiung J C, The age of geoeconomics, China's global role, and prospects of cross-strait integration, *Journal of Chinese Political Science*, 2009, 14(2): 113-133.

湾同胞书》发表 30 周年座谈会上的讲话中提道："建立更加紧密的两岸经济合作机制进程，有利于台湾经济提升竞争力和扩大发展空间，有利于两岸经济共同发展，有利于探讨两岸经济共同发展同亚太区域经济合作机制相衔接的可行途径。"① 时任台湾地区最高领导人的马英九也希望通过"先两岸、后国际"的经济整合路径参与全球产业分工，台湾有高度兴趣参与跨太平洋伙伴协议（TPP）、区域全面经济伙伴协议（RCEP）等区域经济整合进程，但遗憾的是，两岸在"可行途径"的具体方案上一直没有明确共识。② 习近平总书记在 2013 年会见萧万长时也再次提议："两岸可以适时务实探讨经济共同发展、区域经济合作进程相衔接的适当方式和可行途径，为两岸经济合作增添新的活力。"③ 以两岸经济融合发展的扩溢为契机，推进台湾对外经贸与两岸经济融合发展相衔接、两岸经济融合发展与区域经济合作发展相衔接，也是两岸经济融合发挥政治效应的基础要求。

长期以来，台湾的对外经贸政策方向一直在两岸与国际之间选择，对外经贸政策导向出现"先两岸、后国际""先国际、后两岸"或是"两岸、国际并行"的争议与摇摆，但不可否认的是，台湾对外经贸成就及竞争力与两岸经贸整合息息相关，也证明不可能脱离两岸路径。事实上，台湾方面所谓摆脱对大陆的经济依赖的企图一直存在。在 20 世纪 80 年代后期，台湾企业及台湾当局开始有南向动议与南向政策出台，此后又提出"亚太营运中心"构想，除了受市场因素驱动外，还期望"南向政

---

① 胡锦涛：《携手推动两岸关系和平发展 同心实现中华民族伟大复兴——在纪念〈告台湾同胞书〉发表 30 周年座谈会上的讲话》，见 http://www.gov.cn/ldhd/2008-12/31/content_1193074.htm。

② 王勇：《两岸经济关系发展回顾与展望》，《中国评论》2018 年第 3 期。

③ 《习近平谈治国理政》第一卷，外文出版社 2018 年版，第 231 页。

策应具有外交功能，即透过经贸以达成外交目标"，意图在东南亚地区抗衡中国大陆的政治压力。陈水扁执政期间也提出以"南向投资政策"为名的新一轮"南向政策"，其所谓"战略考虑"也是认为"如果不再采取措施，经济将对中国日益依赖，对台湾的经济安全构成不利局面"[①]。蔡英文上台以后，再次推出"新南向政策"，宣称"以提升对外经贸格局与多元性，告别以往过于依赖单一市场的现象"，[②] 其背后以经济"去中国化"降低"台独"风险的企图十分明晰。当然，两岸经济融合也引起域外力量的疑虑，如认为两岸签署 ECFA 后，"台湾享有短期经济利益，但 ECFA 有利于中国长远的政治意图"，"把台海经济一体化置于区域背景下，台湾有可能加入目前的'以中国为中心'的区域化浪潮。继最近与东南亚国家，港澳台地区签署贸易协定之后，中国在区域经济一体化中的地位大大提高"[③]，这种扩展可能会对该地区的现状特别是美国的利益构成挑战，因而"华盛顿和台北可以平衡以中国为中心的地缘经济发展势头"。[④]

展望未来，因为台湾方面的政治阻力，在两岸经济合作框架协议（ECFA）的后续协议中，《海峡两岸服务贸易协议》虽然签署，却因岛内"立法"部门不予通过而至今无法生效，《海峡两岸货物贸易协议》因

---

① 陈鸿瑜：《新南向政策效果往上提升》，《展望与探索（台北）》2007 年第 5 期。

② 新南向政策专网：《常见问题》，见 https://www.newsouthboundpolicy.tw/QA.aspx,2018-4-29。

③ Chiang M H, *Cross-Strait economic integration in the regional political economy*, International Journal of China Studies, 2011, 2(3): 681.

④ Rosen D H, Wang Z, Deepening China-Taiwan Relations through the Economic Cooperation Framework Agreement, Peterson Institute for International Economics, 2010.NUMBER PB10-16, https://piie.com/publications/pb/pb10-16.pdf.

2016 年岛内政局发生重要变化而不确定性增加，两岸经济关系制度化建设受阻也影响到了两岸经济融合的进程。但对于台湾当前"经济抗中"的"新南向政策"而言，面临着四种力量的博弈，即台湾当局的推力、东南亚的拉力、大陆的吸力以及台商的内力，相关研究结合数学模型对当前的运行情况进行综合分析发现："台湾当局的推力明显不足，东南亚国家的拉力有限，而大陆的吸力强劲，台商在基于市场化规律基础上的投资选择内力恒定。企图绕开大陆的'新南向政策'与一体化背景背道而驰，难达预期目的。"① 而基于经贸视角及 2001—2015 年贸易数据的研究表明：新南向国家对中国大陆的经济依赖度远高于其对台湾的经济依赖度，中国大陆对其的贸易地位是台湾难以替代的；台湾对中国大陆的经济依赖度明显高于其对新南向国家的经济依赖度，中国大陆对其的贸易地位是新南向国家难以替代的；中国大陆在贸易网络格局中处于核心地位，对于提升台湾贸易网络地位起着重要促进作用；中国大陆与台湾的对外贸易对国台湾经济发展的正向效应明显高于新南向国家。② 在地缘经济和全球化时代，为了自身的利益，甚至是生存，台湾的理性选择应是与中国大陆融合，而不是脱离，台湾当局应正面看待两岸经济整合的正面效应以及"一带一路"倡议的巨大潜力，积极推进与大陆经济融合发展。针对两岸关系的新局面，祖国大陆基本上已经调整对台经贸政策，以往的双边对接融合机制调整到单边吸纳融合机制，逐步赋予台资、台胞在大陆地区的同等待遇，推动以

---

① 李红梅、许振、黄蓉：《"四力"博弈下的新南向政策问题研究》，《台湾研究》2017 年第 4 期。

② 李航飞、韦素琼、陈松林等：《经贸视角下中国台湾"新南向政策"分析——基于 SNA 和 VAR 方法》，《地理科学》2018 年第 38 期。

中国大陆为主要整合范围的两岸经济融合，并鼓励台湾同胞参与到"一带一路"建设中来。在此背景及态势下，进一步探讨两岸经济融合从两岸间扩展到区域经济一体化的路径、推进台湾与大陆的全方位合作，共同形成产业聚落，将两岸经济融合与区域经济一体化加以衔接和整合，将台湾对外经贸、两岸经济融合纳入大陆主导的区域经济合作机制，实现两岸互利双赢，既是台湾经济发展的正确选择，也是推进与提升两岸经济融合发展的必然道路。

第三节　两岸经济融合发展的促统效应

从根本上讲，决定统一进程的关键因素是祖国大陆的发展进步。早在20世纪80年代初，邓小平就说过："台湾归回祖国、祖国统一的实现，归根到底还是要我们把自己的事情搞好。我们政治上和经济制度上比台湾优越，经济发展上也要比台湾有一定程度的优越，没有这一点不行。四个现代化搞好了，经济发展了，我们实现统一的力量就不同了。所以，在国际事务中反对霸权主义，台湾归回祖国、实现祖国统一，归根到底，都要求我们的经济建设搞好。"[1]改革开放以来，中国大陆经济飞速发展，综合国力不断提升。但尽管在宏观层面大陆 GDP 总量早已是台湾的数倍，但相当长时期内的人均收入等指标仍大大落后于台湾。有研究据此预估认为，"截至 2035 年，当大陆 GDP 赶上美国时，其人均国民收入也将超越台湾。

---

[1]　邓小平：《目前的形势和任务》，见 http://www.taiwan.cn/wxzl/zhyyl/dxp/200111/t20011129_52828.htm。

至少到2035年，对于大多数台湾民众而言，讨论与大陆统一已经成熟"[①]。显然大陆经济发展势头迅猛，统一大势可期，但在最终和平统一目标达成之前，仍需持续推进两岸经济融合发展。习近平总书记也多次强调，"从根本上说，决定两岸关系走向的关键因素是祖国大陆发展进步。我们要保持自身发展势头，同时采取正确政策措施做好台湾工作"[②]。即在逐步实现和平统一的进程中，一方面在保持经济发展正确方向的同时，另一方面也不能有坐等心理，应积极探索促进祖国和平统一的经济路径。就促发经济关系的政治效应而言，"争取台湾民心"导向下台湾民众政治认同变迁固然是非常重要的建构主义意义上的价值性指标，但是通过经济融合发展改变两岸经贸结构、撬动台湾内部利益格局以及影响其经济发展方向等更是现实主义意义上的实质性目标，中央政府除了进行感性呼吁、亲情诉求之外，更需要不断丰富和充实其对台经济工作的工具箱。

一、地缘经济层面

如前所述，在地缘经济时代，将台湾整合进大陆主导的地缘经济战略至关重要，在地缘经济战略及区域经济一体化进程中践行一个中国原则，既具有在和平统一前的防"独"促统的效应，也为未来和平统一后推进两岸经济深度融合发展奠定初步基础。在地缘经济层面的两岸经济融合，既是市场、利益与理性驱动下的必然，也需要在宏观层面加以战略引导与管控。

---

① Hsiung J C, The age of geoeconomics, China's global role, and prospects of cross-strait integration, *Journal of Chinese Political Science*, 2009, 14(2): 129.

② 习近平：《决定两岸关系走向的关键是大陆发展》，新华社，2015年3月4日。

推行地缘经济层面的一个中国原则，当前已经具备一定的物质基础。至少有几个指标可以衡量台湾与大陆在地缘经济博弈中的实力与地位。首先最相关的是其"全球经济的百分比份额"和"对全球经济决策的影响"，台湾已经从昔日"亚洲四小龙"之一逐步走向边缘化，而且与大陆相比其影响力严重缩水，当然，将台湾经济影响力转化或融入大陆的经济影响力是值得继续努力的方向。其次，在地缘经济均衡博弈中，对于作为资源匮乏、"浅碟形"经济体的台湾而言，最重要的因素是它能否具有获取所需基础自然资源如能源和钢铁的渠道以及排除对海外市场长期依赖的相对自由，而事实上，大陆的广阔市场缓解了台湾出口型经济对海外市场的沉重依赖，因这些市场遥远且往往不稳定。此外，台湾生存能力很大程度上取决于其经济竞争力和对国际经贸组织的参与。① 相对而言，台湾一直保持着较强的经济竞争力，而且在大陆经济实力与影响力以及国际经济参与度相对较低的时期也较多地参与了国际组织，但随着大陆的和平崛起，台湾对于国际经贸组织及经济一体化的参与相对迟缓，虽然大陆曾不断倡议两岸可以协商解决与台湾相关的国际参与以及区域经济合作问题，但因两岸并未取得共识，台湾被排除在大部分的FTA之外，甚至美国也对美台FTA避而不谈。美国发动对华贸易战虽然迫使一些企业将投资转向大陆周边地区，但在客观上加强了大陆与周边国家地区的产业联系，进一步加强了亚洲经济整合，也强化了中国在亚洲区域经济整合中的龙头地位。② 而蔡英文当局在中美贸

---

① Hsiung J C, The age of geoeconomics, China's global role, and prospects of cross-strait integration，*Journal of Chinese Political Science*，2009, 14(2): 129.

② 朱磊：《中美贸易摩擦升级对大陆台商影响的分析与调研》，《中国评论》2019年第 9 期。

易战中选择依附于美国，实际上也让台湾经济所承受的风险和不确定性不断上升。总体上，台湾经济在区域经济合作进程中的边缘化趋势明显。

自 2016 年民进党再度执政以来，为配合其深化"去中国化"，蔡英文当局有意给两岸经贸交流整合"降温"，两岸经贸关系的制度化渠道受阻，而这种以所谓降低对大陆依赖的经济政策必然会弱化台湾经济增长的动力。① 蔡英文的地缘经济策略也是非常明显的，通过推行"新南向政策"、力争加入 TPP 来实现对外经贸上的"去中国化"以及摆脱经济边缘化。"新南向政策"力图通过政府政策引导对外经贸投资转向，以便达到"化整为零""由下至上"地渐进融入到区域经济一体化进程中的目的，以最小化被排除在区域经济一体化组织或协议之外的不利影响，但这一计划如前所述收效尚不显著，而且"新南向"国家也是大陆"一带一路"倡议及区域全面经济伙伴关系（RCEP）的目标国。而美国退出 TPP 也让蔡英文借此摆脱依赖大陆而参与区域经济整合的"窘境"的图谋落空，也使世界各国对大陆在推动经济全球化过程中的主导作用寄予更高的期待②，而台湾自主参与区域经济一体化组织或协议的前景黯淡。相关模拟研究发现，以 RCEP 和中日韩为例，亚太两大 FTA 贸易自由化对两岸经济的影响明显，而包括台湾在内的非成员，无论 GDP 增长、社会福利还是贸易条件等，均受到两大 FTA 不同程度的负面影响，尤其是两大 FTA 同时实现贸易自由化，台湾受损程度更为严重。③ 因此，台湾方面

---

① 邓利娟：《现阶段两岸经贸关系的困局与前景》，《台湾研究》2017 年第 6 期。

② 单玉丽：《美国退出 TPP 对蔡英文当局区域布局的影响及出路分析》，《台湾研究》2017 年第 3 期。

③ 郑学党、华晓红、庄芮：《亚太区域经济一体化与两岸共同参与策略选择》，《宁夏社会科学》2017 年第 2 期。

主观意愿上的经济"去中国化"客观上必然产生主动"被边缘化"的效果，对于台湾来说，其地缘经济策略并不奏效，而现实中的可选项唯有经过两岸渠道参与区域经济一体化，这也是当前台湾拓展"国际经贸空间"以及减缓"边缘化"的唯一选择。然而，这也受制于台湾当局的主观意愿以及其拒不接受"九二共识"的立场，也无法通过两岸公权力的双边机制协商解决，台湾方面只能通过民间、个体、企业的形式参与。当然，容纳这种类型的参与，也同样能够实现中国大陆的地缘经济战略。

基于当前两岸关系形势，大陆应综合多种经济路径加以协同，将台湾引导、吸纳到相应的地缘经济战略中来。首先，应加强陆资在东南亚的投资投产规模及竞争力。大陆在 2012 年已经成为世界第三大对外投资地区，东南亚也属于重点投资地区，而且大陆的"一带一路"倡议还将东南亚国家作为重要合作对象，基于台湾"新南向政策"视角，陆资与台资之间事实上存在着市场竞争和政治博弈的关系。因此，加强陆资的投产规模和竞争力有助于以优势地位与台资进行竞争、分工与整合，并有效压制台湾当局在东南亚地区的政治操作。其次，反对并阻止台湾参加以主权国家身份、官方代表身份为条件的区域经济一体化组织和协定以及国际经贸论坛等。虽然台湾民众与产业的国际经济参与具有合理性，但台湾参与区域经济合作组织等却是比较复杂的政治问题，尤其是台湾方面经常将大陆善意协助下所取得的台湾国际参与成就曲解为"台湾主权独立"的论据，大陆对于台湾以"官方"身份的参与应强烈反对，避免产生错误的"示范效应"和"外溢效应"。事实上，大陆并不反对台湾以适当名义、适当方式的参与，例如明确提出"为台湾地区参与'一带一路'建设作出妥善安排"，①"为台湾方面以适当名义加入亚投行积极探寻可行办法"② 等。最后，更为重要的是，要和台湾同胞分享"一带一路"等机遇，促进两岸在大陆区域经济战略下的融合发展。在经济新常态下，在陆台资也面临着转型升级困境，而且与陆资之间的竞争加剧。而"一带一路"目标国家多属于发展中国家，生产要素价格较低，潜在市场广阔，这些都比较符合台资的投资投产秉性。因此，在一个中国原则下，将台资、台企纳入"一带一路"建设，参与形式以民间为主、参与面向以大陆为主③，也将有助于将两岸经济竞争性关系转化为合作性关系，也真正能让台湾"走向世界"。

二、政策竞争层面

台湾地区的经济发展曾被称为"经济奇迹"，有其独特的发展背景和发展模式，包括全球化浪潮下的世界产业分工及链条的形成、国民党威权统治下的政府主导经济发展战略以及台湾出口导向策略等，共同推动了台湾经济的成长。台湾从 1963 年到 1996 年维持了 GDP 平均超过 9% 的高增长率，而政治上的"解严"也带来了经济自由化以及政府对于市场和企业的管制力量的逐步衰减，同时因为全球化发展及国内生产成本大幅提

---

① 中华人民共和国商务部：《〈推动共建丝绸之路经济带和 21 世纪海上丝绸之路的愿景与行动〉发布》，见 http://zhs.mofcom.gov.cn/article/xxfb/201503/20150300926644.shtml。

② 国台办：《大陆欢迎台湾方面申请加入亚投行》，人民网，2015 年 5 月 24 日。

③ 殷存毅、吴维旭：《分享与融合："一带一路"与深化两岸经济关系的新趋势》，《台湾研究》2018 年第 1 期。

高，台湾出口产业遭遇瓶颈，但利用制造技术优势，从以往出口导向下的"以台湾为工厂"转化为经由两岸分工发展出的"以大陆为工厂"的代工出口模式，以扩大出口维持既有经济的持续发展，也成功打造出以 IT 为主力的代工产业链，并造就了很多举足轻重的国际代工企业。这一变化主要受要素成本驱动，通过追逐更低廉的生产要素如劳动力、土地来获得更大的发展空间，也导致台资利润水平并不太高，随着生产要素价格的上涨，为维持或降低成本，必须转移至新的"成本洼地"，这一发展道路也被认为对台企利润提升、岛内产业创新、发展模式优化贡献度不大，因此有台湾学者将这种台湾接单、海外生产的三角贸易模式比喻为"叶克膜[①]经济"。[②]

台湾外向性经济还具有几个明显的特点。首先，出口仰赖大型企业，中小企业份额降低。据统计，台湾中小企业出口产值占比在 1988 年约为 76%，2000 年降低到 20% 左右，此后维持在 20% 以下；而且台湾 500 大集团营业收入的三分之一源自中国大陆，在 2012 年到 2013 年间的衰退，就导致了台湾整体企业集团的衰退。[③] 其次，台湾不同类型的企业选择了不同的发展模式。台湾大中型企业在扩大规模上，或透过上市集资或财务杠杆的作用来获取资金并投资于资本与技术密集的产业，例如台积电；或是通过资本外移至大陆或东南亚，追逐廉价的劳动力来扩大劳动密集的

---

① 叶克膜（ECMO），extra-corporeal membrane oxygenation，即体外心肺循环系统，是一种合并呼吸及循环辅助器的急救装置。

② 参见李宗荣、林宗弘：《未竟的奇迹：转型中的台湾经济与社会》，台北"中央研究院"2017 年版。

③ 吴琬瑜、陈靖宜：《台湾经济大衰败，这 20 年发生什么事？中研院报告揭密》，《天下杂志》2017 年第 11 期。

世界工厂。后者使得台湾企业的营收与雇用人数急速上升而纯益率却下降。[1] 中小企业维持活力与弹性则是以高度的内部剥削为手段，其福利与管理等方面并未完全正规化，但岛内经营环境的变化如"一例一休"等"劳动基准法"修改在事实上并不利于中小企业的弹性化生存。再次，跨境代工出口模式对台湾内部经济的辐射效应相对降低。原本科技产业带动周边产业的附加效益包括增加就业率、提振薪资等效用相对偏低，而且在大陆产业链崛起背景下，台商的技术优势逐渐流失，随着境外生产比重愈来愈高，和岛内经济部门日益脱节，导致台湾人就业机会及薪资成长停滞，以及内需动能日益减弱和所得分配恶化。而且政府租税、汇率等政策多从鼓励出口及降低科技业负担着眼，也会加大这一趋势。[2] 最后，"浅碟"型外向经济越来越多面临内外挑战。在外部竞争加剧以及内部市场狭小的态势下，虽然台湾经济仍能保持低度增长，但产业转型不顺、投资减少，进而引发的是薪资所得停滞等问题。而原本薪资远低于台湾的邻近地区的薪资增长迅猛，进而对台湾的人才产生吸引力，引发人才外流[3]，同时岛内劳动力价格的相对下降等还不足以引发台资大规模回流。

台湾经济的外向性、台湾企业的投资特点以及两岸经济发展趋势的反差，也让中国大陆有机会、有实力、有能力利用主场优势与台湾方面展开市场竞争与政策竞争，通过优化大陆内部投资环境，扩大内需市场，提供更多的政策优惠，引导台资在大陆实现产业转移与升级，吸引更多台湾企

---

① 李宗荣、林宗弘：《未竟的奇迹：转型中的台湾经济与社会》，台北"中央研究院"2017 年版，第 5 页。

② 《台湾"未竟奇迹"背后的故事》，《经济日报》2017 年 12 月 25 日。

③ 《风评：一息尚存的"未竟的奇迹"，还有续篇吗?》，风传媒，2017 年 12 月 21 日。

业、资本、技术与人才参与到中华民族的伟大复兴进程中来，也间接影响着台湾经济发展状况。首先，作为"世界工厂"的大陆可以继续利用中西部地区的低成本优势来引导台资产业的转移，因台商"市场政治逻辑（指'惰性'厂商仅求市占规模的扩大与存活），而非新古典的优化的生产要素组合而达到利润极大化或熊彼特式企业家精神，主导台湾企业行为"，[①]向中西部地区转移也获得了台资的认可，如鸿海集团在大陆扩资建厂的重点区域，已经从广东、江苏陆续转移至河南、山西、重庆、四川与贵州等地，为当地经济注入活水，增加就业。其次，作为"世界市场"的大陆应充分优化经营环境，以广阔市场、产业链条以及升级机遇来进一步吸引台湾内部的创新力量，将其整合进大陆的价值链体系和新经济产业生态中来。尤其是要加强对岛内中小企业特别是"隐形冠军"的引进力度，中小企业在拉动岛内就业等方面的经济效益明显，而"隐形冠军"企业是台湾得以成为全球制造网络中的重要节点，对全球市场敏感并反应迅速，其产品竞争力强，[②]但它们往往需要全球化的市场来支撑，而大陆的市场优势可以提供最佳支持。再次，作为"政策高地"的大陆应尽可能地加大政策优惠力度，尽量抵消生产成本尤其是税率升高的"驱赶"效应，同时防范经济民族主义和地方保护主义对惠台的抵消效应。[③]31 条惠台措施已经提

[①]　李宗荣、林宗弘：《未竟的奇迹：转型中的台湾经济与社会》，台北"中央研究院"2017 年版，第 5 页。

[②]　吴琬瑜、辜树仁、高承恕：《"隐形冠军模式"才是台湾该走的路》，《天下杂志》2017 年第 8 期。

[③]　Yu Y W, Yu K C, Lin T C, Political Economy of Cross-Strait Relations: is Beijing's patronage policy on Taiwanese business sustainable?, *Journal of Contemporary China*, 2016, 25(99): 372-388.

出了"积极促进在投资和经济合作领域加快给予台资企业与大陆企业同等待遇"，未来应继续为台资企业分享大陆发展机遇提供完善的政策保障。最后，加快吸纳台湾科技、研发与管理人才，尽快落实台湾同胞来大陆发展的同等居民待遇。在日本经济"失落的二十年"中，日本研发人才曾大量外移至台湾，而如今台湾情形与昔日日本相似，来大陆发展有助于让台湾人才摆脱岛内"低增长、低薪资、低投资"的限制而获得更大的才干施展空间，人才流动甚至能促发岛内研发中心的登陆，并为大陆相关产业优化升级提供助力。

加强两岸之间的政策竞争非常必要而且有效。事实上，台湾岛内经济的发展变化同样会对台湾民众的政治心态产生一定的影响，而且蔡英文执政以来也一直推动厂商投资台湾以及产业创新升级，力图改善岛内经济环境和民众收益，以抵抗大陆对于台湾社会的"磁吸"效应。而大陆对台经贸政策在岛内经济"三低"的背景下也逐渐产生正面效果：一方面是让台湾方面以所谓"政治安全""抢台湾人饭碗"等理由阻碍两岸经济融合的说服力下降。例如民进党在"反服贸学运"期间成功地利用了民众对于所谓"抢饭碗"和"国家安全"的疑虑，但台湾民众对于这种说辞逐渐"免疫"，如受访者对于"陆委会"声称大陆涉嫌非法入台揽才时表示，"以前说对岸人来会抢了我们的饭碗，现在改说对岸带饭碗来抢我们的人了！"另一方面使得台湾民众对于中央政府以惠台作为推动两岸政治整合政策杠杆的接受度上升，如同受访者所表示，"没错！大陆所作所为都是为了统一台湾，以前我也担心这个问题，但后来我发现统一又如何？不统一又如何？台湾的政府是国民党当家还是民进党当家又如何？一群人只会关心国家意识，有谁真正关心人民要的'安居乐业'，水能载舟亦能

覆舟，受到人民支持的政府才能长久，哪个政府能让人民过上好生活才是
重点！"①因此，大陆应继续秉持增进台湾人民福祉的宗旨，将台湾当局与
台湾同胞区分开来，吸引更多台湾同胞来大陆参与经济建设，也给台湾同
胞带来实际好处。

三、利益调配层面

全球化背景下贸易分工的收益递减、新自由主义意识形态与政商关系
的改变、政府财政危机与失能、金融资本迅速集中、社会分配不均恶化等
被认为是当前台湾内部经济所面临的困境，也引发了被视为是社会问题的
人口危机、劳工剥削等。②推进两岸经济融合发展，不仅需要将台湾经济
活水"引进来"以融入到大陆区域经济战略和大陆市场中来，还应让大陆
经济力量"走过去"以持续扩大台湾岛内民众对于两岸经济融合的参与面
与受益面，增强其对于大陆发展和民族复兴的参与感与获得感。

就台湾产业而言，台湾产业发展面临产业升级创新与追逐廉价劳力
的产业外移的两难抉择，大中型企业基本都选择了产业外移的道路，中
小型企业③外移的成本和难度较大。但中小企业在释放经济动能与创造

---

① 《警讯！陆展开攻势出招进校园抢人才》，Yahoo 奇摩新闻，2018 年 4 月 30 日。
② 参见李宗荣、林宗弘：《未竟的奇迹：转型中的台湾经济与社会》，台北"中央
　研究院"，2017 年。
③ 台湾中小企业是指制造业、营造业、矿业及土石采取业实收资本新台币 8000
　万下，其他行业前一年度营业额新台币 1 亿元以下的企业。或者按员工数认
　定，制造业、营造业、矿业及土石采取业经常雇用员工未满 200 人，其他行业
　未满 50 人的企业。（台湾综合研究院：《中小企业基本知识》，见 http://www.tri.
　org.tw/ceo/,2018-5-4）

就业上的效应明显，据统计，2016 年台湾中小企业家数为 140 万 8,313 家，占全体企业 97.73%；就业人数达 881 万人，其中制造业就业人数占比 24.89%、批发及零售业 20.23、营建工程业 10.04%、住宿及餐饮业 9.12%、农林渔牧业 6.27、其他行业 29.46，中小企业就业人数占全台就业人数 1126 万 7 千人（包含雇主、自营作业者、受雇者、无酬家属工作者）78.19%；中小企业销售额 11 兆 7,647 亿新台币，占全体企业 30.71%，且以内销台湾市场为主，内销额为 10 兆 3,409 亿新台币，占全体企业的 35.85%。[1] 台湾中小企业偏向劳力密集的生产，雇用大量劳工，而且主要内销台湾内部市场，外销占比小，不但解决就业问题，并促进了台湾所得的均化，也能够吸收金融危机、全球经济低迷等对于台湾经济的冲击，成为社会安全缓冲阀。但近年来中小企业的市场生存环境恶化[2]、产出所占份额与所得毛利润降低、失业率上升，而且"黑手变头家"的阶级流动已经几乎可能，转职的中小企业员工中的 88.56% 仍到中小企业工作，这在事实上使得台湾中小企业的发展与底层、弱势、低薪等社会问题相关联。

与台湾岛内企业发展状况相伴而生甚或直接关联的是地区发展差异、贫富分化差距以及世代差异，或者也可以说中小企业、中南部地区、中下阶层，青年群体所面临的困境具有一定相关性。[3] 内外环境变迁下企业分流发展的结果基本上呈现出中小企业、劳工群体、青年世代乃至于中南部地区逐渐处于弱势境地。资本与市场的积聚效应使得台湾的资产阶级正在

---

① 《2017 年中小企业白皮书》，台湾地区"经济部中小企业处"2017 年版，第 2、95 页。

② 邱琼皓：《小英新梦想 小企业的恶梦》，《工商时报》2018 年 2 月 4 日。

③ 耿曙、陈陆辉：《两岸经贸互动与台湾政治版图：南北区块差异的推手?》，《问题与研究》2003 年第 6 期。

自我复制，中下阶级社会流动与创业机会衰退，也触动了民众阶级意识。相关调研发现，台湾民众每月平均所得持平但各阶级间贫富差距恶化，自营作业者与非技术工人所得下降，导致其主观阶级地位下滑，民众相对剥夺感增强，多数认为贫富差距恶化，自己越来越难以实现阶层跃升，而且台湾民众功绩主义信仰弱化，相信吃苦一定会成功的人数减少。在自我认知上，民众自认为是"工人阶级"的比率逐年升高，其中从 2001 年只有 15% 的谷底，到了 2009 年已上升至 37%、近四成，工人阶级认同比率达到历史高峰；认为自己是"中下阶级"的比例也在增加，由 1997 年以前的 14%，至 2009 年已上升到约 20%，而自认为是"中层阶级"却从四成左右降到 2009 年的 27%。① 与此同时，在既有发展模式已经相当成熟的情况下，台湾内部的政治与市场的权力与资源已经高度集中在战后婴儿潮的企业家世代，在既有模式没有实现创新升级以及市场格局缺乏颠覆性变革的情况下，世代差异难以改变，也会触动世代冲突。事实上，2014 年爆发的"太阳花"运动展现了世代与阶级分歧，② 其根本原因还是年轻世代对于政府政策失能、社会分配不公、贫富差距扩大、发展前景黯淡的不满，只不过这种不满以"反服贸"为诱因并被转嫁到两岸经济整合上来，进而牵涉认同分歧问题。

从台湾内部经济发展及社会效应来看，大陆对台经济工具的着力点或视角至少应包括族群（认同）、世代、阶级、地区等。以往的关注目标主

---

① 林宗弘：《失落的年代：台湾民众阶级认同与意识形态的变迁》，《人文及社会科学集刊》2013 年第 4 期。

② 李宗荣、林宗弘：《未竟的奇迹：转型中的台湾经济与社会》，台北"中央研究院"，2017 年。

要是台湾内部的族群与国家认同，而未来尤其要注重关注台湾内部的阶级、世代状况，通过两岸共同市场等方式让中小企业、中下阶层、中南地区及青年群体能够从中获得实际收益，进而形成"示范"效应，促使台湾民众内部对于两岸经济融合、大陆经贸政策有切身的参与感与实际的受益感。在推进两岸合作交流过程中，有必要以适当方式采取有针对性的措施，让基层民众和青年群体体认到两岸经济融合的好处，增强与大陆经济交流意愿，也有助于争取台湾基层社会民心。[1] 综合来看，大陆对于社会内部的经济工作方式大致涉及赴台投资、旅游、服贸及采购等几种，基于既往的成绩与经验，未来应加以继续深化、细化、精准化。

首先，利益传导与调配应注意着力点，避免引发某些台湾民众产生直接"受损感"。以两岸"服贸协议"的操作为例，虽然协议有利于台湾经济发展，但岛内争议却导致两岸"服贸协议"至今在台湾尚未生效，其根本原因还是台湾内部的问题所致，但其中反"服贸"理由之一是台湾民众认为大陆服务业赴台会直接影响台湾本土服务业等中小企业生存以及就业市场，由此产生疑虑和排斥心理。相比较而言，虽然赴台投资、旅游及采购等会引发台湾对大陆的经济依赖等相对抽象的反对意见，但参与其中的台湾民众是获得实际利益的，同时未参与其中的也没有利益损失。而"抢饭碗"的标签却会直接让台湾民众产生个人利益直接受损的判断，这种疑虑也当然引发了基层民众和青年群体的反对。因此，"服贸"受阻也可以引发对台工作手段着力点的反思，即路径与方式的选择不可使台湾民众产生直接"受损感"。

---

[1]　周志怀：《两岸经济关系与政治关系互动的路径》，九州出版社 2014 年版，第156 页。

其次，利益传导与调配应注意落脚点，激发台湾民众的正向"损益感"。以对台投资为例，投资有助于带动就业并减少台湾社会的疑虑，自2009年6月至2017年12月底，台方已核准陆资赴台投资1087件，金额19.6亿美元，[①]也给台湾带来数千个就业岗位，目前较为知名的企业投资包括顺丰、比亚迪、海底捞等。针对台湾地区经济发展实际情况，对台投资应优先考虑那些劳动密集型的服务业等，还可以通过第三地投资以及以低于台湾地区法律规定的比例参股其他外资企业进而间接投资台湾，此外也可以适当收购在台湾有子公司的外资等，尽量扩大并多元化对台投资。此外，赴台旅游提振台湾经济与就业率的效果也十分明显，甚至两岸旅游被称为"和解之旅"，[②]以至于旅游业被认为可能作为促进政治统一的经济杠杆。[③]虽然赴台旅游的效果被批评为是有利于财团，但赴台旅游规模的日益扩大也让相关业者普遍受益且获益感强，而赴台旅游低迷下的旅游业从业者则感受到了落差，也曾不断呼吁台当局承认"九二共识"。

最后，利益传导与调配应注意精准度，"定制化"地诱发台湾民众的"方向感"。如对台采购是最具有公权力意涵的行为，也是典型的政府引导

---

①　台湾"大陆委员会"：《两岸经济统计月报》，2018年第2期，第1—5页，见https://ws.mac.gov.tw/Download.ashx?u=LzAwMS9VcGxvYWQvMjk1L2NrZmlseZS8zMjJiYzA3Yy0yMjE0LTQ3NWEtODZiMi03ZTc0NDM2MjFmM2QucGRm&n=Mjk45YWo5paHLnBkZg%3d%3d，2018-4-17。

②　Zhang, J. J., Borders on the move: Cross-Strait tourists' material moments on "the other side" in the midst of rapprochement between China and Taiwan, *Geoforum*, 2013, 48:94–101.

③　Rowen I, Tourism as a territorial strategy: The case of China and Taiwan, *Annals of Tourism Research*, 2014(46): 72.

市场的思路，应能发挥最佳的"指挥棒"效应和社会"示范"效应。历年来大陆曾大规模采购台湾产品，产生了较好的社会化效应，而且台湾蓝营县市还曾在蔡英文执政后提议大陆设计针对蓝营县市的采购方案，也说明采购在宏观层面具有一定的政治效应。就采购而言，大陆应将采购微观化、特殊化、定制化、精准化。以 2004—2005 年间的经历来看，民进党政府"善于利用法律和社团主义的非正式政策手段抵制大陆的经济攻势"，[①] 作为因应，大陆应减少大规模的打包式采购，尽量扩大直接面对受众的采购渠道，可加大采购在台湾市场具有不可替代性的产品，扩大定点采购和试点采购方式，针对不同行业、阶层、目标群体以定制化方式"量身定做"不同的方案，以利于更为直接地让台湾民众有参与感和获益感。而且事实也证明精准定点采购如"契作"的效果更好。以学甲虱目鱼契作为例，虽然学界与媒体以及民间多有强调契作并没有改变学甲区的选举投票格局和民众的政治认同，甚至根据总体资料、民意调查或选举结果得出大陆对台农渔采购无效的结论，[②] 但以政治认同与投票的翻转这一期望值来作为检验标准显然要求过高过多，大陆对台农渔采购政策效果并不在于立即性地扭转台湾民众的政治认同，而是以经贸交流作为降低敌意与培养互信的工具，首要的目标是要让台湾民众切实获得利益、产生真实的收益感，关键在于建立与台湾基层民众的利益联盟，扎根台湾南部基层民心，累积两岸

---

① Wei C, China's Economic Offensive and Taiwan's Defensive Measures: Cross-Strait Fruit Trade, 2005–2008, *The China Quarterly*, 2013,215: 641-662.

② 《中国钱进小镇 对学甲选举影响有限》，2011 年 10 月 26 日，见 http://bw.businessweekly.com.tw/press/content.php?id=16161;《ECFA 牌失灵 学甲七成仍挺绿》，《中时电子报》2012 年 1 月 15 日，见 www.chinatimes.com/cn/newspapers/20120115000806-260102。

关系和平发展的社会经济基础。[①] 因此，契作的基础效应在于让渔民对于大陆对台经贸工作有参与感和获得感。事实上，在契作停止后，台南市虱目鱼养殖协会就曾呼吁蔡政府承认"九二共识"，并拟组织"千岁团"赴京争取新契作，[②] 此后台南市政府公文禁止协会赴大陆洽谈也引发渔民多次抗议，[③] 引发台湾社会广泛关注，也对蔡英文当局造成一定压力，让台湾基层民众认清是谁在阻碍其获益。推进两岸经济融合发展，客观上也是对台湾基层民心的"争夺战"。

---

① 曾于蓁：《大陆对台农鱼采购政策变化："契作"机制及其效果》，《问题与研究》2015 年第 1 期。

② 《台南渔民盼契作 吁蔡英文承认九二共识》，《中国评论新闻》2016 年 7 月 1 日，见 http://bj.crntt.com/doc/1042/9/1/0/104291018.html。

③ 《取消赴中 虱目鱼协会将赴农委会抗议》，《自由时报》2016 年 8 月 11 日，见 http://news.ltn.com.tw/news/local/paper/1020526。

第四章

促进祖国和平统一的社会路径

自 1949 年以来，两岸政治对立主导了两岸关系的基本格局，也在很长一段时期内阻绝了两岸同胞之间的交流交往，两岸民间处于绝对物理隔绝状态，台湾民众不具备直接获知有关祖国大陆真实情况的条件，对于大陆的认知多来自官方主导的宣传灌输，缺乏直接接触交流使得台湾民众的政治认同基本上被第三方的台湾当局所建构，这些导致了"台湾民众对'中国'形成了过度夸张，扭曲和幻想式的印象"。[①] 物理阻绝、零星接触与他者建构基本上塑造了台湾民众的大陆认知与认同结构，这其中也包括了对于中央政府的敌视与疑惧、对于大陆政治体制的误读与曲解以及对于大陆社会及民众的傲慢与偏见，这种结构也搭建了台湾民众在两岸社会交流中的认知与行为的初始性框架，即便是在两岸全面交流阶段其影响也依然持续，甚至在新环境下获得新动力而"再生产"并得以强化。

两岸之间先天性的地缘、文缘与亲缘纽带，以及后天的经济利益联

[①] Wu C, Su X, Tsui H C, Threats, acceptance, and ambivalence in cooperation: The image of China in Taiwan, *East Asia*, 2014, 31(4): 305-322.

结，促发并加速了两岸社会交流。1979 年大陆发布《告台湾同胞书》强调，"我们寄希望于一千七百万台湾人民"，指出"由于长期隔绝，大陆和台湾的同胞互不了解，对于双方造成各种不便，远居海外的许多侨胞都能回国观光，与家人团聚。为什么近在咫尺的大陆和台湾的同胞却不能自由来往呢？"呼吁"这种藩篱没有理由继续存在。我们希望双方尽快实现通航通邮，以利双方同胞直接接触，互通讯息，探亲访友，旅游参观，进行学术文化体育工艺观摩"，① 诉诸同胞亲情，呼吁直接接触，倡议展开较为全面的社会交流。台湾方面在"老兵探亲"等运动的推动下于 1987 年取消台湾同胞访问大陆的禁令，两岸社会交流开启新进程。2008 年两岸实现直接、双向"三通"，两岸社会交流蓬勃发展，人员往来规模、民间交往范围日益扩大。据统计，截至 2017 年年底，台湾居民来大陆累计达到约 9927.48 万人次，大陆居民赴台累计达到约 2686.18 万人次。② 两岸社会交流范围涉及文化、体育、宗教、科技、教育、探亲、旅游等各个方面。

两岸社会交流的发展不仅能够促进两岸同胞增进彼此了解和理解，也为拓展和平统一的路径提供了更大的可能空间。祖国大陆致力于推进和深化两岸社会交流，习近平总书记多次指出"两岸一家人"，强调要推进两岸经济社会融合发展，还要为台湾同胞在大陆学习、就业、创业、生活提供更多便利，落实"两岸一家亲"，构筑"两岸命运共同体"。虽然当前台湾当局对于两岸社会交流与融合设置了诸多障碍，但两岸社会关系却仍

---

① 《中华人民共和国全国人大常委会告台湾同胞书》，《人民日报》1979 年 1 月 1 日。
② 国务院台湾事务办公室：《两岸人员往来统计表》，2018 年 5 月 24 日，见 http://www.gwytb.gov.cn/lajlwl/rywltj/201805/t20180524_11958157.htm。

是两岸关系中最具活力、最有创造力的重要部分，只有继续深化两岸社会交流，推动两岸社会融合发展，才有可能通过后天的努力逐步解构先天性的台湾同胞的固有认知与认同结构，突破以往的"隔绝"，重构"共同体"意识，进而为尽快实现和平统一奠定坚实的社会基础。

第一节　两岸社会交流的政治效应

一、理论假说

首先，政治社会化理论认为，两岸民众的政治态度和认同往往被视为是政治社会化的结果。政治社会化在个体意义上强调个体独特的成长经历与发展环境的影响，在总体意义从社会体系的角度强调政治文化的代际传承、政治体系的宣传建构。在政治社会化视角下，大陆民众的两岸观表现为高度理解并拥护政府的政策，认为两岸同属一个中国、两岸必须且终将统一；台湾民众则深受"反共""反中"以及"去中国化"教育影响，其政治认知和认同多是被政党或政府后天建构的结果，如今所称的"天然独"实质上是"人造独"。① 而且，两岸关系中的政治社会化的范围，不仅包括各自政治体系对于内部民众的作为，更包括对于对岸民众所施加的各种影响，和平统一的进程也必然包括祖国大陆对于台湾民众的政治社会化努力。

---

① 国务院台湾事务办公室：《没有"天然独"只有"人造独"》，中国新闻网，2018年4月25日。

结合两岸关系实践，影响政治社会化的因素或路径大致涉及几个方面：政党认同、政治效能感、政治信任感与民主价值。政党认同除了可以直接影响选民投票行为外，也影响着对于特定问题的态度与评价，民众常常依赖政党认同来简化复杂的政治现象。政治效能感包括内在和外在两种，内在效能感是指对自我政治能力的认知，外在效能感指对于政治体系回应的感知，政治效能感与政治参与、政治认同正相关。政治信任与政治支持密切相关，政治信任低将削弱政府解决问题的能力，政治信任过高将产生放弃监督政府权力的效果。民主价值强调个体性权利，一般认为民主价值高者，对民主政治的需求、对反对党的接受程度、对所谓"台湾主权"主张的认可度都较高。

争取民心工作也涉及两岸政治体系对于进入各自管辖区域内的对岸民众的政治社会化，所涉及的对象群体包括台商、台生、陆生、陆配等。例如认为台商"落地生根"后，在大陆生活愈久，对大陆的向心力与认同也逐步增加，[①] 或是至少会发生微妙变化。[②] 大陆也逐渐赋予台生等"同等待遇"，被台湾学者视为是一种"国民化""再疆域化"的努力，而台生则采用"去疆域化"的策略，[③] 也从侧面说明了政治社会化的效力。再如台湾方面认为台湾若想突破困境，"将有赖中共的善意，在台陆生是可以努力对象"，"开放陆生来台后，中国大陆也将出现'台归派'"，"未来也能

---

① 陈铿任、吴建华：《是故乡，还是异乡？从东莞台校学生的学习经验看台商子女的身份认同意向》，《师大学报：教育版》2006 年第 2 期。
② 严志兰：《台湾民众认同问题的历史与现实——以大陆台商社会认同的实证研究为例》，《东南学术》2014 年第 1 期。
③ 蓝佩嘉、吴伊凡：《在"祖国"与"外国"之间：旅中台生的认同与画界》，《台湾社会学》2011 年第 22 期。

为中国大陆培养'领导人才'"，①"陆生赴台属于互赖理论中的人员流通，不仅可能是两岸和平的保障者，更将影响民意结构，甚至可能改变政策，若能争取陆生支持，这些大陆未来的栋梁，将可能成为台湾'主权'与安全的保障者"。②而且对在台陆生政治态度的调查研究认为，陆生对台湾的政治主张的接受度整体上偏低，但研究也发现入台时间越久，越可能接受台湾的政治主张，可以解释为民众受到政治社会化的影响越多，其政治认知与认同越有可能发生相同方向的改变。③

因此，基于政治社会化对于两岸民众认知与认同的影响，要改变政治社会化的固有效应与惯性，就必须依循政治社会化影响路径进行反向操作，才可以跳脱两岸各方所设定的框架，进而解构和重塑政治社会化的格局与效果，如开放、扩大台湾民众在大陆就学就业，延长在地居留期限，配套相关措施，提升其对大陆政府的喜好程度以及对于大陆制度的认同、降低其对于台湾当局的外在政治效能感及政治信任感，在此基础上加强对于在地台湾民众进行潜移默化的政治社会化工作等。

其次，认同变迁理论认为和平统一目标导向下的"争取台湾民心"很大程度上体现为争取台湾民众的认同，认同的积极变化将推动统一目标的实现。关于认同形成与认同变迁的基础理论与路径，一般从"我群"意识

---

① 王嘉州：《从"一中"变爱台？来台陆生两岸观与政治态度分析研究成果报告》，《"行政院国家科学委员会"专题研究计划（NSC 99-2410-H-214-016-）成果报告》，2011年10月6日。

② 王嘉州：《来台陆生政治信任之变迁、成因与影响》，《"科技部"补助专题研究计划（NSC102-2410-H214-012）成果报告期末报告》，2014年10月3日。

③ 王嘉州：《短期来台交流陆生之社会接触与政治态度变迁初探》，《远景基金会季刊》2016年第4期。

与"他群"认知生成与强化的角度区分为原生论（也称本质论）、境况论（情景论、工具论）与建构论（想象论）等三个观点。[1]事实上，这三种学术观点可以被转化为在现实两岸社会交流中的三种层面、路径、方法等。

原生论强调个人的原初特质、群体的文化传承对个人认同的影响：个人对群体的认同建立于在某些显而易见的共同特征，例如：血缘、语言、信念、态度、或行之已久的风俗习惯以及主观的文化因素。认为个人缺乏认同变迁能动性：认为个人认同是"固定的"、"不可选择／不会变迁"的。境况论强调个人面对情境的策略性、工具性的选择：个人若认为改换认同符合自己的政治经济利益，就会从这个群体退出而加入另一个群体。而个人和人群有时会改变原有的祖源记忆，来加入、接纳或脱离一个族群。认为个人具有认同变迁能动性：认为认同是"流动的""可选择／会变迁"的。建构论强调族群或族群等群体其实都是想象的，而想象空间和共同记忆，则是由社会或政权所人为建构的。换言之，认同受到社会结构的促成与制约。个人的群体意识由文化或政治所建构，非个人能选择，因此个人认同变迁的能动性较低。然而，社会结构若改变，个人认同也可能会随之变迁，故也不能排除认同变迁的可能性。[2]

按照三种认同生成与变迁路径，两岸社会交流的政治效应也就存在着对应的思路和机制。依据原生论，两岸民众同根同源、血脉相连、文化习俗相同，而台湾民众的认同异化则是因为两岸隔绝并缺乏直接交流了解所

---

① 陈陆辉、陈映男、王信贤：《经济利益与符号态度：解析台湾认同的动力》，《东吴政治学报》2012 年第 3 期。

② 陈朝政：《台商在两岸的流动与认同：经验研究与政策分析》，台北东吴大学政治学系博士论文，2005 年。

致，因此，通过社会交流让台湾民众发现、体验两岸之"同"，自然会产生大陆与台湾同属"我群"的观念，甚至激发统一意愿。实践中大陆方面诉诸亲情，强调"两岸一家人"，通过扩大宗教、根亲等交流让台湾民众认知到台湾与大陆在血缘、语言、习俗、民族与文化等方面的一体性，相应的政策逻辑也与"原生论"的理论进路相契合。依据境况论，长期以来两岸之间的差异、分歧以及运转逻辑和社会发展模式的不同强化了两岸认同问题，[1] 而两岸关系和平发展、两岸社会交流会打破或改变台湾民众先前固定的生活与成长环境，带来个体利益和决策模式的改变，因此，经济利益的诱因、社会交流的共同情境以及两岸未来的共同愿景都会让台湾民众跳脱原有的"我群"而融入更大的新"我群"。大陆强调通过交流互动实现"两岸一家亲"、与台湾同胞分享大陆的发展机遇、两岸同胞共同参与中华民族伟大复兴，即是希望台湾民众能够从既有排斥性、封闭性的台湾认同走向更为开放性的两岸认同，其政策逻辑也与"境况论"相一致。而当前"建构论"比较多地应用于分析台湾民众的"台湾认同"的生成与作用机制及其对于两岸社会交流和融合发展的影响，在此基础上，通过强化大陆对台的话语权建设、解构"台独话语"并重构一个中国政治文化，能够使交流民众产生对于大陆的政策认同[2]，在一定程度上影响甚至重塑民众的"我群"意识。实践上大陆不断强调"九二共识"、一个中国以及反"独"促统，并在社会交流过程中潜移默化地传达政策理念与热切期待，即是对台湾民众认同的"外在建构"努力。当然，在两岸社会交流过

---

[1] 陈先才：《两岸特色民间社会融合问题研究》，《台湾研究集刊》2014 年第 4 期。

[2] 王嘉州、李侑洁：《赴陆交流对台湾学生统一意愿之影响》，《社会科学论丛》2012 年第 2 期。

程中，三种认同路径并不是截然分开的，在政策实践中也是相互影响的，甚至每一项交流活动、每一项政策举措都可能会涵盖多种工作路径或产生多种效应。

再次，社会接触假说，或接触（社会接触、群际接触）理论认为，人际交流、群际互动会影响个体和群体的态度与行为。社会接触假说也被作为一种逻辑进路，即通过更为频繁的交流以减少基于肤浅知识、刻板印象以及无知的偏见和负面印象，而当两个社会群体变得更为互相依赖时，将主要通过合作实现互利目标，而相互接受和宽容的可能性会增加。[①] 通过增加社会交流经验，友好态度会在两个社会群体成员之间传播最终将形成两个群体之间和谐和友好的氛围。[②] 这种群际接触通常可以通过不同社会群体的个体成员之间的互动而激发，然后这些群体会在内部传播有关其他群体的真实信息，并谴责既有社会偏见。[③] 接触假说还以三阶段模型分析交流接触如何导致态度转变：首先是交流对个人倾向的改变，有助于"消解类属印象"，摒除个体既有的偏见与敌意；其次，交流接触逐渐强化对不同群体成员的认识了解与正面情感；最后是"再造类属印象"，此时新建构的"刻板印象"不再是负面消极的，而有助于促进的同化融合。[④] 同时，不同的接触类型有不同的效果，熟人式接触因存在相互了解与信任，

---

① Allport, G. W, The Nature of Prejudice, *Garden City, NJ: Doubleday*, 1954:263-268.

② Stein, R. M., Post, S. S., & Rinden, A. L, Reconciling context and contact effects on racial attitudes, *Political Research Quarterly*, 2000,53(2):285-303.

③ Jackman, M. R., & Crane, M, "Some of my best friends are black...": interracial friendship and whites' racial attitudes, *Public Opinion Quarterly*, 1986,50(4):459-86.

④ Pettigrew, T. F, Intergroup contact theory, *Annual Review of Psychology*, 1998, 49(1), 65-85.

有利于消除负面印象；偶然式接触欠缺了解与信任，反倒助长负面印象。[①]当然，社会接触假说基本上认为接触有益于相互了解与理解、接受与宽容，但也并未设定认同整合的必然性。

因此，就两岸社会交流的实践与研究而言，一般认为，两岸交流可以让个体克服先入为主的偏见、摆脱所在群体先前施加的映像，进而延伸到群体内部，改变认知、感受善意、产生互信，建立联系网络，改善群际关系，进而衍生出同情、理解、接受与认同等。显然，理想模式下的社会接触作用机制包含了一个双方经由交流进而对彼此认知、映像与认同进行"解构—互构—重构"的过程。相关实证研究也证明了社会接触所具有的积极效应，包括改变了刻板印象[②]甚至是提升了反"独"促统的认同度。[③]也验证了不同接触类型的不同效应，如建立在友谊上的"熟人式接触"容易产生理解与包容，[④]而台湾民众对大陆观光客短暂的接触属于"偶然式接触"，会助长负面的评价。[⑤]还认为，主动接触的效果好于被动接触，长期接触优于短期接触。[⑥]基于此，应创造两岸民众自主交流的平台和机

---

① Allport, G. W, The Nature of Prejudice，*Garden City*, NJ: Doubleday, 1954:263-268.

② 耿曙、曾于蓁：《中共邀访台湾青年政策的政治影响》，《问题与研究》2010 年第 3 期。

③ 王嘉州、李侑洁：《赴陆交流对台湾学生统一意愿之影响》，《社会科学论丛》2012 年第 6 期；王嘉州：《交流生共识？赴陆台生统独立场之变迁》，《东亚研究》2015 年第 1 期。

④ 陈德升、陈钦春：《两岸学术交流政策与运作评估》，《远景基金会季刊》2005 年第 2 期。

⑤ 杨开煌、刘祥得：《社会接触及政治态度影响台湾民众对大陆印象，认知，政策评估之分析》，《远景基金会季刊》2011 年第 3 期。

⑥ 王嘉州：《来台陆生的政治态度与台湾主权接受程度》，《台湾政治学刊》2011 年第 2 期。

会，延长两岸民众交流的时间。

大陆积极推动两岸社会交流，增进台湾民众对于祖国大陆的了解和理解，不断出台优惠政策，进行经济"让利"，还积极举办各类交流活动，也就是期待能够借助社会接触机制去影响台湾民众的政治认同，推进祖国和平统一。依循社会接触假说，预期这一过程大致被分为若干阶段：初期（第一阶段）的政治效应在于企图影响或改变台湾民众的"仇中"情绪、刻板印象，中期（第二阶段）的政治效应预期是改变包括政策立场、政党认同以及统独立场的民意基础，长期（第三阶段）则是期待实现国家统一或某种形式的整合。[1]

最后，社群网络假说认为，两岸社会交流能够逐步生成联锁社群（linkage communities）与社会网络，而两岸联锁社群与社会网络嵌入在两岸社会交流关系中，将逐步构筑或实体化"两岸社会"并推进社会融合，联锁社群与社会网络也当然成为促进和平统一的重要机制与载体。

联锁社群被视为是"多体系国家"重获统合或统一前的可能整合途径。[2] 两岸因内战而分立为两个政治体系，但并非是两个国家，这是中国历史中分分合合之一环，两岸经由全面交流接触，由早期的探亲到经济、文化、社会、宗教乃至政治领域的深度接触，并形成了某种程度的联锁社群，在此基础上发展出"民族内共同体"，再逐步确立两岸互动架构，迈向邦联、联邦、单一制国家，或长期维持现状，而"属于'联锁社群'人

---

[1] 杨开煌、刘祥得：《社会接触及政治态度影响台湾民众对大陆印象，认知，政策评估之分析》，《远景基金会季刊》2011 年第 3 期。

[2] Wei Y, From "Multi-System Nations" to "Linkage Communities": A New Conceptual Scheme for the Integration of Divided Nations, *Issues and Studies*, 1997, 33(10):1-19.

民的比例愈高，则体系间军事对抗的可能性就愈低；也就是更容易达到功能性整合，并在最后可能走向和平的政治统一之路"。[1] 而由两岸"联锁社群"到两岸"命运共同体"的可能路径与机制则涉及：首先，借助于联锁社群与本身社会内部其他主体和组成部分的各种互动关系，促使两岸"行动者或集体跨越扩展时空"、确立"超出共同在场条件的相互性"，将"共同在场"下形成的价值规范延展为全社会的共识；其次，通过两岸间联结或整合的功能领域与各自内部的依赖关系，凭借一般沟通媒介，如利益、货币、权力、信息等，形成覆盖两岸的"渐进分层式"社会网络或区域联结；最后，两岸民众在参与、创造共同生活中，应注意寻求有价值的沟通、理解与共识，逐步充实、构造"同胞""命运共同体"的丰富内涵和情感。[2] 两岸社会交流中被认为具有连锁社群属性的群体包括台商[3] 等在内的长时间居留于祖国大陆、富有两岸生活经验的台湾同胞（广义上还包括大陆去台的同胞），即"两岸族"。两岸族参与营造的"两岸生活圈"在两岸间织造了绵密的社会连带网络，有助于两岸民间社会的联结、沟通及互信的建立、深化，两岸族不是自外于大陆人和台湾人，而是在其间生成既有差异对比又有联结沟通功能的中间群体，是在"重叠的认同"中将两者都视为"自己人"，这有助于两岸民众在日常交往的点

---

[1]　魏镛：《两岸关系互动及整合模式之比较分析（专案研究报告）》，台北"行政院大陆委员会"委托研究，2002 年版，第 27—28 页。

[2]　王茹：《两岸命运共同体与两岸公共生活的建构——以两岸民众的沟通为中心》，《台湾研究集刊》2006 年第 3 期。

[3]　Keng S, Schubert G, Agents of Taiwan-China unification? the political roles of Taiwanese business people in the process of Cross-Strait integration, *Asian Survey*, 2010, 50(2): 287-310.

点滴滴中汇流成血脉相连、荣辱与共、互信互赖的命运共同体。①

　　与有形的联锁社群相呼应的则是更具流动性的社会网络，将"关系网"视为两岸社会交流的主要媒介，随着两岸社会交流的发展，"关系网的规模和数量也在发展，各种各样具体的关系以及关系网便构成了两岸社会网络"，社会网络则成为"两岸社会"的基本组织模式，强关系传递了情感、信任和影响力，弱关系传递了信息，而身份认同只是社会网络的一个副产品。② 这种社会网络，一方面"接续两岸以往的中断，在海峡两岸重新联结、形成与维系承载着种种情感的、经济的、文化的、理念的、生活的纽带"，③ 另一方面则是立足现实、面向未来，编织更为绵密和坚韧的两岸利益、情感、认同和规范纽带。在此过程中，两岸间的联结性社会网络从无到有、积少成多、由疏至密、由简入繁，并逐渐成为两岸社会一体化的平台、载体与路径。

　　"联锁社群"与"社会网络"概念提供了联结社会与政治、经过社会整合逐步达致政治共识、构建两岸共同体的可能途径。在微观层面，两岸间已经形成了一定范围和强度的公共生活空间，台湾民众往来大陆每年高达几百万人次，更有近百万人次长期居留大陆，大陆赴台交流的人次逐年上升，两岸民众进行着多样的面对面互动与对话，更借助电话、网络等媒介进行交流，两岸内部都产生了所谓的"联锁社群"，两岸间也生长出绵

---

① 王茹：《"两岸族"台胞的社会身份认同与两岸命运共同体——从社会认同理论的本土文化心理机制出发的阐释》，《台湾研究集刊》2010 年第 1 期。

② 李秘：《从联锁社群到社会网络：走向民间交流的两岸关系理论》，《台湾研究集刊》2011 年第 6 期。

③ 王茹：《两岸命运共同体与两岸公共生活的建构——以两岸民众的沟通为中心》，《台湾研究集刊》2006 年第 3 期。

密的社会网络，"业已构成两岸关系的实体部分，两岸传统泾渭分明的既有边界已逐渐消蚀，一个横跨于两岸的新主体则已渐渐浮现"。[1] 依循社群网络的逻辑和两岸社会交流趋势，祖国大陆继续深化两岸社会交流，并不断为两岸民众提供便利，增强两岸社会联结，是促进和平统一水到渠成的应然选择。

二、现状评估

两岸社会交流从隔绝走向开放，从单向走向双向，从早期探亲走向全面社会互动，两岸社会关系也从无到有，逐步形成绵密的社会交往网络，尤其是以台商、台干、台属为主体的台胞往来大陆比较活跃，也产生了一个规模日益庞大的"两岸族"，[2] 常年居留大陆的台湾同胞越来越多，而台湾社会在经历"去中国化"的同时也越来越受到"两岸化""再中国化"的影响。两岸社会交流的政治效应初现端倪，在某些方面产生了一定程度的预期中的正面效应，如持续接触使部分群体对大陆产生积极印象并增进交流意愿，[3] 但被认为远未达到预定程度及目标，也遭遇不少瓶颈，并未依循着"交流—了解—理解—好评—好感"的理想型路径而发展，而且中长期效果仍有待进一步观察与检验，其当前的整体影响也需要综合评估。

---

① 陈重成：《全球化下的两岸社会交流与互动：一个从他者转向自身的历程》，《远景基金会季刊》2008 年第 1 期。

② 陈先才、刘国深：《两岸社会一体化的理论架构与实现路径》，《台湾研究集刊》2010 年第 6 期。

③ Wu C, Su X, Tsui H C, Threats, acceptance, and ambivalence in cooperation:The image of China in Taiwan, *East Asia*, 2014, 31(4):315.

第一，两岸社会交流在广度、向度、深度与黏度等方面仍存在不足之处。虽然总体上两岸人员往来总人次维持高位，但据访谈与调研资料来看，尚有近六成台湾民众从未到过大陆，[①] 也意味着相当大部分的台湾民众缺乏与大陆直接接触互动的经历，仍将借助第三者或间接渠道来形成对于大陆的评价与印象等，无法成为两岸社会融合的参与者。由于历史惯性以及台湾方面的多种限制，两岸社会交流仍以台湾至大陆的单向交流为主，大陆民众对于台湾社会的了解、与在地民众的直接接触以及在地社会融入不足，缺乏对不同生活情境、发展模式、情感认同的理解。交流形式受限，如以参访、旅游观光等为主的交流很难达成真实而深入的影响，有受访者曾认为"我们去交流都是官方安排的行程活动，所以在这种情况下是看不到真正的东西"；[②] 交流频次相对较低，难以产生交流影响的持续与强化；而且所涉及领域、行业、界别、群体等也有一定局限性，某些组织化、常态化的交流活动会呈现出中介化的特征。另外，两岸民众、社会组织等在相互交流过程中，存在"过客"心态，[③] 暂时还难以在彼此之间形成较为正面的情感、认同纽带，交流中所形成的关系或网络呈现出碎片化、断裂化特征。

---

① 据调查数据，2005 年（样本数：2146）有 26.9% 的受访者到过中国大陆，2010 年（样本数：1895）的比例为 34.7%，2015 年（样本数：2034）则为 38.9%。傅仰止、章英华、杜素豪、廖培珊：《台湾社会变迁基本调查计划第七期第一次调查计划执行报告》，台湾"中央研究院"社会学研究所 2015 年版，第 181 页。

② 王嘉州、李侑洁：《赴陆交流对台湾学生统一意愿之影响》，《社会科学论丛》2012 年第 2 期。

③ 如在访谈中有赴大陆交流民众表示，"就拿着台胞证去那边吃住，你说友善不友善，大家都觉得友善啊"，"在那边吃喝玩乐都不用钱，还有住的地方，很好啊，最好连机票都他们付更好"，持这类心态的交流民众并不是孤例。

第二，两岸民众在交流过程中存在一定的社会适应问题及社会融入障碍。不同的生活环境和成长经历使得交流者对于对岸民众及生活存在一定的交流愿望，但两岸社会差异或差距也会带来适应问题。对于两岸交流而言，初期的体验至关重要，也存在相当比例的台湾民众因为初次适应问题产生负面体验和评价进而拒绝进一步的社会交流活动，如广东台商子女因语言藩篱与当地学生的人际互动存在障碍，也容易产生疑惧心态。① 对于长期往来两岸或在地居留的民众而言，理论上他们承担着两岸社会融合的中介、桥梁与载体的功能，但在面对社会融入问题上也出现分化。少部分民众选择"封闭"，如前述台商学校，再如部分台商因为在事业上没有与大陆民众打交道的需要而选择"工具性的封闭"，小部分台商因对当地社会的排斥感而选择"情感性的封闭"。相当部分民众选择"融入"，如部分台商因事业需要、政策引导而与当地、社会组织及民众的良性互动，如部分大陆配偶因为生存和获取身份的需要而融入台湾社会，这类属于"工具性的融入"，还有部分台商或陆配因为情感、认同等驱动而融合当地社会则属于"情感性的融入"。② 当然，社会融入也面临着诸如政策限制、族群歧视、文化冲突等方面的障碍。

第三，两岸社会交流有效破除了原有的固有刻板印象，所获得的真实信息也促进了理性认知的生成。直接的交流排除了第三者建构的影响，既

---

① 陈铿任、吴建华：《是故乡，还是异乡？从东莞台校学生的学习经验看台商子女的身份认同意象》，《师大学报：教育类》2006 年第 51 期。

② 陈朝政：《台商在两岸的流动与认同：经验研究与政策分析》，东吴大学政治学系博士论文，2005 年。

往宣传和教育中落后的大陆形象在交流者的心中得以有效改观，比如赴大陆参访的台生就表示："从此对大陆大大地改观，尤其从来没有想过内蒙古的进步比台北还大"。[①] 大陆经济增长迅速，社会进步明显，发展机遇多，已经成为来访过大陆的台湾民众的普遍认知，这也使得台湾民众比较能够"设身处地"地理解大陆的政经体制。[②] 与此同时，两岸民众通过交流也对于彼此的差异、立场等有了更加清晰的感知，台湾民众在感受到大陆民众高度支持和平统一等对台方略的同时，感受到反"独"促统的决心与压力，也可能会出现"越交流、越分歧、越隔阂"的阶段性、局部性特例，但认识到彼此的差异和分歧也是解决问题的第一步。另外，台湾民众也认为大陆在公共福利、文明素养、环境卫生等方面与台湾存在一定的差距，这一点也为赴台大陆民众所认可，这也在一定程度上让两岸彼此欣赏。总的来看，交流促进直接的社会接触，但理性认知的结论未必是符合事实的"真实"，在一定阶段内也并不一定会完全形成对对方的正面认知，更不必然产生积极认同，如同受访者所言，"密切的两岸交往并没有让我们觉得两岸认同会自然而然地增加，反而在与大陆民间和官方的互动中，我们深刻地感受到了两岸地差异，这些差异是思维习惯、价值认同、行为方式与心理认可等多方面的差距。很多台湾民众反而觉得，大陆与台湾不管多么友好，我们还是生活在两个不同世界中，这也激发了台湾的本土意识。理性认知没有转化为感性认同"。[③]

---

① 汪莉绢：《我 2 千大学生赴北京交流》，《联合报》2005 年 7 月 2 日。

② 耿曙、曾于蓁：《中共邀访台湾青年政策的政治影响》，《问题与研究》2010 年第 3 期。

③ 曹德军：《制度、规范与网络：社会资本对两岸信任的建构效应》，《台湾研究》2015 年第 5 期。

第四，两岸社会交流使得两岸民众的主观评价和对岸印象呈现出多元化特征，但总体上交流带来正面评价的增长。如前所述，两岸交流活动中所展示的政治经济发展成就改变了台湾民众对大陆的印象甚至激发其赴大陆就学就业的愿望，文化古迹之类的巡礼也让台湾民众感受到了同文同种的血缘文化联系并产生亲近感，个体层面良好的人际接触也带来彼此的好感以及更多接触机会，对于大陆政权的接受度也有小幅增长；[①] 而大陆民众对于中华文化在台湾根深叶茂的良好体验也在一定程度上缓解了对"台独"的忧虑。相关实证研究认为，"日益增多的交流导致对'中国'更积极的观点，从而证实了接触理论。此外，这些积极的印象鼓励同样的人表现出继续与中国互动的意愿"。[②] 但值得注意的是，在两岸交流、大陆经历使得台湾民众对于大陆的正面评价总体上升的同时，部分原有的或新的负面评价或刻板印象再度强化，这其中包括对于共产党、大陆政体的意识形态偏见以及对大陆社会文明素质和道德水准的贬低等，甚至会导致交流双方互相妖魔化、互相歧视，形成敌对情绪，[③] 或是对中国大陆怀疑也在增加甚至形成"恐中综合症"，[④] 这种"极化"效应的扩散会对既有的好评造成极大冲击。

第五，两岸社会交流在特定情境下以特定方式在某些方面促发了特定

---

① Wang C C, Primordialism, Instrumentalism, Constructivism: Factors Influencing Taiwanese People's Regime Acceptance of Mainland China's Government, *Journal of Contemporary China*, 2018, 27(109): 137-150.

② Wu C, Su X, Tsui H C, Threats, acceptance, and ambivalence in cooperation:The image of China in Taiwan, *East Asia*, 2014, 31(4):315.

③ 陈孔立：《两岸之间的文化冲突》，《台湾研究集刊》2014 年第 1 期。

④ Lee K C, Tzeng W, Ho K, et al., Against Everything Involving China? Two Types of Sinophobia in Taiwan, *Journal of Asian and African Studies*, 2017: 1-22.

群体认同的相应变化，不过在"统独立场""身份认同"与"政党倾向"上则未出现期待的变化。[1] 赴大陆交流促进积极认同变化的假设被相关定群追踪研究所证实，通过对赴大陆交流的台湾学生群体的小规模调查表明，经过仅仅 10 天的交流，就有 36.7% 的赴陆台生改变其统一意愿，变得更赞成统一者比变得更不赞成者多 12.3%。[2] 当然，这种积极变化是否仅为"烟火效应"即短时改变而后又恢复原有立场有待持续观察，事实上交流者积极的认同改变也常会因为受到大陆负面消息或"事件"的影响而被"归零"。而且，对于赴陆台生和赴台陆生"统独"立场变化的对比研究[3] 发现，在地社会接触都会让学生的认同变化更倾向于对方，如赴台陆生从"急统"变为"缓统"，[4] 也更能理解台湾民众的复杂心态。总体上看，两岸社会交流规模不断扩大，台湾民众"拒统趋独"心态的改变并不明显。据此，认为两岸社会交流无效或是交流与认同负相关的观点甚至还得到一定的认可。然而，这一论断并没有考虑影响台湾民众政治认同的其他因素，而且既有领域的两岸社会交流的积极效应也证明这一观点并不符合实际。只不过就目前实际状况而言，两岸社会交流尚未达到促动台湾民众政治认同发生总体性变迁的程度与层次。

第六，两岸社会融合度提升，而且两岸融合的联锁社群和社会网络

① 耿曙：《经济扭转政治？中共"惠台政策"的政治影响》，《问题与研究》2009 年第 3 期。

② 王嘉州、李侑洁：《赴陆交流对台湾学生统一意愿之影响》，《社会科学论丛》2012 年第 2 期。

③ 王嘉州：《交流生共识？赴陆台生统独立场之变迁》，《东亚研究》2015 年第 1 期。

④ 王嘉州：《从"一中"变爱台？来台陆生两岸观与政治态度分析研究成果报告》，《"行政院国家科学委员会"专题研究计划（NSC 99-2410-H-214-016-）成果报告》2011 年 10 月 6 日。

辐射效应也较为明显。从整体上来看，两岸社会交流朝向融合发展的道路前进。具体而言，两岸社会网络不断拓展，作为有形载体的"两岸族"规模扩大、内涵增加，台商、台生及陆配等都在发挥着联锁和辐射效应，据估计，常年在大陆居留的台商约100万人，两岸婚姻已达38万对，所衍生的链接与辐射将会越来越大。以赴陆工作的台湾人群体为例，根据相关调查资料[①]显示，约15%的受访者有家人去过大陆工作，而约5.8%的受访者目前有家人仍在大陆工作，据此可以大致推断出赴陆工作的联锁和辐射范围，即在台湾内部的历时性或总体影响范围至少可以达到台湾人口的15%左右（考虑到入户调查的特点，也可以理解为近似达到近15%的台湾家庭），而即时性或恒定影响范围可以达到台湾人口的5.8%（或近似达到5.8%的台湾家庭），这种联锁和辐射效应惊人、潜力巨大。

三、争论解析

增进两岸社会交流，推动两岸社会融合发展，促进两岸社会的了解、理解与和解，累积和平统一的社会资本，改变台湾民众的大陆认知、评价与认同，构成了促进祖国和平统一的社会逻辑与路径。以惠台、利民及共享发展机遇等方式引发台湾民众参与两岸社会交流与融合，不仅具有渐进的反"独"促统效应，也是软实力的一种重要应用。在大陆硬实力强大之际，软实力的应用可以缓解台湾社会对于所谓"中国威胁""大陆打压"

[①] 傅仰止、章英华、杜素豪、廖培珊：《台湾社会变迁基本调查计划第七期第一次调查计划执行报告》，台北"中央研究院"社会学研究所2015年，第182页。

的误解与焦虑，也更能有效地维护国家利益和主权完整。① 然而，以当前两岸社会关系实际情况来检验理论预设和政策效果，评价也是相对多元的。大陆积极推动两岸社会交流的政策一方面被台湾方面蔑称为"皇后的毒苹果"②"阴谋"等，另一方面也常被部分"急统""武统"心态驱动的舆论所质疑。而针对相关争论，对两岸社会交流的效应进行客观分析，进一步构建并深化相应的社会融合机制，既有助于厘清研究和政策的方向，也能为更好地开展争取台湾民心工作提供参考路径。

首先，两岸社会交流影响认同的不同路径之间尚未形成合力，相关理论与构想需要整合。认同的生成与改变并非是线性的，而且两岸社会交流影响认同的不同路径之间既可能是相互促进的，也可能是相互牵制的，而且还涉及两岸施动者在相互建构进而尝试再生产两岸关系结构的过程中的方向歧异。对于大陆而言，能够在两岸结构下发挥主动性与能动性的空间是有限制的，而作为受动对象的台湾民众在交流过程中的主体性与延展性空间则较为充分。在学术研究上，固然可以推演每一种因素的效应，并通过科学的方法去分析得出每一种变量或政策对于认同变化的影响力，然而实践中的两岸某一方的路径操作会对另一方产生反作用，甚至是一种路径的工作会对另一种路径作用产生反效应，政治实践不可能像学术研究控制变量一样去控制不同工作路径之间的效应干涉。然而实践中的两岸社会交流往往是存在着多种影响路径与机制的，这就需要对既有的两岸社会交流

① DeLisle, Jacques. (2010), Soft Power in a Hard Place: China, Taiwan, Cross-Strait Relations and US Policy. *Orbis*, 54(4): 493–524.

② 语出自台方"行政院大陆事务委员会" 2006 年出版的名为《皇后的毒苹果》的小册子，将大陆惠台等措施曲解为"笑里藏刀"攻势和"口惠而实不至"的骗术，要"向台湾民众揭露中国的伪善面目"。

政策的工作路径进行协调，甚至是在理论层面对相关理论假说进行整合，经过调适进而与两岸关系实际情况相结合。一般的社会化理论习惯于"由上至下"的影响框架，这对于解释两岸交流前的两岸民众既有认同及其差异是有效的，但如果以此去分析交流过程中的认同或是以此作为政策框架去试图影响台湾民众，则解释力和执行力欠佳，针对接触、互动所可能产生的影响的前提或条件往往会被忽略。当互动双方彼此地位相仿、追求共同目标、制度相似（例如相关的法律、习俗与当地氛围等）并且认知具有共同利益和承认基本地位时，群际接触将更容易创造出良性的关系。① 然而在两岸社会交流的研究和政策实践中，共同目标、共识认知甚至制度化往往是要达到的目标而非是基础或前提。认同理论三种路径的运用也遭遇社会化理论所面临的同样困境，将台湾民众视为被动对象，认为通过"求同存异"即可"以同化异"，认定"境况"是固定可操作的，重于"思想政治教育"式的宣传，忽略了"异"大于"同""境况"的流动性以及建构空间狭小的可能情形。社群网络假说强调了联锁社群和社会网络的延展性与开放性，假定了社群网络的均质化，预设了"连锁"与"网络"会产生积极认知、友好评价与"统一认同"等正面效应，而忽视了部分交流个体或群体可能发挥着重要节点和关键桥梁的功能，"连锁"和"网络"也可能会将大陆负面观感、印象及认同形成扩散。因此，理论假说的逻辑顺序应该是以社会化理论来初步厘清台湾民众的认同概括和特点，引导两岸民众进行长期而持续的交流互动，促进和谐社群网络的延展，以形成新的认同变迁环境。相应地，对于两岸社会交流政治效应的检验也应适时调整

---

① Allport, G. W, The Nature of Prejudice, *Garden City, NJ: Doubleday*. 1954:263-268.

以确立起短期标准与长期目标。

其次，在推进两岸社会交流的过程中，存在着从理论到实践的脱节现象。理论假说需要逻辑重整，而从理论到实践的环节也会出现脱节现象，导致交流效应低于预期。如在交流过程中适用传统的政治社会化方式来做争取台湾民心工作，由上至下的思维惯性可能引致反感。对于认同变迁机制的运用脱离实际，如将"原生论"的工作方式简单等同于"同文同祖""血浓于水"的感性诉求，那么两岸"原生论"的差异可能会导致大陆"原生论"话语无效，因为台湾"原生论"的话语体系恰恰体现的是大陆所认为的被后天"建构"的认同，犹如台湾方面所称的"天然独"反而是大陆眼中的"人造独"，台湾民众受台湾内部政治社会化的影响已将"祖国"视为"他乡"，大陆"两岸一家人"的事实描述则成为外在的"规范性要求"，因此大陆传统的"客观原生论"诉求与台湾"主观原生论"建构的接触可能会造成新的话语冲突。将"境况论"的工作方式简化为团队式的行程安排等，利用两岸社会交流营造出一个流动性的"境况飞地"，而相应的接触假说也需要合作环境、共同目标等作为前提条件，[①] 但这种短程安排下的"境况"显然难以提供这种环境。而"建构论"的路径则意味着要引导台湾民众认可与支持反"独"促统，去解构台湾社会化下的认同结构。然而脆弱的"境况"与直白的"建构"之间可能会相互负向强化，一些社会交流活动在交流者看来是"便宜又大碗，踊跃参与此类活动的程度不在话下，未因'皇后的毒苹果'而却步"，因为"我们过去、

---

① Pettigrew, T. F, Intergroup contact theory，*Annual Review of Psychology*,1998, 49(1),65–85.

他们招待，就是这么简单"，^① 使得精心设计安排的交流活动难以达到影响政治认同的效果。受社会接触假说启发的工作路径则是尽可能地从规模上扩展社会交流对象，缺乏对于政治社会化与认同因素的综合考虑，然而既有身份认同在很大程度上会决定接触机会以及所可能带来的影响。有研究认为，社交网络和政治/族群认同首先会影响台湾民众赴大陆就业意愿，^② 而认同中国大陆者，接触过程或能降低其族群偏见；认同台湾者，邀访交流反将强化其族群偏见^③。此外，两岸社会交流实践中的一些社会组织和关心两岸事务的社会大众还在一定程度上存在主观唯心主义倾向，或是以感性认同取代理性预期，往往以相关理论假说的最优结果来设计研究路径并确定预期目标，难免会导致脱离实际"揠苗助长"的反效果，也会产生急于求成的急躁心态，由此所驱动下的舆论也就会对政府的对台交流政策实践形成一种民意压力。

最后，两岸社会交流的政治效应发挥并非是线性的，当前两岸社会交流的量变尚未积累到产生质变的程度。针对两岸存在的分歧和难题，习近平总书记表示，"两岸关系和平发展任重道远，需要加深两岸同胞相互信任。同胞有了互信，很多难题就容易找到解决办法。我们要积极创造条件，扩大两岸社会各界各阶层民众的接触面，面对面沟通，心与心交流，不断增进理解，拉近心理距离"，^④ 强调国家统一的"心灵契合"内涵，通

---

① 耿曙、曾于蓁:《中共邀访台湾青年政策的政治影响》,《问题与研究》2010 年第 3 期。

② Tsai M C, Chang C, China-bound for jobs? the influences of social connections and ethnic politics in Taiwan, *The China Quarterly*, 2010, 203: 639-655.

③ 耿曙、曾于蓁:《中共邀访台湾青年政策的政治影响》,《问题与研究》2010 年第 3 期。

④ 《习近平总书记会见宋楚瑜一行》, 新华网, 2014 年 5 月 7 日。

过两岸经济社会融合发展构筑两岸命运共同体。党的十九大报告也再次指出，"两岸同胞是命运与共的骨肉兄弟，是血浓于水的一家人。我们秉持'两岸一家亲'理念，尊重台湾现有的社会制度和台湾同胞生活方式，愿意率先同台湾同胞分享大陆发展的机遇"，并扩大两岸经济文化社会合作，促进心灵契合。因此，社会交流与融合是两岸分歧的化解之道与和平统一的渐进之路，仍处于曲线上升的正确进程中。而从发展的眼光来看，当前两岸社会关系中所遭遇的困境和问题，以及对于两岸社会交流未能达到预期效果的争议，更可能是因为量变累积不足所致，当前社会交流也只是处于两岸社会融合发展中的初级阶段。未来仍需持续推动两岸社会交流，优化交流方式与内容，建立共同的社会纽带，促进个体层面的政治观念变化转化到政治实体层面。[①]

第二节　促进和平统一的社会融合

和平统一不仅要实现公权力层面的统一，还包括经济与市场层面的利益融合，更要通过两岸社会融合发展推进从"两岸一家人"到"两岸一家亲""命运共同体"及"心灵契合"的过渡。两岸社会融合是两岸民众等社会力量之间通过多方面的互动、理解与认同，消除因政治历史等因素造成的相互之间的隔阂与不适应，逐步扩展跨境空间和两岸社会

---

① Wang T Y, Cheng S, Taiwan citizens' view of China: what are the effects of cross-strait contacts?, *Journal of East Asian Studies*, 2017, 17(2): 233-243.

网络，搭建两岸生活共同体，推动两岸社会共同体建设，在此过程中不断增强社会纽带与文化和政治认同，促进两岸人民共同生活经验、集体记忆以及"两岸一家人"归属感的再造，相互借鉴各自相对独立发展所形成的先进的社会制度、社会组织方式、生活方式，实现价值理念的尊重与借鉴，最终生成两岸命运共同体。[①] 对于社会融合的进一步解析可以发现，交流是形式，认同是目标，跨境空间、联锁社群、社会网络是平台和载体，权力、利益、信息与情感是媒介。在前述理论解析与现实评估的基础上，在此拟对两岸社会融合的动力、媒介及机制进行简要梳理。

一、融合动力

两岸社会融合的主观动力源于两岸行动者的意愿和行动，这最终体现为政治领域的公权力和非政治领域的社会力。政治力包括了反映政府自身利益、民众意志或公共利益的拉力，社会力包括了源于经济、文化等领域体现民间利益、情感、价值的推力，两者之间相互影响的互动关系。与此同时，引发两岸社会融合的力量还包括客观上来自大陆社会对于台湾民众的吸引力。[②]

---

① 朱磊、蔡礼辉、陈锦涵：《两岸社会融合发展初探》，《台海研究》2017 年第 4 期；陈先才：《两岸特色民间社会融合问题研究》，《台湾研究集刊》2014 年第 4 期；肖日葵：《两岸社会整合的理论意涵与两岸桥接平台的架构——兼论"闽台社会共同体"建设之可能》，《台湾研究集刊》2015 年第 6 期。

② 王鹤亭、曹曦：《基于动力分析的两岸持续合作机制建构》，《世界经济与政治论坛》2012 年第 2 期。

两岸持续合作的政治力活动空间受限于两岸关系的国际大环境、两岸政治对立及岛内政治生态的内部环境；并受社会力的驱动或将反作用于社会力。在两岸政治对立关系缓和阶段，两岸在推动社会交流与合作方面多采用半官方的形式，或者对民间交流网络与合作采取默许的形式，或者对对方政治力推动合作的行为实现不否认的态度。以台湾方面为例，虽然两岸当局没有直接的互动合作，但台湾内部政治体制和政策机制以及两岸间多元主体的多维互动，却为两岸间持续合作提供了可用的渠道和机制，包括两岸民众对民众与团体对团体的社会互动、大陆政府对台湾民众与团体的互动等，这些互动"与台湾内部的权力互动相连结"，使台湾的两岸关系政策受到"多元政治的影响"。① 当然，随着蔡英文拒不承认"九二共识"，两岸政治关系陷入僵局，同时蔡英文当局还对于两岸社会交流采取种种限制措施，两岸融合发展的政治力就演变为大陆政府单方面、单向的拉力消解台湾方面的阻力。而在政府与民众、团体的互动上，大陆政府一直坚持"寄希望于台湾人民"政策不动摇，以"利益""情感"等为媒介，使台湾民众产生倾向"合"的社会力，累积相应的政治力。在此过程中，两岸政府间竞争的焦点将集中于对"民意"的竞逐，而过去居于较为次要、弱势地位的民间，可能拥有越来越充足的能动性，"一改过去两岸政策几乎是完全由上而下、执政党主导而在野党制衡、官方拟定而民间遵行的政策决策模式"。②

相对而言，来自两岸社会领域本身的融合动力则是持续而丰沛的，具

---

① 　包宗和、吴玉山：《争辩中的两岸关系理论》，台北五南图书出版社有限公司1999年版，第22页。

② 　余莓莓：《破冰与决堤：国共扩大接触对两岸关系的冲击》，台北晶典文化专业出版社2009年版，第109页。

有内在性、自发性、广域性和灵活性等特点，可以不断推动两岸社会走向更广范围、更高阶层的交流融合，但也受限于当前两岸政治对立的格局，这种内在自发的力量在一定程度上缺乏权威性保障，更因为台湾当局的政策限制而受到阻遏，也使得大陆方面不得不以大陆地区作为主要的融合场域。在两岸民间互动层次上，"跨越海峡的民众关系是利大于弊的，无论两岸最终政治关系如何，持续发展的两岸民众和团体联结网络有助于增进中国大陆和台湾和平共存的愿景"。[①] 在两岸关系不断发展的过程中，两岸政府与团体及个人之间必然产生日益复杂而深入的互动，并因相应的分歧与合作，产生相关的政治力与社会力，两类力量之间亦是相互影响。在两岸民间主体变得更为自主的时候，相互间会更加依赖；同时，处于其间的行动者也势必主动或被动地在某种程度调整其结构位置、规范角色与策略作为。当然，多元主体的多维互动并不意味着其结果是平面化、去中心化、无等级、无差异化的链条或网络，各主体的动力发挥是存在着能量、方向、路径差异的，如政府仍然居于核心地位，通过一定的引导或影响，也一定能够促使两岸多元主体的多维互动趋向有利于持续合作的方向，政治力在两岸合作中仍具有权威性的位阶。而未来两岸能否实现"由下至上""由社到政"，以社会融合带动两岸政治难题的破解，仍将取决于两岸间政治力与社会力的博弈。

在两岸关系发展历程中，大陆对于台湾社会有着强大的吸引力，除了推动两岸经济交流融合的市场利益之外，大陆的自然风光、文化资源、社会成就与发展机遇等都构成了推动台湾民众及社会组织进行两岸社会交流

[①] Clough, Ralph N, *Cooperation or Conflict in the Taiwan Strait?*, Rowman & Little-field, 1998：69.

的动力。而且，吸引力的来源与构成也是随着大陆经济社会发展以及两岸实力对比的变化而变化的。例如，在两岸开放交流初期，引力主要来自血缘亲情、文化风光等。而当前的引力则主要是来自大陆经济社会成就以及发展机遇等。相关的调研数据显示，影响或促成台湾民众对于大陆印象改变的因素中，50% 的受访者是因为"为大陆社经发展观察所震慑"，32.1% 的受访者是因为与大陆人员互动，而 16.5% 的是由于"被中华文化大陆山河所感动"，有 1.8% 的是因为"受大陆的观点与文宣所触发"；而促进统独认同改善的因素上，75% 的受访者是因为"为大陆经社发展观察所震慑"，因为"与接待人员互动的感受"和"被中华文化大陆山河所感动"的比例均占 11.5%，被大陆观点和文宣所触发的占比为 1.9%；在改善身份认同上，4 种因素占比分别为 1.4%、22.9%、20% 与 5.7%。[①] 由此可以判定，随着大陆综合实力的增强，这种成绩被台湾社会所认知、所理解并欣赏，虽然这种"好评"并不等同于或不必然生成"好感"，但已经构成了理性层面上的吸引力；而因接待人员等大陆民众而产生好感也显现出感性层面上的吸引力；而且作为原生性引力源的中华文化及自然风光的重要性是下降的，具有建构性意涵的大陆文宣的引力则是微弱的。大陆社会对于台湾民众的引力构成及其变迁也基本验证了大陆对于统一动力的长期论断，即台湾问题的解决，"归根到底还是要我们把自己的事情搞好"，而实力尤其是软实力的增长也带来引力的增长。

---

① 　耿曙、曾于蓁：《中共邀访台湾青年政策的政治影响》，《问题与研究》2010 年第 3 期。

二、融合媒介

首先，利益是具有驱动力的融合媒介。利益体现的是主体的需要与客体满足需要之间的关系，是主体活动的内在动力，具有导向和调节作用，决定着主体活动对象的选择，[①] 更是两岸社会整合的重要媒介。两岸社会整合以经济整合为先导，而两岸经济整合主要就是因个体受经济利益驱动而开始的，[②] 社会整合需要建立"相互合作"优于"相互对抗"的共识，"而转换能否成功，又系于彼此主观自我利益认定与客观环境中自我利益的改变"。[③]

两岸整合进程中的利益表现形式较为多样，如个人利益、团体利益、族群利益、国家利益等，物质利益与精神利益，整体利益与局部利益，眼前利益与长远利益，政治利益、经济利益、文化利益等，但在当前整合过程中，物质的、经济的诱因是较为重要、直接、可操作性较强的媒介。两岸间形成了一个利益联结和冲突的网络，构成形式包括纵向上的个人、团体、族群、国家、社会等不同层次上的利益联结和冲突，以及横向上的两岸个人之间、团体间、政府间、社会间的关系。两岸利益关系调节或者说利益媒介功能的发挥，综合来看，可以归结为三个基本方面：主体的利益需求与利益满足的供给矛盾，即是否有足够的利益加以分配；不同利益之间矛盾的协调，包括不同主体间利益矛盾和同一主体各种利益间矛盾；共

---

① 高岸起：《利益的主体性》，人民出版社 2008 年版，第 62—63 页。

② Clough, Ralph N, *Cooperation or Conflict in the Taiwan Strait?*, Rowman & Little-field, 1998：52.

③ 包宗和：《台海两岸互动之和平机制》，《远景季刊》2000 年第 1 期。

同利益的增加问题，也涉及分歧转化的问题。这是两岸经济整合和初期的社会整合都会面临的问题。

当前两岸各主体对于利益的认知歧异较大，两岸行动者过于关注经济或物质利益媒介，使得两岸关系有着"物质化"的倾向。而优化利益的媒介功能，应扩大利益媒介作用的范围和终端，使利益调配或利益输送真正发挥实效；应借助多种形式的利益媒介来推动两岸整合，实现利益媒介配置的多元化；应注意两岸利益互动的平等互利性，在互惠互利的过程中建立起广泛的利益联结和共同利益；应注意到单一利益的功能局限性，加强与其他媒介如情感、信息和权力等交互配合。

其次，权力是重要的强制性或诱导性媒介。权力之所以成为融合媒介，在于两岸行动者通过各种渠道、调配各种资源作用于他者的认知、偏好与行为，作用于既有政治体系，最后满足自己的需求，这种力量或能力最终发挥着推动社会整合的作用，而这种效用必然是将意愿、偏好与能力转化为权力并以其为形式和媒介来实现的。此外，权力能够以强制或诱导的能力驱动着社会的整合，而且两岸完全统一往往也需要权力来进行制度创新和效力保障。在台湾公权力"拒统趋独"、大陆发挥主动性的情形下，也毋须讳言权力的驱动功能，掌握较大权力的一方在推动两岸整合或完全统一进程上往往居于优势。

权力媒介功能的优化应根据两岸关系的发展变化适当调整、转换和配置其运作权力的方式。首先，因应时代发展及两岸关系新变化，应适当增加非政府权力主体的活动空间和积极性。两岸关系的多主体性，以及权力逐渐由集权进入分众时代，使得两岸社会融合可以在许多层面"对公权力的活动领域进行主动的战略收缩，让两岸民间社会的力量走向前台，发挥民间社会内在的创造力和自我约束力，处理目前公权力部门尚不便直接治理或难以直接治理的民间事务，以免出现因公权力不及造成的真空和失序"。① 其次，应合理配置两岸社会整合进程中的"硬权力"和"软权力"，② 适当增加"软权力"的操作。传统的权力多是硬权力，现在逐渐强调"软权力"，是一种利用文化、观念、知识、信息等资源让受众自主行动从而获得预期目标的能力。"硬权力"源于对物质资源的垄断，不能脱离资源的束缚，而"软权力"的力量来自其扩散性，同时"软权力"与"硬权力"相互关联，两者的增长是同向的。"硬权力"行动成本收益比的提高使得"软权力"在两岸关系中越来越重要，军事行动、经济制裁、外交压制等代价及外部性较高，"软权力"自然是较为理想的媒介。③ 大陆在国际社会提倡"软实力"，突出的是一种权力资源的存在，而在两岸社会关系中，大陆则要考虑如何把"软实力"转化为操作性的"软权力"。

再次，信息是两岸社会整合过程中主客体之间关系的桥梁与纽带。主体对客体及其他主体的把握和对应行为都是通过信息的创造、传播、获取和理解或消费而完成的。从两岸关系发展历程来看，信息对于两岸各主体间的互动影响深远。"权威基于信息控制。高地位角色通常依赖于对当时主要信息渠道的接触与控制"，④ "台独"等意识的形成，也可以说是信息

---

① 刘国深：《试论和平发展背景下的两岸共同治理》，《台湾研究集刊》2009年第4期。

② 引入"硬权力"和"软权力"，并非认为两岸之间权力竞争是国家间的竞争，而是强调在两岸同属一个中国的法理架构下两岸权力竞争的标的是民众支持。

③ DeLisle, Jacques. (2010), Soft Power in a Hard Place: China, Taiwan, Cross-Strait Relations and US Policy. *Orbis* 54(4): 493–524.

④ [美] 梅罗维茨·约书亚：《消失的地域：电子媒介对社会行为的影响》，清华大学出版社2002年版，第152页。

控制与信息依赖的结果，而真实且充分的信息能够减少和消除两岸社会融合过程中的不确定性。

当前两岸社会融合过程也存在诸多信息困境，限制了两岸的理性沟通、共同利益与情感的培植以及权力的良性互动。如果信息流量与行动者的接受能力、社会系统需求间存在着不均衡、不协调状态，如信息的匮乏（如对大陆的亲身了解）使得行动者没有选择的余地，信息量的过度膨胀又超出人们接受、识别、处理信息的能力，使行动者难以正确选择，就会造成两岸社会互动中信息处理的路径依赖，而信息量的增加与质的提升并不同步，丰富而多元的信息往往被简化或误读。

未来两岸分布式信息网络因其开放、多元、自由、创造、共享等属性也为两岸关系的重构提供了机遇。面对两岸互动的信息困境，也为了更加有效地发挥信息的媒介功能，政府可以有所作为。多中心的信息网络并不意味着每个节点都是同等分量的，政府虽无法控制、垄断信息，却有能力和责任去获取、筛选、识别并提供有价值的信息，由此仍可能获得权力优势。大陆应当立足于对受众的客观分析，生产、获取、鉴别并发布客观而透明的信息，并适当进行内容建构，借助现代信息技术以及两岸社会网络，构建广播、窄播、人际等多元化的两岸信息通道，使台湾社会能较为顺畅地获取真实的两岸信息，并逐步建立起祖国大陆在和平统一进程中的信息优势和公信力。

最后，情感是具有催化功能的媒介。"人类的决策依靠情感"，[①]情感成为两岸关系中具有独立主体性的媒介和纽带，更是两岸社会整合的触

---

① [美] 乔纳森·特纳、简·斯戴兹：《情感社会学》，孙俊才、文军译，上海人民出版社 2007 年版，第 18 页。

媒、能量和催化剂。"要谈中国统一，就得努力重建两岸人民之间的情感"，"在情感增长的进程中自然地迈向统一，这样的统一才是根基永固、可长可久的统一"。① 两岸关系中的情感有与生俱来的原生性情感，如同文同种、血脉相连的亲情，也有后天交往互动形成的社会性情感。超越政治阻隔的先天情感联系无疑触动了两岸开放交流，而"两岸一家亲""心灵契合"更需要培育交往性情感，强化情感媒介的正面功能。

推动两岸的相互理解与和解，也意味着情感的交换与沟通，两岸情感的交换始于"大陆方面要如何尊重台湾人民悲情的历史经验，台湾方面要如何体谅大陆人民走过的民族屈辱以及亟欲使中国人站起来的那种民族使命感"，② 应避免将彼此情感的差异操作为敌意。发挥情感的媒介功能还应注意情感传递的平等性，对待差异、误解或"敌意"等应以情感感化，避免空洞的道德说教和法律强制，以主动、积极、真诚而平等的心态去化解对方的心结，"从谅解台湾的历史并以情感来化解，过度的批判、谩骂以至镇压，都只会强化脱离论者的合理诉求"。③ 更应注意探讨两岸社会整合中集体行动的情感逻辑和路径。从整体上看，情感并不超然于利益，集体情感的激发须从人们的切身利益切入；集体行动的情感受具体社会情境影响，集体行动的情感需要持续互动方能持续，两岸间善意的形成可能需要较长时间。从情感发生机制上看，有官方或媒体等外在建构或强加、个体真实经验养成两种基础形式；从发生路径上看，先是零散的个人的情感

① 张讚合：《两岸关系变迁史》，周知文化 1996 年版，第 7 页。
② 虞义辉：《从两岸历史的互动探讨台湾人民心理的认知》，《中华战略学刊》1997 年春季刊，第 146 页。
③ 虞义辉：《从两岸历史的互动探讨台湾人民心理的认知》，《中华战略学刊》1997 年春季刊，第 160 页。

发端，经由媒体、舆论乃至政府渲染烘托产生一定的社会共鸣，进而在集体内部产生连锁反应，形成情感激荡和磨合，然后在集体成员间通过沟通、交换、协调，可能形成一种"制度化"或结构性的情感。应在遵循两岸关系中集体行动情感逻辑的基础上，逐步建构起促进两岸社会整合与完全统一的集体情感。

三、融合内容

两岸社会融合内容基本以两岸社会功能、社会组织、社会制度、社会文化等融合为主。[①]

两岸社会功能融合是指两岸社会各子系统在功能（如公共服务、福利、保障、救济等）上的合作、耦合、对接及一体化的过程和结果。在推进和平统一的进程中，虽然两岸社会一体化是一项长期任务，但两岸社会各子系统的功能融合有助于消解两岸分隔的结构，功能融合甚至可以在事实上达到"统一后"的效果。"如果说台湾是'麻雀虽小，五脏俱全'，亦不为过。故看待两岸关系时，不宜以大小来观之，而应该从功能面去思考"，[②] 在两岸非政治领域可以尝试跳出"敌友对立""大小对比""统独二分"的思考模式，通过功能融合使两岸原本隔绝、对立或无关联的社会子系统实现功能一体化，接近或达到一个完全统一国家下的常态，因此两岸社会功能整合本身也可以视作完全统一的组成部分。同时，功能融合也具

---

① 肖日葵：《两岸社会整合的理论意涵与两岸桥接平台的架构——兼论"闽台社会共同体"建设之可能》，《台湾研究集刊》2015 年第 6 期。

② 包宗和：《辜汪会谈与两岸关系的结构性问题》，《理论与政策》1993 年第 3 期。

有阶段性的现实意义，因为两岸社会功能融合与两岸人民的生活、利益和福祉密切相关，大部分两岸民众的生活与发展的主要领域基本都在非政治领域之内，在社会功能如就业、教育、福利保障等方面的融合能够让台湾民众切实体验到两岸"一体化"与"统一感"。而且在两岸关系和平发展阶段，"在台湾社会中以功能性议题倾向两岸和平发展的人多于以中华民族大义为价值标准主张统一的人"，① 两岸社会功能整合有利于争取台湾更多的民众要求台湾当局采行两岸和解与合作的政策，为统一积累优势和社会基础。在政治分歧暂时无法解决的情况下，两岸缺乏以公权力"由上至下"地共同推进社会融合的动力，而两岸关系发展的"功能导向"模式将逐步增进台湾人民的利益和福祉，有助于积累支持统一的物质基础和心理基础。

两岸社会组织融合是两岸非政府组织、非营利组织或行业领域之间的交流互动与融合。两岸在教育、旅游、迁徙、婚姻、就业、科技、卫生、环境、文体、学术、宗教等诸多领域已经有着相当广泛而深入的交流合作，也已经存在一些组织性的对接，如两岸在教育领域的招生、培养等方面的组织性合作，但整体上各领域仍是"各自为政"，尚未触及对接或一体化的层面，阻碍了相应领域内两岸人民共同空间和秩序的形成。虽然两岸非经济领域的社会交流日益增长，但是在质上仍有待提高，因为在融合有限的情况下，加之社会成员往来的自由化和便利化程度不够高，社会交流和功能互动频密只会让两岸民众感受到彼此社会间的隔阂、界限、限制与差异等。在面临两岸社会交流持续扩大并可能陷入无序状

---

① 杨剑：《关于两岸关系和平发展与和平统一目标的理论思考》，《海峡评论》2008 年第 10 期。

态的背景下，两岸可以借鉴法团主义思维和两岸"两会"的成功经验，将两岸社会交流中的群体化利益联合到公权力决策系统中去，经由两岸社会组织整合建立起各领域相应的利益代表与情感联合的有序体系。两岸社会交流中的许多社会组织已经具有事实上的公共身份、中介功能以及正式制度地位，通过组织融合可以在两岸间各领域建立起责任和义务相称的、数量有限的、非竞争性等级秩序的、功能分工优化的结构安排，并得到两岸社会民众以及公权力的逐步认可，实现民众、组织与政府的三方良性互动。

两岸社会制度融合首先起始于搭建沟通、协商或谈判的平台或是前述法团组合。在形成了共同的问题意识后，相关领域的两岸双方需要明确角色定位和建立协商机构。协商平台的建立有两种可能的情况，一种是在具体领域的利益相关方经过交流沟通，在本专业领域建立会议制度和协调机构；另一种是在明确两岸关系全面的（主要是政治定位）定位之后，直接在此基础上搭建起全局性的协商平台。[①] 两种途径是相互补充的，前一种着眼于具体的、微观的、分散的制度整合协商，但不同领域整合后的制度间的功能耦合与冲突协调往往需要后一种平台来处理。当然，当前主要是努力达成第一种协商。两岸长期以来通过"区域对区域、民间对民间、行业对行业、企业对企业、单位对单位"的方式建立协商平台，如因"春节包机"协商而形成的"澳门模式"。其次，双方进行具体协商。两岸社会制度整合需要各方进行充分对话与沟通，就问题的认识和解决凝聚共识，必须确立正确的发展目标，制定具体的实施方案，规划相应的步骤，

---

① 李鹏：《海峡两岸关系析论——以和平发展为主题之研究》，鹭江出版社2009年版，第255页。

需要在制度化的协商平台上，按照双方认可的程序和议题进行协商。① 而且如果两岸重回"九二共识"的政治基础，两岸公权力机关也会参与并推动制度融合。最后，双方达成制度性安排或协议。这种形式可以是已经达成的某种原则或共识，可以是某种决策程序，如政党、"两会"或其他民间团体已经进行的一系列商谈的制度化；也可以是经过协商后达成的一致意见后，签署同意遵循的文件，如"两岸和平发展共同愿景"、"两会"复谈后签署的各项协议；还可以是双方共同参与组建和加入的制度化框架，如 ECFA 的两岸经贸安排，或是合作备忘录，如上海与台北签署文化、旅游、环保及科技等双边合作备忘录。

两岸社会文化融合是指在两岸社会交流过程中的观念、价值与认同等方面的融合。当前台湾社会"两岸同属一个中国"的文化基础已经受到很大的冲击，两岸间的文化差异常被拔高为两岸文化异质甚至"文化台独"的证据；在长期分隔过程中，台湾民众在外力的操控下，逐步累积了对于大陆的敌意、轻视、无知与误解，导致"两岸总是先以敌意或对立为假定，再寻此脉络解读对方的提议或政策，这将造成以对方潜在或可能的敌意或不良动机，当作我方应自我防御或反击的理由与借口"；② 两岸间的认同歧异相互交错，形成负面的加乘效果；台湾内部的"一个中国"去政治化以及"去中国化"，重新界定台湾文化与中华文化的关系，虚构"台湾民族"，排斥中国情感，倡导"台湾文化主体性"，制造"中国"与"台湾"的价值对立，鼓吹放弃统一、追

---

① 参见李鹏：《海峡两岸关系析论——以和平发展为主题之研究》，鹭江出版社2009 年版，第 259—266 页。

② 初国华：《全球化与两岸关系新愿景》，《中国大陆研究》2008 年第 12 期。

求分裂的价值观念，① 不可避免地增添了两岸社会融合和完全统一的文化阻力。文化议题的重要性以及严峻性都决定了两岸社会文化融合的必然性和艰巨性。

四、融合机制

基于对两岸社会融合的动力及媒介分析，两岸社会融合的机制建构，在宏观的战略层面是权力制衡、权利契约、社会支撑三种路径和谐互动的结果；而在中观的策略层面，逐步建立起在结构上相互协调，在功能上相互耦合互补的动力、激励、整合、协调沟通等具体机制；② 而在微观的交往行动层面，则是改善交往环境，引导交往行动，逐步生成交往理性与共同情感。

首先，两岸社会融合是权力制衡、权利契约和社会支撑三种路径相互作用的结果。两岸社会融合推动着但也受制于两岸政治关系发展，也需要依靠力量制约、权力博弈来推进两岸间合作。海峡两岸通过增强各自的实力和权力或能力，并寻求外部力量的支持，在两岸各方权力的消长、竞争、妥协与合作中争取实现自身目标和利益维护，也确立相应的社会交流策略与政策。这种思维强调权力制衡或实力的重要性，强调社会互动的政治效应，源于"现实主义"的交往模式。从两岸实际来看，虽然在两岸权力结构中大陆处于绝对优势，但是在两岸议价能力结构中台湾却占有一定

---

① 刘国深：《台湾政治概论》，九州出版社 2006 年版，第 27—31 页。
② 王鹤亭、曹曦：《基于动力分析的两岸持续合作机制建构》，《世界经济与政治论坛》2012 年第 2 期。

的优势和主动性；然而单一力量制衡、权力博弈结果下的两岸社会合作，较多地依赖政治力，也并不能必然保证两岸合作可长可久。尤其是蔡英文当局执政后即利用政治权力阻滞两岸社会融合，也就使得两岸间权力互动转向对抗与斗争。

两岸各行为主体在社会互动过程中，逐步达成良性认知与交流共识，曾将合作过程中较为成功的互动模式固定化、制度化，逐渐确定各自的行为边界和权利空间，并借助契约、协议、法律等来规范相互关系，在平等协商、合理安排的基础上，保障两岸持续合作的稳步发展，如两岸"两会"签订多项有助于两岸社会交流互动便利化的协议，这是两岸合作进程中制度创新的结果。目前，两岸各方已逐步形成一些共同遵守的协议和规则来保障和推进两岸在相关领域的交流与合作，与其相关的两岸管理机关也按照相应规则来处理社会交流事务。与此同时，中国大陆也以惠台措施的形式赋予来大陆地区发展的台湾同胞的相应的权利，也可以说是大陆对于台湾民众的一种"契约式"保证与保障。

随着两岸交流的全面深入，尤其是大陆推动"普惠式"的两岸社会交流融合政策激发了台湾社会的参与活力，两岸社会融合的主体与动力也逐渐由以往的少数精英到一般民众，互动的领域也开始涉及两岸各个社会领域，各主体之间互动的维度不断增多，两岸"社会一体化"或者说构建两岸"生活共同体"已经具备了相应的空间、物质和心理基础。经由两岸社会融合发展，能够从内部创造出足以促进两岸政治系统互动的良性环境社会基础，所带来的新生动力有助于逐渐消除以往政治隔绝的"后遗症"，甚至"由下至上"地化解两岸政治对立。可以说，内生性的"社会支撑"既是目标也是路径，保障着两岸融合发展的延展性、持续性以及创造性。

综合而言，三种机制之间相互补充、共同促进，权力机制为两岸持续合作"提供效力——通过权力制约来实现，权利机制提供形式——以规范、制度、契约或法律形式来约定，而社会机制则提供内容——以社会的具体要求和支持来构建"，[①] 最终形塑一种全面的、发展的、多元的社会融合宏观机制。

其次，两岸社会融合机制还涉及动力、激励、整合与协调等中观层面。两岸社会融合的动力发掘与培植机制，应立足于中国大陆的发展优势，引导台湾社会将相应认知和意愿转换为实践的动力。而两岸自 20 世纪 80 年代以来的经贸往来，所延伸和编织的利益网络更是持续合作往来的最具活力的动力源泉；就两岸民众层次，先天的文化、血缘、民族感情的纽带以及后天交往形成的利益与关系，则为两岸未来合作孕育着方向和动力。提升两岸持续合作的动力，一方面是不断发现、发掘既有资源和空间，另一方面更要开拓、培植新的方向和领域。

两岸社会融合的激励机制推进各方主体的价值观念及行为模式趋向于两岸合作的方向及目标。就当前两岸关系发展实际而言，物质性的激励较为充足，但精神性的激励则相对不足；一方面两岸政府借助公权力对社会价值进行权威性分配进而激励两岸合作，如惠台措施等，另一方面市场和社会舆论等自发式的价值尺度也在激励各行为主体，但两种方式及两岸政府之间仍存在着行动"无序"的问题。未来应促进物质与精神激励相结合，政府与社会激励相促进，并营造一种融合的文化，逐步建构涵盖"物质""制度"和"文化"的激励机制。

---

① 王鹤亭：《两岸关系和平发展的社会机制探析》，《台湾研究集刊》2010 年第 2 期。

两岸社会融合的整合机制，应促成两岸各主体间利益、功能、文化、组织等方面的广泛而持久的联结纽带和广阔合作空间的生成，乃至于达到各领域的"一体化"，才能使得两岸合作具有可持续性。推动两岸合作从特殊化到常态化，经由广泛的具有自发性、个案性、即时性、特殊性的合作，发挥"扩溢"效应，并借助政府、社会团体、行业组织等实体，实现各领域的功能整合，形成两岸合作过程中的同构型整合与互补性整合的相互促进，以及"由下至上"与"由上至下"的协调，逐步使得两岸合作规范化、制度化、常态化；还应注重将整合过程落实于日常生活化，借助具体的社会生活场域来发挥作用。

两岸社会融合的沟通协调机制有助于抑制两岸关系中系统的无序与高度的不稳定。[1] 两岸关系中存在很多分歧和突发事件，两岸社会子系统自发性的合作往往存在自身无法解决的缺陷，需要制度的协调、诱导与创新。两岸各主体在合作过程中形成了共同的问题意识后，可以搭建沟通、协商或谈判的平台，如常设性的"两会"，还包括一些以"区域对区域、民间对民间、行业对行业、企业对企业、单位对单位"的方式建立的协商平台，再按照双方认可的程序和议题进行具体协商、对话与沟通，就问题的认识和解决凝聚共识，进一步建立能够规范双方的统一性协议，或是达成合作相关各方的不同规范之间的对接与整合，或是具有联动性的不同领域间规范的协调。[2]

最后，两岸社会融合的微观机制主要涉及两岸社会交往的具体行动机

---

[1]　刘国深：《两岸关系不稳定态与制度创新》，《台湾研究集刊》2000 年第 3 期。
[2]　王鹤亭、曹曦：《基于动力分析的两岸持续合作机制建构》，《世界经济与政治论坛》2012 年第 2 期。

制。两岸社会空间与网络的生成机制涉及直接接触与间接传导的相互作用以及现实交流与网络交流的协同共进。间接接触及网络交流拓展了交往融合空间，而关键交流者或节点则因其辐射效应而可能促进融合。现实交流的理性有序与情感纽带借助交流者扩展间接接触和网络传播，有利于消除网络政治交流中的"非理性"，为两岸民众提供更多的接触机会与平台进行交流交心，以真实丰富多元的交流情境去消融单一信息与舆论环境对台湾民众的"建构"。

两岸社会信息和话语生成与传导机制涉及"先天印象"与"交往信息"的互构，以及官方话语与民间话语的优势互补。交流者的印象在获得真实信息后可能被解构与重构，而宣传形式创新也可能会发挥同样的效应。根据现代传播规律，两岸社会交往可以循序渐进地从真相发现、谣言消除到议程设置、环境优化再到舆论引导、规则构建分层次重构话语。公权力的客观、权威和公正的声音与民间话语快速传播渠道相结合，有助于逐步化解认同对立，生成新共识。

两岸社会交往理性与共同情感的协同机制涉及情感激励与理性论辩的良性共振。充分的信息与理性的论辩可以消减误解与不确定性，但正如习近平总书记所言，两岸交流"归根到底是人与人的交流，最重要的是心灵沟通"，需要积极的情感激励。情感催化与理性论辩对于两岸社会融合同等重要。在某种意义上，两岸同胞交流过程中的交往情感的重要性要先于且高于交往理性。同根同源、血浓于水、同文同种的原生性情感纽带与交往中善意与宽容的氛围会共同激发"两岸一家亲"的交往情感，个体交往间的情感激荡与磨合而引发连锁反应，进而扩溢为群体间情感激励，并且能够与理性论辩的协调共振。

第三节　促进和平统一的社会治理

自两岸开放交流以来，两岸社会交流互动对于台湾内部政治生态及两岸政治关系都产生了重要影响。"从根本上说，决定两岸关系走向的关键因素是祖国大陆发展进步。我们要保持自身发展势头，同时采取正确政策措施做好台湾工作"，[①] 大陆的经济社会发展成就对于台湾社会产生了强大的磁吸力，两岸间日益广阔的共同空间、社会网络与共同事务也可以成为构筑两岸社会共同体的物质基础。秉持"寄希望于台湾人民"的一贯方针，在推进两岸经济融合发展的同时，祖国大陆也多方面、多维度、多层次地推动两岸社会交流，推进两岸社会交往情感、共同认同的形成，积极拓宽对台工作的社会路径，逐步影响台湾民众的政治认知、情感与认同，并作用于台湾内部政治机制以产生促进祖国和平统一的政治力。基于前述分析，在总结大陆对台重点社会工作的机制与经验的基础上，进一步优化对台社会治理工作，也将有助于深化和平统一进程。

一、两岸民间信仰交流治理

1. 宗教信仰与政治

宗教及民间信仰既有其内在的权力逻辑，也与国家之间存在着紧密的联系。研究表明，封建社会时期的朝廷曾封赐福建沿海一带的海神妈祖以

---

① 习近平：《决定两岸关系走向的关键是大陆发展》，新华社，2015 年 3 月 4 日。

鼓励民众的地方信仰，而民众接受这种对于妈祖的认证与封赐，就形成了国家对于海洋边疆的文化控制及民众通过接受国家意志达到与国家合作的双重结局。[①] 而海峡两岸的宗教信仰尤其是民间信仰存在着相当复杂而明确的源流关系，也有着相对独立于国家权力和两岸政治关系之外的神明权力谱系、空间谱系及信众谱系。而民间信仰谱系也有着其内在的权力运作体系和资源配置逻辑，神明、庙宇、信众都在宗教信仰谱系中有着相应的位阶，而位阶往往又与现实的权力、资源分配机制相关。以台湾妈祖信仰体系为例，台湾妈祖庙众多，信徒来源容易重叠，难免会产生生存资源的竞争，而决定各庙宇在权力体系中位阶的理由包括：建庙年份、神像来源、皇帝敕封以及进香位序等。[②] 而具有妈祖香火正统的妈祖庙就可以在台湾地区的妈祖庙中提升自己庙宇的地位，凌驾在台湾地区的其他妈祖庙之上，也就会有更多的信众、香火与供奉，而妈祖庙的主事者也拥有更多参政议政的政治经济基础。[③] 自成一体的两岸民间信仰体系也对既有的政治体系构成了现实影响，如在当代台湾政治生活中，庙宇既具有公共生活中心的功能，更是政治角力的重要节点，而庙宇主事者的号召力使其能够成为举足轻重的桩脚或政治人物。此外，民间信仰谱系也是一个族群社会文化的重要基因，如自清代移民开拓台湾以来，各种民间信仰逐步播迁到台湾，至今日佛教、道教及民间信仰的勃兴，成为台湾社会文化最具生命力与感染力的部分，而且即便是在所谓"去中国化"的社会背景下，其本

---

① 田兆元：《民俗研究的谱系观念与研究实践——以东海海岛信仰为例》，《华东师范大学学报（哲学社会科学版）》2017 年第 3 期。

② 张珣：《台湾的妈祖信仰——研究回顾》，《新史学》1995 年第 4 期。

③ 瞿海源：《台湾宗教变迁的社会政治分析》，台北桂冠书局 1997 年版，第 151—152 页。

质仍是最为原生与传统的汉人信仰与中华文化。而通过这种宗教与民间信仰的生活实践，庙宇及信众在传承香火的同时也是在传承文化，实质上也是"中华文化在台湾根深叶茂"的具体体现。

2. 宗教信仰交流与两岸政治关系

自 1987 年开放大陆观光探亲后，宗教交流活动亦逐渐地开展，其中大甲镇澜宫抢先在台湾当局正式开放台湾民众赴大陆之前，即绕道日本前往湄洲妈祖庙进香谒祖，由此拉开了两岸宗教交流的序幕，[①] 两岸佛教、道教及民间信仰交流也逐渐热络，其主要模式包括庙宇寻根谒祖进香朝圣、宗教领袖讲经弘法、宗教节庆、宗教观光、宗教学术研讨及宗教慈善救助等，[②] 当然以台湾赴大陆交流为主体。在台湾普通民众赴大陆朝圣、进香以及宗教观光外，更有宗教领袖及庙宇等率领信徒集体赴大陆进行宗教交流活动，除了可以实现类似"祖庭""祖庙"朝拜的宗教体验和心理满足外，尚有现实的政治、社会与经济的因素，即可以竞逐在台湾宗教及民间信仰谱系中香火正统的地位。[③] 例如赴大陆朝圣、进香以及受加持、从大陆迎回神像后，就等同于有了祖庭的认可，不仅证明其香火直接来自大陆祖庭，提升自己庙宇的位阶，增加了台湾庙宇的灵力，将会得到更多信众的膜拜，预期香火也会更加鼎盛。[④]

---

① 黄宝瑛：《两岸政教关系中的宗教交流：以慈济模式为例（1991—2008）》，《真理大学人文学报》2009 年第 8 期。

② 黄宝瑛：《两岸宗教交流模式之研究（1987—2008）——以政教关系论述》，台湾师范大学政治学研究所博士学位论文，2009 年，第 1—394 页。

③ 张珣：《台湾的妈祖信仰——研究回顾》，《新史学》1995 年第 4 期。

④ 张家麟：《论当前两岸基督宗教交困境及前景》，《真理大学人文学报》2005 年第 3 期。

与此同时，台湾方面认为加强宗教交流有助于维护两岸和平并能推动大陆宗教信仰"自由化"。大陆方面积极推动两岸宗教信仰交流，增强祖国大陆对于台湾民众的吸引力。因此，即使两岸的宗教交流是由两岸的信众和宗教及民间信仰组织所发起的，被界定为文化交流活动，但它仍具有重大的政治意义。① 相关调查也显示，虽然宫庙主事者希望政治归政治，宗教归宗教，不想牵涉其中，但两岸宗教交流确实影响了台湾人民的国家认同。② 而宗教交流也被台湾当局视为有利于大陆的"宗教统战"手段与策略，台湾宗教法规的松绑也被认为会让宗教交流冲击台湾所谓的"文化安全"。③ 所以，台湾当局对于两岸宗教交流曾多有限制，如禁止台湾宗教团体加入大陆宗教团体，对两岸宗教交流采取"事前审核制度"，繁琐的法律限制也迫使台湾宗教与民间信仰团体多采用观光名义进入大陆。

3. 两岸民间信仰谱系与两岸宗教交流

在这种两岸宗教与民间信仰谱系中，中国大陆的宗教与本土民间信仰显然成为台湾宗教信仰的原点与源头，台湾民间信仰的神明众多，大部分皆自大陆分灵而来，如妈祖、保生大帝、王爷、广泽尊王、清水祖师、开漳圣王、关圣帝君、法主公、临水夫人、三山国王等，在大陆福建、广东等地区皆有祖庙、祖神。两岸开放宗教交流后，即有不少台湾庙宇组团前往谒祖进香，其祖庙和祖神等都在大陆。台湾地区佛教、道教及民间信仰

① Brown D A, Cheng T, Religious relations across the Taiwan Strait: Patterns, alignments, and political effects, *Orbis*, 2012, 56(1): 60-81.

② 王如经：《两岸宗教交流对台湾人民在国家认同之影响：以朴子配天宫为例》，中正大学战略暨国际事务研究所学位论文，2014年。

③ 陈冠铮：《中共对台宗教文化战略——以妈祖信仰为例》，国防大学战略研究所硕士学位论文，2014年。

信众比例高达 90%，相关民间信仰的庙宇及团体等均有动力在大陆寻求合法性与有效性的支持，这就使得大陆各地祖庙及祖神地在两岸民间信仰权力谱系中处于源头与核心地位。因此，大陆有"祖庙优势"去推进两岸宗教文化交流，在满足台湾民间信仰团体及信众宗教需求的同时，可以推动两岸共同努力筑实宗教及民间信仰谱系，塑造两岸同属一个"宗教文化中国"，[①]进而借助在民间信仰谱系中的优势地位，经由民间信仰活动中的微观权力实践逐步增强和充实台湾民众对于一个中国的认同。

大陆应积极"活化"并"实化"两岸民间信仰的神明谱系。大陆应全面研究并梳理两岸民间信仰中神灵世界的权力谱系、空间谱系及信众谱系，从神灵关系、空间分布、族群信众、民间传说、庙宇宫观、仪式规程、节庆活动等要素入手，以神灵权力谱系为纽带整合空间体系与信众谱系，构筑两岸宗教与民间信仰神明谱系的"一体化"，进而确立大陆的神祇、祖庙等在神明谱系中的枢纽性领导地位。按照神明谱系去推进两岸宗教交流，除了吸引台湾宗教团体与信众来大陆谒祖朝圣进香之外，更要推动两岸共同修建修复祖庙、共同举办宗教庆典、宗教研修与研究，推进庙际互动，这些宗教交流活动也在再生产着两岸宗教信仰谱系图。而两岸民间信仰神明谱系引导下的两岸宗教交流，还要跳脱以财力换神力的交换关系，[②]应真正进入到信仰情感的共同构建与历史文化的共同保护。此外，"实化"两岸民间信仰谱系并不意味着直接将大陆神祇在权力体系中的核心地位转化为大陆在两岸宗教交流中的主导权以及祖国大陆对台的统一诉

---

① 张家麟:《大陆福建"宗教文化"暨"宗教旅游"节庆之政经分析》,《展望与探索》2009 年第 7 期。

② 谢贵文:《海峡两岸宗教交流的"保生大帝模式"》,《展望与探索》2011 年第 3 期。

求，以避免台湾宗教信仰从神明权力谱系中"逃逸"，应使其有动机和动力争取从"边陲"进入"中心"，不断竞争在神明谱系中的更高位阶。通过两岸宗教交流以及共同构筑民间信仰谱系，遵循从"神际关系"到"庙际关系"再到"人际关系"的整合逻辑与行动机制，以两岸神明谱系为纽带，两岸民间信仰中的庙宇和信众最终能被有效整合成为两岸民间信仰共同体，大陆在两岸民间信仰共同体中的地位与优势自然能得以体现与实现，而台湾民众的宗教实践也会潜移默化地发挥着相应的文化影响与政治影响。

二、两岸媒体交流治理

1. 媒体交流与两岸关系

自 1987 年台湾《自立晚报》记者突破限制辗转至大陆公开采访开启两岸媒体交流以来，两岸媒体交流也为两岸进一步的广泛交流提供了铺垫，也成为连结两岸民心、增强感情的信息桥梁，为两岸互信建立尺度与共识的基础。[1] 海峡两岸媒体在两岸社会交流中扮演着畅通信息、传递意见、再造共识、建构形象[2] 的角色。媒体交流的内容包括：工作人员一般性的往来、媒体工作者的业务交流、媒体本身的交流、业者共同举办的会议或活动等。[3] 但两岸媒体交流也长期处于非对等平行的互动状态，而且两岸政治关系与媒体市场竞争也使得两岸媒体交流无法免除政治干预和

---

[1] 史冬冬：《台湾报纸在两岸新形势下的多重角色与走向》，《厦门大学学报》2010 年第 5 期。

[2] 翁崇闻：《两岸新闻交流之使命——互构两岸真实形象》，《东南传播》2009 年第 6 期。

[3] 萧真美：《两岸印刷媒体交流与互动之检讨》，《中国大陆研究》2000 年第 9 期。

媒体利益主导的局面，^① 两岸媒体交流不仅是影视报纸杂志新媒体间的交流，更掺杂了复杂的政治角力与经济竞争的意涵。在媒体与政治的关系上，台湾媒体的政治色彩浓厚，尤其是某些媒体长期攻击大陆、制造两岸民意对立等，对于台湾民意和两岸社会交流造成了诸多负面影响，而且岛内媒体偏"绿"、偏"独"倾向明显。在媒体与市场的关系上，两岸媒体导向存在差异，大陆强调媒体与社会责任密不可分，而台湾方面则呈现商业主义与自由主义，此二元对立之制度环境致使两岸新闻交流呈现出有限理性的特征。^② 尤其值得警惕的是，在新媒体时代影响日益广泛的两岸网络媒体交流呈现出"自发秩序"濒临失序、"交往理性"不足以与公权力相对"失语"的状态。^③ 跨境的两岸媒体交流带来了两岸之间自由、开放、多元且直接的信息交流、理念激荡与观点碰撞，理应构筑推进两岸社会融合发展的信息、话语与形象共构平台，但现实中的某些误读曲解、政治分歧、情感对立及认同歧异在两岸媒体交流过程中也可能被再生产与强化，两岸媒体交流也存在着制造"内战新战场"的风险，两岸媒体交流生态也因此亟待治理。

2. 两岸媒体交流的治理

首先，加强空间治理，推动现实融合与网络交流的协同共进。相对而言，两岸现实中的媒体交流较为理性有序，网络媒介的交流则更具活力和

---

① 赵雅丽：《政治主导下两岸电视文化交流的迷思》，《新闻学研究》1998 年第 57 期。

② 刘立行、郭育玮：《两岸新闻媒体交流之制度研究——新制度论视角》，《逢甲人文社会学报》2014 年第 29 期。

③ 王鹤亭：《两岸民间网络政治交流的内在机制与困境治理》，《台湾研究》2016 年第 3 期。

延展性①。当前，两岸媒体的现实交流合作融合也已经具备相当程度的成就与基础，长期以来大陆政府、两岸各类媒体已经在不断探索两岸媒体交流融合的模式，比如中央电视台、省级卫视及大陆各城市电视台的荧屏上时常可以看到来自台湾的主持人和特邀嘉宾，在一些常规新闻发布会、新闻事件和各类大型活动报道中更是可以看到台湾媒体从业人员的身影，②驻点记者成为常态，还在逐步探讨深度交流新模式，③未来大陆方面应持续扩大两岸媒体交流规模、丰富交流内容与形式，为两岸媒体交流从人员、信息的共构走向话语、印象、心理的共构创造有利条件，既扩大两岸媒体交流空间，也触发两岸媒体融合。在此基础上，利用现实媒体交流的真实性与权威性优势，将现实媒体交流共构的信息、共识等拓展到网络空间，为网络交流提供信息来源、话语导向等，也有助于消除网络媒体交流中的"无序"与"非理性"，事实上两岸媒体已经迈出了重要一步，如开始探讨"融媒体"时代下的两岸新闻交流合作。④与此同时，应有针对性地积极将网络交流空间中的代表性人物包括"舆论领袖""网红"等吸纳到两岸现实媒体交流渠道中来，如邀请他们参加活动，⑤通过实地观察交

---

① 王鹤亭：《两岸民间网络政治交流的内在机制与困境治理》，《台湾研究》2016年第3期。

② 张素桂：《两岸电视媒体合作探析——从"福建行·两岸情"说起》，《东南传播》2008年第4期。

③ 李莉琴、王彪：《两岸媒体"交互式"融合的鲜活样本——〈厦门日报〉探索与台湾媒体深度交流新模式》，《中国记者》2011年第1期。

④ 李相：《"共议融媒体时代两岸新闻交流与合作"——第三届两岸媒体人北京峰会侧记》，《台声》2017年第23期。

⑤ 刘隽：《中原文化太美了——记"寻根河南豫见历史"两岸网络达人及媒体采访活动》，《统一论坛》2016年第3期；丁宇：《72小时爱上一座城——台湾网红趴趴走活动湖州行》，《两岸关系》2017年第11期。

流接触真实的信息与形象，通过亲身体验形成真切而有感染力的印象，再通过其自身在网络中的辐射力将其扩展到更为广阔的网络交流空间中去，也能够促进理性交流、改善网络交流环境。

其次，推进话语治理，促进官方话语与媒体话语的优势互补。在媒体与政府的关系上，"话语即权力"与"权力即话语"是相伴而生的，如何引导话语对于促进两岸媒体交流带动社会交流至关重要。需要注意的是，对于政府而言，在现代媒体环境下，引导与掌握话语权并不是舆论控制，也不仅是宣传形式创新，而是要根据现代传播规律，发掘自身优势，循序渐进地从真相发布、谣言消除到议程设置、环境优化再到舆论引导、规则构建分层次去影响两岸媒体交流，并构筑自己的制高点。在当前的两岸媒体交流生态中，公权力机关在引导舆论、构建形象方面不可避免地处于劣势，但它的优势在于它仍是事实与真相的权威信息来源，在真相发布和消除谣言上仍具有相当程度的公信力，如果政府话语忽视了这一点而急于进行印象建构，很可能会反蚀其公信力。而媒体话语的优势则在于其传播速度和市场效应，而不足往往在于信息爆炸背景下的"真相缺失"。因此，当媒体受众在信息过载而无法辨识真相引发"信息饥渴"时，政府话语应凸显自己客观、权威和公正的声音，并借助媒体话语快速传播并引发辩论形成共识，从而间接获得议程设置的话语权，与媒体话语的"发酵"形成互补之势，也可以逐步化解印象误解，凝聚新共识。

最后，进行触媒治理，引发情感激励与理性论辩的良性共振。两岸媒体交流一方面可以为两岸提供真实而充分的信息来消减误解与不确定性，也需要彼此理性地探讨两岸分歧，另一方面也更需要积极的情感激励。中国人社会行动思维模式以及两岸特殊的政治社会交往环境决定了情感是两岸媒体交流中的重要驱动力和催化剂。如果缺乏积极的情感激励，即便存在着足够的真实信息和充分的理性论辩，两岸媒体交流尤其是网络交流可能会呈现出"分歧越辩越明，人心越辩越冷"的不利局面；而如果被注入适当情感激励和情绪感染，则可以有效调节两岸媒体交流中的环境与氛围，也有助于抑制非理性化、敌对化倾向的产生。情感催化与理性论辩对于两岸媒体交流的积极发展缺一不可。大陆政府与主流媒体应切实理解习近平总书记关于两岸交流"归根到底是人与人的交流，最重要的是心灵沟通"的精神，本着两岸同胞同根同源、血浓于水、同文同种情感，展现善意与宽容的交流心态，积极培育两岸媒体交流中的交往情感，为媒体交流营造"两岸一家亲"的交往氛围。

三、两岸旅游交流治理

1. 旅游与两岸关系

海峡两岸旅游往来既是一种重要的经济关系，也具有重要的社会影响，同时背后也有两岸各自的政治考虑。世界观光组织曾在 1967 年将促进世界和平列为世界观光发展的四大目标之一，认为出境观光是一种与不同文化及生活习惯之群体进行社会接触的过程，是交流与相互了解的管道，而敌对国家与地区人民间的旅游活动可以降低误解，增进情感，有助于缓解敌对、增进和平。大陆当然期待通过旅游能够增进台湾同胞的一个中国认同与统一倾向，而台湾方面则期望大陆人民通过旅游接去接触、了解台湾甚至改变其涉台情感与立场等。自两岸开放交流以来，台湾民众赴大陆旅游成为两岸社会交流早期阶段的重要构成部分，而自 2002 年台

湾当局开放大陆旅客赴台旅游后，两岸社会交流才开启双向通道。而自
2008 年两岸关系在"九二共识"基础上开启大交流后，大陆民众赴台旅
游进入井喷期，大陆赴台游客也随即成为赴台交流民众的主体部分，也才
使两岸民众真正进入双向互动阶段。以 2016 年数据为例（据两岸相关统
计部门提供的数字），2016 年台湾居民来大陆 573 万人次，[①] 大陆地区人民
赴台达 347 万余人次，但即便严格按"赴台事由"统计，大陆人民赴台观
光人次仍为 273 万余人次，而且大陆赴台旅客占到赴台旅客总数的三分之
一左右。[②]

2. 旅游交流与两岸政治关系

作为主客体双重身份的游客，一方面会受到与旅游地及民众接触经验
的影响而发生态度改变，如前述台湾同胞来大陆旅游后增加了对祖国的文
化认同与民族认同等，再如在台湾桃园机场出境大厅针对大陆游客的调查
访问发现，陆客在离开台湾时对于台湾社会、人民、政府之观感多属正
面，且多不希望海峡两岸发生战争或有敌对意识，希望两岸能有进一步交
流，[③] 这也验证了旅游交流的单向正面效应，即在地接触程度越强，旅游
者对于旅游地社会的各项认知愈佳，这也意味着吸引更多台湾同胞来大陆
旅游有助于增进理解与认同。

但另一方面，游客的观光能动性与转变中的主权、领域及边界划定新
形式相互缠绕，游客身体化的生活实践也无法与国家尺度的地缘政治相分

---

① 国务院台湾事务办公室：《两岸人员往来增减变化值得深思》，http://www.gwytb.
gov.cn/wyly/201702/t20170222_11705910.htm.

② 《大陆游客赴台人数大减 2016 年仅 347 万人次》，环球网，2017 年 2 月 13 日。

③ 林新棠：《社会接触及旅游体验对台湾的意象之研究：以中国大陆游客为研究
案例》，中国文化大学硕士学位论文，2013 年。

离，观光对于空间、社会、政治与经济秩序影响深切，重构着休憩空间与经济、交通建设以及流行政治论述和地缘政治想象，观光还在整体意义上被视为用来投射中央政府对台湾的权威，[①] 游客通过自身具有政治意涵的旅游实践也影响着旅游地民众。而且文化—地缘政治学从"边界""物质性"及"认同"角度对于旅游经历的研究也表明，"边界"不仅存在着物理形态，而且想象和感知的社会边界在（重新）塑造两岸关系上同样有效。[②] 这也意味着旅游者能够在个体、微观的旅游行为中再现或实践着政府的两岸政策主张，并通过交流影响到对方民众及社会。

然而，当前赴台旅游所产生的政治效应及对两岸政治关系的影响仍是相当复杂的。有关大陆赴台团队旅游政治效应的研究表明，"越多的大陆团队游客与台湾民众接触，就会越多表达两岸文化相似、台湾民众是同胞、台湾是中国一部分的情感；而台湾民众越多与大陆团队游客接触，就越多产生与中国和中华人民共和国民众在文化上、社会上和政治上的疏离感"。[③] 这也基本上为经验和观察所验证，不可否认，台湾旅游业者或台湾当局等出于经济利益考虑会对大陆游客赴台旅游多有利益期待，但台湾方面对于大陆游客的印象以及旅游交流的政治效应也持相当程度的负面评价和疑惧心态。

---

① Ian Rowen, The Geopolitics of Tourism: Mobilities, Territory, and Protest in China, Taiwan, and Hong Kong, *Annals of the American Association of Geographers*, 2016,106(2):385-393.

② Zhang J J, Borders on the move: Cross-strait tourists' material moments on 'the other side' in the midst of rapprochement between China and Taiwan, *Geoforum*, 2013,48:94-101.

③ Rowen I, Tourism as a territorial strategy: The case of China and Taiwan, *Annals of Tourism Research*, 2014, 46: 68.

3. 两岸旅游交流治理

事实上，大陆具有充分的旅游资源与条件去主导对于大陆地区涉台旅游交流的治理或管理，可以通过自我发展提升旅游品质进而促成台湾游客良好的旅游体验以及交流感受，可以通过核心价值观、文明建设、行业协会等多种方式引导大陆民众与台湾游客的善意互动，而最终还是要真正落实台湾同胞在旅游、就业、就学等方面与大陆居民的同等待遇，让台湾同胞赴大陆旅游的体验从"去异乡"变成"回家乡"，从而真正促进从旅游交流到深度接触再到融入融合的过渡。

而对于大陆游客在台湾地区与台湾社会的旅游交流活动也要进行宣导，并引导台湾社会参与治理。大陆民众维护祖国领土主权完整、期盼两岸早日完全统一的坚定立场和热切心态值得充分肯定，而造成旅游交流的正面政治效应不彰的原因也应具体分析。其中很多误解与隔阂是由于两岸人民成长环境与生活方式的差异所造成的，而大陆游客也曾在国际旅游市场上遭遇负面评价，从经济实力到文明素养及沟通能力的提升也需要一个过程。因此，大陆一方面可以通过各种渠道提升游客的旅游文明素质和沟通能力，注重宣导对台政策与同胞情谊，让赴台游客真正成为实地践行"两岸一家亲"的先锋。另一方面加强对台沟通，适度压缩团队旅游规模，增加自由行额度；引导两岸行业协会与业者及行政管理部门间的协同治理，在赴台游客行前加强柔性规劝；敦促台湾方面逐步改善旅游环境尤其是要消除对于大陆游客的歧视，提升旅游便利程度以吸引和鼓励自由行，也为大陆游客赴台旅游以及两岸旅游交流营造良好的氛围。

四、两岸青年交流治理

大陆历来重视对台青年工作，2016 年 11 月 1 日，习近平总书记强调："青少年是民族的希望和未来。要为两岸青少年教育、成长营造良好环境，鼓励他们早接触、多交往，增进亲情，了解我们大家庭，认同我们的美好家园"。① 台湾当局也将大陆青年工作视为撬动两岸未来关系的支点。而对于台湾年轻一代而言，"中国"已不具有太多特别的情感或历史意义，大陆不再以二分法的术语被定义为"他者"，而是被视为世界不可分割的一部分，其经济，市场和文化机会在不断增加，而年轻人渴望利用这些机会。② 大陆应根据两岸关系发展以及台湾青年心态变化的新形势，利用自身优势，持续吸引台湾青年来大陆参访、就学、就业与生活，增加台湾青年的在地融入感，不断推进两岸青年交流融合。

1. 吸引台湾青年登陆发展

对于吸引台湾青年来大陆发展，大陆已经做了相当多的努力，也初见成效。因为台湾内部经济发展迟滞，西进大陆就业就学已经成为台湾青年的重要选项，而且其中精英人才与优秀青年学生比例也有大幅提升。据报道，大陆各个省份已经有相当数量的台湾青年在当地就业，大陆高薪、福利优，集体招募已成常态，如湖北经济学院、福州工程学院在 2018 年时就分别有 36 位、40 位台籍优秀教师，其中大部分均是青年博士，这只

① 《习近平总书记会见中国国民党主席洪秀柱》，新华社，2016 年 11 月 1 日。
② SOPHIE McINTYRE, The Art of Diplomacy: The Role of Exhibitions in the Development of Taiwan–China Relations，*Journal of Curatorial Studies*，2015, 4(1): 56-77.

是台湾博士西进的一小缩影。① 福建省教育厅公布 2020 年前将持续引进 1000 名台湾优秀教师。进一步深化对台青年工作，首先应加强对台湾南部青年工作的力度，消除其在"本土意识"下对大陆的刻板印象，逐步导正台湾"逢中必反"的氛围，采用柔性方式，在非政治交流场合适度包容"本土意识"，让台湾青年有意愿继续交流，才有办法突破僵局。② 其次要切实落实台湾青年在大陆生活、学习、就业、就学等方面与当地居民的同等待遇，各层级的人才计划、创业计划、就业方案等均可以将台湾考虑在内，对台湾的安排从"特殊化"走向"同等化"，将"台湾是中华人民共和国不可分割的一部分"作为大陆社会政策的默认设置，并妥善解决人才引进的后续问题，要让台湾青年能够"走过来"并且"沉下去"。

2. 促进大陆地区的两岸青年交流

对于大陆地区的两岸青年间的交流互动，大陆除了对相对可控的团队参访、主题活动等短期青年交流继续加强支持和引导外，也应革新形式，多采取"体验式交流"。更应根据两岸青年的特点，对于常态化的两岸青年交流的生活实践进行因势利导。两岸青年成长的全球化、现代化、网络化生活背景相似，相对理性务实，彼此之间的交流也更多，这都与上个世代截然不同。实证研究也发现，随着两岸交流扩大，大陆的 80 世代对台的接触管道也更加多元，"更是将生活重心和关注焦点放在追求利益的务实道路上"，这些都使得其对台态度产生变化，"对于争论不休的台湾统独问题更是有些意兴阑珊"，表现出相当冷静与克制的态度，而"政治问

---

① 李建兴：《夹缝求生！1000 个台师变陆师》，《远见杂志》2018 年第 4 期。
② 耿圣淳：《南台湾青年对中国大陆认知与就业发展》，中山大学公共事务管理研究所学位论文，2016 年。

题的搁置和无奈，也使他们对于台湾产生一种文化上的情感投射，更多地认同台湾方面对中华文化的保存和其他的合作机会。可以说是从'一个中国'的强硬态度转变成一条务实且相对友好的道路发展"。① 当然，冷静而务实的态度并不意味着大陆青年涉台根本立场存在着任何动摇与退却，而是一种具备充分自信和定力的表现。随着大陆崛起以及发展机遇增多、个人前景向好，大陆青年对于接触对象从"台资""台干"到"台才""台劳"的印象转变也使其能够以一种平常心态来看待台湾问题以及台湾青年，自信从容的交流心态与行为更接近符合"社会接触假说"的理想条件，也相对容易经过沟通而达成共识。因此，对于两岸青年交流，一方面仍要适度注意对大陆青年政治认知与情感的引导，另一方面应在社会管理等方面逐步破除人为"分隔"，如逐步取消"台生宿舍""台湾通道"等，避免将台湾青年作为一个特殊的整体来进行管理、服务而人为强化区隔感，如以在大陆就学的台湾青少年为例，东莞台商学校的学生缺乏交流渠道和融入氛围，其"族群寻根"的源头则是台湾，台湾认同也相当稳固；② 而台生在上海求学期间则经历了充分的在地融入和直接交流，被激发的"文化寻根"意识直接指向大陆，而且也相对较为可能诱发形成交叉认同，如认同自己是"台湾籍的上海人"。③ 大陆应逐步促进两岸青年在学习中、生活上及工作中的"一体化"安排，比如大陆降低或取消影视创作团队中台湾比例的限制等，这也会逐步让台湾青年在实践中产生"台湾

---

① 蔡宜静：《咫尺天涯：大陆80后与台湾人的社会接触》，政治大学东亚研究所学位论文，2010年。

② 陈铿任、吴建华：《是故乡，还是异乡？从东莞台校学生的学习经验看台商子女的身份认同意象》，《师大学报：教育类》2006年第51期。

③ 《台湾人在上海：台湾籍的上海人》，新华网，2004年4月24日。

人"与"北京人""江苏人""河南人"等并列的心理印象，并产生交叉认同或多元认同，有助于消解"台湾认同"的排他性。

3. 引导大陆青年赴台交流

对于大陆赴台青年的交流活动，大陆应通过适当渠道加以支持与指导。当前大陆对于两岸青年交流的支持与引导存在着单向性特点，即将主要人力、物力和财力及时间等投放在吸引台湾青年来大陆及其在地融入上，对于大陆青年赴台则较少予以关注，而至少理论上"入岛"交流能够产生直接的接触经验和扩溢效应，有必要加以支持与指导。一方面应加强对于大陆青年的政治安全、沟通能力的教育及引导，另一方面也应适度通过各种方式支持赴台交流，包括组建青年交流团体，与岛内青年组织建立长期互动关系，进行广泛的文教、公益、慈善等方面的交流合作。通过支持与引导，以赴台青年为"载体"，展示大陆正面形象，传递同胞情谊，争取台湾社会的认同，也有助于消解台湾社会的"惧统"与"拒统"心理。

五、民间反"独"的引导与治理

实现祖国完全统一，是两岸人民的共同责任。促进祖国和平统一，需要获得两岸人民的广泛支持。从社会治理的角度来看，人民群众也是最为重要的治理群体之一。长期以来，统一战线也是祖国大陆取得胜利的重要法宝，对台工作也非常重视对于岛内民间组织的联系与争取。但值得注意的是，在促进祖国和平统一的政策框架和话语体系中，台湾民众的认同与行为一直占据着中心地位，而大陆民众的涉台态度并未置于研究设计或政策规划的重要位置。例如，许多研究着重调查台湾民众对两岸关系的态度，但很少有研究探讨另一边的大陆人如何看待台湾问题。而事实上，随着祖国大陆人民群众政治素质的不断提升以及社会力量的蓬勃发展，来自大陆民间反"独"促统的切实行动也已经成为推进祖国和平统一的重要力量。相关研究表明，大多数中国大陆民众的态度与中央政府的两岸关系政策话语是一致的，研究还发现当大陆受访者认为他们所居住的城市比台北更具经济实力时，就会支持加快解决台湾问题的步伐和使用军事力量解决两岸对抗。[①] 可以说，大陆民众对于和平统一的心态相对而言较为迫切，构成了反"独"促统的重要推力，而且大陆民间"反独"的声音正"由下至上"地对于"台独"产生政治压力，并与来自官方"由上至下"的反"独"促统努力形成一种合力，如对于"台独"不当言论与行为予以抵制或惩戒，既能够有效体现祖国大陆人民的坚定立场和决心，也能间接地对台湾方面形成一种民意的压力。对此，大陆可以善加引导，就能够构筑起反"独"促统的群众战线，使得中央政府对台治理工作将更加贴近实际也更有成效。

　　大陆民间"反独"活动具有鲜明的自发性、偶发性与扩散性的特点。民间"反独"的经典案例可以追溯到大陆歌迷"封杀"张姓艺人事件，因张姓艺人曾在 2000 年陈水扁就职典礼上演唱相关歌曲，引起大陆民众强烈不满，以大陆歌迷在其杭州演唱会上发起抗议为标志，导致其在相当长一段时间内在大陆娱乐界失去市场，也引起大陆广电部门的关注。这是一

---

① Pan H H, Wu W C, Chang Y T, How Chinese Citizens Perceive Cross-Strait Relations: Survey Results from Ten Major Cities in China, *Journal of Contemporary China*, 2017, 26(106): 616-631.

种典型的由民众自发抗议而形成的具有反制效应的市场影响力，引发业界作出恰当反应，并引起官方跟进的"反独"行动。而此后的历次针对台湾演艺界人士不当言论及行为的抵制也基本遵循这一路径，包括韩国某演艺公司台籍周姓艺人被网民举报为"台独分子"，其所属公司旗下艺人等被大陆综艺节目及大陆网友抵制，最终周姓艺人公开道歉，并声明"中国只有一个，海峡两岸是一体的，我始终为自己是一个中国人而感到骄傲"，也引发了两岸社会的广泛关注。随着大陆民众对于两岸事务的日益关注和了解，以及对知名人士的言行检视的扩大，这种自发行为也将会逐步扩散到其他领域，比如对于两岸青年交流领域中一般台湾青年的检视与甄别，也就逐渐形成了一种民间甄别机制。

大陆民间"反独"活动还形成了一种相对长效的机制，在两岸民间层面对"台独"形成一种震慑效应。如台湾戴姓艺人参加大陆电影拍摄，担忧被大陆网友质疑曾支持"太阳花学运"等，戴姓艺人发出个人声明加以解释，但剧组认为他的"表态模糊"而将其撤换。另一名台湾陈姓艺人在大陆拍摄电影期间，遭大陆网友指证其在"太阳花学运"期间在社交媒体公开表示"没有内地市场、没有赚人民币、红不了都无所谓"、"我是台湾人，台湾是我的国家"等伤害大陆人民感情的言论，遭到网友抵制而被解聘，剧组强调"永不录用分裂祖国，破坏领土完整思想立场的艺人"。显然，大陆民间"反独"行动是一种自发而连续的长效行为，将在台湾社会产生持久的"震慑台独"的效应，有助于促发台湾社会对于大陆人民反"独"促统立场的尊重，当然也需要被适当引导进而产生合力。

第五章

促进和平统一的政治路径

促进祖国和平统一，一方面要继续扩大两岸经济、文化、社会交流合作，增进互利互惠，逐步为台湾同胞在大陆学习、创业、就业、生活提供与大陆同胞同等的待遇，保障台湾同胞福祉，推动两岸同胞共同弘扬中华文化，促进心灵契合；另一方面要牢牢坚持将一个中国原则作为两岸关系的政治基础、两岸关系和平发展的关键以及两岸政党和团体交往的前提，坚决维护国家主权和领土完整，以坚定的意志、充分的信心、足够的能力去挫败任何形式的"台独"分裂图谋，绝不允许任何人、任何组织、任何政党，在任何时候、以任何形式、把任何一块中国领土从中国分裂出去！

贯彻中央政府对台政策思路以及十九大精神，结合两岸关系发展以及岛内政局变动的实际，在习近平总书记关于对台工作的重要论述指导下，新时代对台工作不仅从经济路径和社会路径上去推动和平统一，"更多地关注普通民众对两岸经济文化交流的感受，两岸交流的质量比活动的数量更重要"，① 更

---

① Lin, Gang, Beijing's New Strategies toward a Changing Taiwan, *Journal of Contemporary China*, 2016,25(99).

要从政治路径上加强力度，要用权力工具、管治性手段、博弈思维以及现实主义方法等去促进祖国和平统一。而且，事实上的经济路径与社会路径最终也需要通过政治路径去发挥作用，多种路径在政治力的引导下相互影响，共同推进和平统一目标的早日实现。

第一节　促进和平统一的权力生成

从和平统一的目标构成以及促进和平统一的道路规划而言，两岸和平统一的进程就是两岸经济社会融合发展与两岸政治关系之间互动的过程。但诸多统一路径与模式的研究及设计之间的分歧在于：两岸经济社会融合能否产生支持统一的社会力量，支持统一的社会力量能否转化为政策并得以实施。"功能主义"的"整合论"认为两岸社会合力最终促成统一，而"联邦主义"的"整合论"则强调关键在于政府或政治力；分歧还涉及不同主体通过各种管道所形成的政治力与社会力之间抗衡与联合的结果。统一进程中的两岸"政治力—社会力"相互影响关系并不是一成不变的：在结构层面上，两岸经济社会融合发展与两岸政治权力博弈之间交叉影响；在行动者层面上，两岸政府、社会团体以及两岸民众各自的影响力此消彼长。而这种复杂的"政治力—社会力""结构—行动者"以及两岸多元主体的互动与互构也就影响并决定着促进祖国和平统一的权力生成及其形态等。

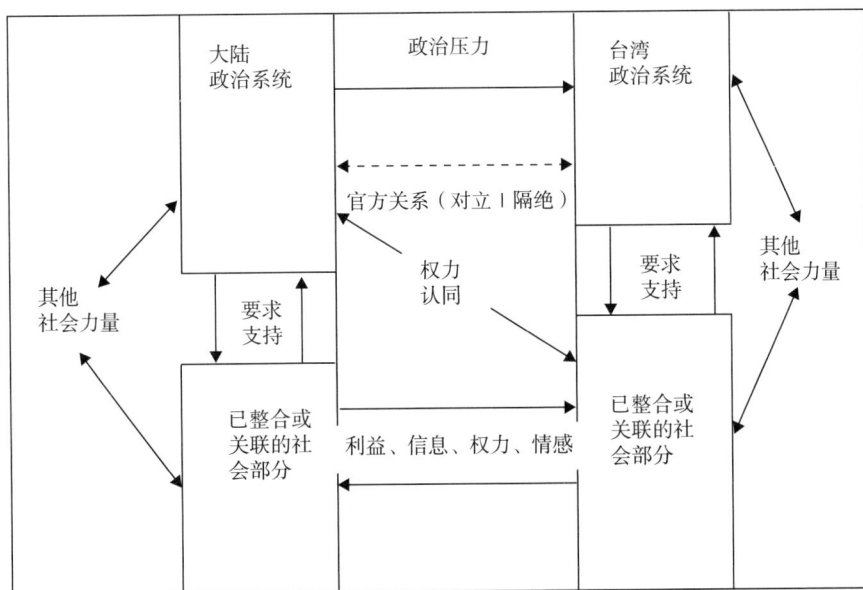

图 5.1　两岸统一进程中的权力关系

一、变动中的政治主导力与社会能动力

在影响两岸关系和平发展与和平统一进程中的社会力与政治力互动结果的变量中，最直接的因素包括政治力与社会力各自所占据地位的高低、作用方向的异同及影响权重等。当然，所谓"社会中心论"与"政治中心论"也可以看作是这种视角的两种不同思维导向，也就是说，两岸关系的发展到底是由社会力决定的还是由政治力决定的，或者说两岸关系是受经济社会关系决定还是由政治关系决定，代表了"政治力—社会力"互动关系的两种极端情况。而从两岸关系实践过程以及未来预期上看，政治力与社会力在主导性与能动性上是变动的、此消彼长的。

所谓政治的主导力是强调政府、政治系统获得足够的能力，运用其组织机构或各种资源，促使两岸关系朝向符合其期望的方向发展，或者说让两岸关系发展可控与可塑，主要着眼于探讨政治力如何影响、改变甚至决定社会或对岸的能力。具有高度自主性的政治体系，无论是否面对来自社会层面的疑虑或是来自对岸政治层面的阻碍与抗衡，都能够将其所偏好的原则与目标在最大程度上转换成为权威式的路线方针、公共政策，并付诸实践，甚至能够将其效力覆盖对岸。而社会的能动力则是强调经济社会关系对政治体系的推动力或反作用力，并保有足够的自主性与独立性，使个体的自由权利免遭政治强制力的侵害，维护社会成员的利益与价值，透过适当管道塑造政治体系内政策的形成以实现其利益需求。从某种程度来说，这两个变量之间是一种对立的关系，政治主导力的思维是把政治作为一个主控性的力量，社会力是附属的、被动的、配合的；而社会能动力的逻辑是把政治系统（或者说国家）作为多元力量竞逐的平台，政治力是消极的、中立的、因应的。但从两岸关系的视角来看，促进和平统一的实现则需要政治主导力与社会能动力之间形成一种合力，至少是祖国大陆积极推进和平统一的政治主导力要与两岸经济社会融合发展中的社会能动力形成一种协同状态，因此，政治力与社会力之间也可以存在一种对立统一的关系。从两岸关系发展历程及实践来看，促进祖国和平统一进程中的政治力与社会力关系的状态由其所涵盖的几组次级关系的综合作用所决定，即两岸各自内部的政治力与社会力关系、两岸间社会力关系、两岸间政治力关系、两岸间政治力与社会力交叉关系等。

从两岸内部的政治力与社会力的互动关系来看，基本上经历了政治主导力趋于降低、社会能动力增强，两者间逐渐相互作用、相互促进。台湾在"民主化"之前，政治体系基本维持着统治的"压制性权力"，政治力保持对社会力的控制与收编，透过"下层结构权力"和社会各团体建立网络关系支撑其政治主导性。[①] 然而从 20 世纪 80 年代中期开始，经济腾飞与社会变迁使得先前的政治力控制社会的稳定状态难以为继，其社会动员能力以及对社会组织机构控制能力减弱，面对社会能动力的抗衡，为降低社会潜在冲突并维系统治基础，政治力对社会参与的禁制逐步解除，对社会力采取一种怀柔、妥协甚至合作的方式，于是社会力影响政治的范畴和程度随之扩展，改变了统治精英彼此互动的政治生态，也促使社会力量勃兴，同时政治民主化"重新界定了'政治'的意涵，以及民间社会对国家所掌控的'政策疆界'的认知的重新界定"，[②] 在此过程中，社会能动力逐渐彰显，政治与社会的关系从"威权时代"的主从关系，转换为一定程度的互赖合作关系或是相互牵制的关系。尤其值得注意的是，在两岸关系这一重要问题上，台湾内部社会力的累积推动了政治力的政策变动，促成了台湾在两岸政策上的逐步开放。在这个变迁过程中，政治力与社会力关系的维度基本是固定的，而互动关系中的向度和变量权重则发生了改变，进而引发了互动方式的总体改变。中国大陆在改革开放以后，集体主义、计划经济体制下政治力全面掌控社会的状态很快被改变，中国特色社会主义建设过程中的社会能动力逐渐复兴，政治力与社会力之间呈现出一种多元互动的良性关系。而在对台政策与促进和平统一等问题上，大陆内部的

---

① 冯瑞杰：《民主转型期台湾市民社会与国家的互动：市民社会精英的认知》，《国家与社会》2007 年第 2 期。

② 冷则刚：《大陆经贸政策的根源：国家与社会的互动》，包宗和、吴玉山：《争辩中的两岸关系理论》，台北五南图书出版社有限公司 1999 年版，第 228 页。

政治力与社会力在方向上基本一致，形成了推动两岸关系和平发展与和平统一的合力。

从两岸之间社会力的关系来看，随着社会能动性的地位越来越彰显，两岸经济社会交流整合日益深入，融合发展态势明显，两岸社会联结增强，而且相关政策的制定与实施都伴随着社会力的触发、参与与支持，两岸关系中的相关政策也不得不从以往仅仅服务于政治利益，转变为综合考虑政治、经济、社会与文化利益等。从总体来看，两岸间社会力的互动是相向而行的，逐步破除了既往的隔绝分立状态与误解隔阂心态，成为生成促进和统一的权力的重要源泉和基础。

作为两岸关系最重要、最核心的互动关系，两岸之间政治力的关系首先经历了向度的变化，即从共识分歧并存到共识消失、分歧扩大，其主要原因是台湾方面的立场退却，导致两岸从共同坚守一个中国原则和坚持和平统一目标发展到一个中国原则政治基础的流失和统一共识的消失。其次是存在着力度的此消彼长，主要表现是中国大陆的快速崛起使得两岸实力对比发生翻转，中国大陆取得政治竞争优势，同时由于台湾内部"拒统趋独"的政治力发展态势使得中国大陆不得不加大防"独"促统的政治力。因此，两岸政治力之间的关系总体上呈现相悖而行的状态，但总体来说，大陆政治力仍能够保证两岸关系和平发展局面的可控。

从两岸间政治力与社会力交叉关系来看，两岸内部的政治主导力与社会能动力的变化也延伸到两岸关系领域，基本也呈现出相同的态势，当然从两岸政治对立的结构性困境下，政治力的主导性在位阶上仍高于社会力的能动性，两岸政治力的对立阻碍了社会力的进一步整合。过去两岸的政策较多地立足于政治利益，但逐步转变为兼顾社会利益，其原因也在于社会能动性的分量在增加，经贸、文化、社会交流等衍生的动力压缩了政治主导性的独占空间，两岸间社会领域的能动性推动了两岸开放政策的实施，两岸社会互动交流中实际利益的吸引力或共识往往成为民间对于政府的压力来源，并逐步突破系列政治障碍，形成了具有一定独立性与自主性的活动空间。从当前的形式上看，两岸政治力的互动呈现出较明显"现实主义"式的对立，而社会力的互动则表现为明显的"新自由主义"式的互赖整合。而在交叉关系上，随着大陆对台政策强化"争取台湾民心"，积极引导两岸关系发展，充分吸收台湾民众的意见，积极增进台湾民众的福祉，大陆政治力与台湾社会力之间形成一定的良性互动关系；但由于台湾方面的阻隔甚至直接以政治力压制、切断两岸社会连结及其效应，大陆社会力量尚未形成与台湾政治力的直接互动，而且台湾政治力也并未回应大陆社会力的压力。在未来两岸完全统一进程中，则期待社会力的能动性能够发挥更大的作用，推动政治力主导下的两岸对立也能逐步和缓乃至结束，使得两岸政治力与社会力间逐渐形成良性互动与统一合力。

二、行动者影响两岸政策的政治路径

在两岸政治对立的结构下，两岸各行动者需要借助一定的方式表达自身利益、需求与主张，进行政治参与，才有可能发挥在统一进程中的主体作用，进而再生产或重构着两岸关系结构。由于中国大陆各主体在两岸关系的利益表达、利益综合及政治决策上处于制度化、正常化的状态，也具有明确的可预测性，而在影响两岸结构的政治路径中，台湾方面的行为就成为重要变量，台湾各方面的行动者在以和平统一为导向的"政策网络"中的相关作为尤其值得关注。

从台湾内部的发展来看，政府以外的社会主体达致决策体系的渠道经历了从单纯体制外到体制内外并进、由少数途径到多元方式的变化。在"解严"前，台湾民众和社会团体政治参与除了少数"合法"渠道如陈情、地方选举外，较多地通过体制外管道来表达自身利益和政策要求，而且当时台湾社会运动或者说集体抗争行为风起云涌，[①] 也具有强烈的政治色彩，长期被压制而积蓄的社会力量透过体制外方式爆发出来，也促进了台湾的政治转型，也逐渐开始涉入并改变着两岸政治力的互动格局。在开启"政治民主化"之后，一些体制外的渠道逐步转化为合法途径，如示威游行、请愿等，台湾民众也常在政治人物或团体的动员下进行一些关涉两岸关系政策的集体行动；选举则是最为制度化的方式，政治精英借助选举来组织和动员群众，而民众也透过选举投票去影响着候选人、政党的认知、主张与行动，最终使得"民意"能最大限度地达致决策体系并最终形成政策。每次"大选"中候选人的两岸关系政见也往往成为焦点，相关各方的两岸政见都力图获得最大化的民意支持。有"第四权力"之称的大众媒体也逐步成为重要的诉求渠道，也是政治传播和政治沟通的重要载体，使民众共同利益与意见的传播与整合成为可能，最终发挥议程设置、监督的功能。同时各种利益集团采用的非正式、功能性的管道也发挥着重要影响，企业、社运团体、行业组织、地方派系等往往采取对话、协商、关说、施压、利益输送、幕后交易等多种渠道和方式来促使符合自身利益与理念的

---

① 刘国深：《台湾政治概论》，九州出版社 2006 年版，第 185 页。

政策制定。当然，一些体制外的、"非法的"表达方式也持续存在，甚至对既有体制内路径形成否定，如"太阳花学运"不仅改变了岛内既有政治决策的常规，也对两岸关系造成了较为深刻的影响。总体来讲，台湾各社会主体达致决策体系的结构性管道逐步多元化，使得台湾内部的利益表达、需求传导较为畅通，而在两岸经济社会日益联结的背景下，大陆由下而上地带动台湾社会行动者影响台湾政治决策的可能性和工作渠道也将随之而增加。

在台湾社会主体影响大陆的政治决策方面，虽然大陆方面充分吸收台湾同胞的意见和建议，也鼓励台湾同胞通过各种方式参与大陆公共事务，台湾同胞也在通过各种渠道参政议政，但在相当大程度上的问题依然是缺乏直接性的、制度化的、合意性的方式和渠道，而这也必然影响到台湾社会相关行动者的效能感，这使得促成大陆政策与台湾民众间的常态化互动、建构台湾社会主体达致大陆政治决策的常态化管道具有必然性和紧迫性。对于大陆而言，"寄希望于台湾人民"、对台统战工作的实施以及和平统一的最终实现，都需要能直接作用于台湾各社会主体的作用渠道，因为和平统一的过程基本上是两岸争夺民意、民心的历程，而大陆因为缺乏与台湾社会直接互动的有效管道而处于先天劣势地位。即便如台湾方面所言，大陆"积极与台湾各级民间团体及个人，建立互动管道与合作关系，形成多元、多层次的联系网络，广泛且迅速掌握'我'交流讯息；并利用'我'民间自主特性，采取各别突破方式，以有效贯彻其交流策略"，[①]但台湾当局不断以立法、行政等手段阻吓台湾民众

---

① 刘德勋：《两岸交流二十周年回顾与前瞻——人员往来》，田弘茂、张显超：《两岸交流二十年：变迁与挑战》，台北名田文化 2008 年版，第 146 页。

参与大陆公共事务，也使得制度化管道的建设面临障碍。虽然当前大陆已经具备了在大陆地区构建台湾同胞参与渠道的条件，但与岛内社会的"互动管道"或"联系网络"仍有待扩展与强化。从决策的角度来看，除了大陆依据台湾人民的意愿与福祉主动制定引导性政策外，台湾社会主体缺乏影响大陆政策制定与实施的直接管道，虽然受阻于两岸政治对立，但这并不意味着台湾民众对于大陆政治决策没有利益要求和参与意愿，有台湾人士指出，台湾人民不喜欢大陆的建议是因为大陆"只会向国民党提出诉求"，"他们认为统一乃是属于国共两党的家务事罢了"，[①] 这也从侧面说明了台湾人民参与两岸事务对于统一的重要意义。而伴随着两岸关系和平发展以及两岸社会交流的深入，在两岸关系的相关问题上，台湾民众对中国大陆政治决策有着强烈的利益倾向和参与意愿。而台湾民众对大陆的利益表达与决策参与，一方面可以使大陆对台政策更加精准，另一方面也可能意味着台湾民众对大陆政治决策的某种支持与承认。就当前两岸关系发展实践而言，为了促进和平统一，祖国大陆应秉持"以人民为中心"理念，积极主动了解台湾社会各主体的利益需求，并针对性地制定具体政策。

在作为两岸关系主体和决策中心的政府层面，两岸政府在关涉对方的决策机制上，缺乏直接的互动管道，目前两岸政府间仍是采取单方面的、对立性的决策方式。值得注意的是，两岸间政府授权的"两会"在某种程度上曾发挥着两岸沟通协商、共同决策平台的功能。未来两岸在坚持"两岸同属一个中国"的共同政治基础上，仍然可以经由协商沟通

---

① 吴新兴：《海峡两岸交流》，台北"国立"编译馆 1998 年版，第 71 页。

建立起全局性、双向的、合作的、一致性的决策平台、管道或模式，也将有利于促成并确认和平统一的最终实现，进而从根本上终结两岸政治对立的结构。总而言之，综合多个维度的决策方式，将可能构成一个结构与功能较为完善的统一"政策网络"，建立起大陆政府、台湾社会主体与台湾政府间彼此联合与抗衡的场域，也成为渐进改变两岸关系结构的行动空间。

三、两岸主体间的联合与抗衡

当然，两岸主体间的联合与抗衡不仅限于台湾社会主体与两岸政府之间。两岸各行动者借助多元化的管道表达与维护各自主张与利益，彼此间互动的结果则形成多种政策选择，加上相应的资源与支持，并将利益综合的结果转换为权威性的决策，而最终政策执行、实施与效果等仍与两岸主体间的互动密切相关。尤其是随着两岸关系的逐步发展以及全球化的推动，宏观上，政府的任何决策与行为都必须与社会力量折冲，而在微观层面则是两岸社会行动者如企业、协会、社会文化团体甚或个人，均可能受到政策的束缚，但仍发展出跨界的交流互动管道与利益联结，它们及政治行动者之间在政治与社会领域展开对权力、利益与民意的争夺，也将宏观的"政治力—社会力"互动落到实处。两岸各主体之间相互联合与抗衡的场域从过去单一政治领域逐步扩展到经贸、文化、社会等领域，同时各种领域互动交织，争夺的对象包括权力、利益、认同等，形式上也可能是通过获取民意支持来实现。

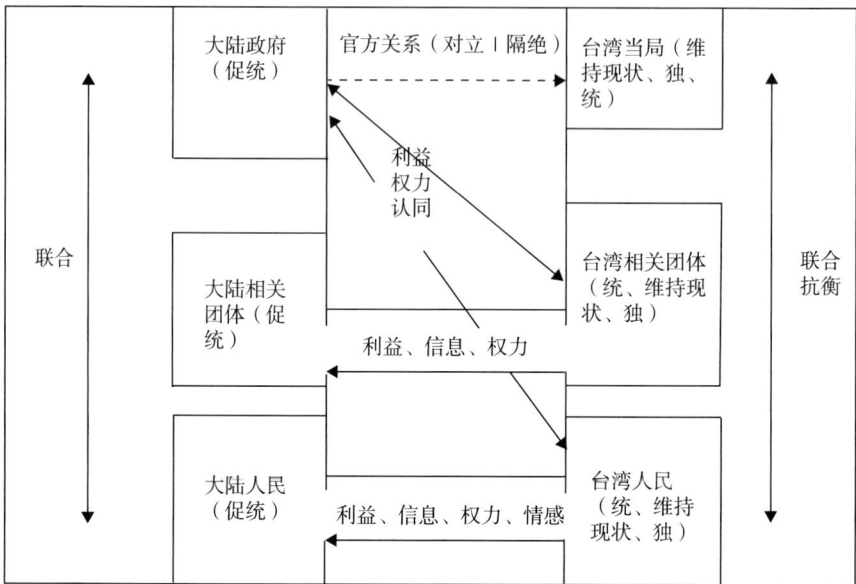

图 5.2　两岸主体间联合与抗衡关系

在和平统一方针确立后，中央政府最初采用两个"寄希望于"的互动策略，"寄希望于台湾当局"表明期待与台湾当局建立起积极的、双方可以接受的权力与利益竞争或分配方式，"寄希望于台湾人民"则是直接争取台湾民众对和平统一的支持。在两岸政府层面的互动基本陷入"零和博弈"的状态时，两者在国际、国内场合展开了权力与政治利益斗争，大陆基于台湾当局的行为态势而展开相应制衡措施，台湾则在权力和利益博弈中处于劣势，认为大陆打压台湾、威胁台湾"安全"而加以对抗甚至"逃逸"。因此，大陆由"两个寄希望"转换为更加"寄希望于台湾人民"，期望利用两岸间逐步拓展的社会互动空间中的两岸交流渠道来获取台湾民意对中央相关政策的认可与支持，从根本上制衡、克服或避开台湾政府的阻碍。这种转变是积极的，尤其是对于两岸政府来说，在缺乏直接的良性互动管道时，统一的进程更可以视为相互间争夺民意、民心的过程。两岸之间的经贸社会往来"已经编织了一层层交织绵密而渗透许多政策领域的利益关系与社会网络"，但是"这种绵密的关系网，却又是搭建在两岸间政治军事的敌对结构之上。既亲近、又敌对，既非内政关系，又非纯然国际关系"，"两岸政治关系的'不正常'，使得跨海峡事务无法通过惯常途径处理，因此，两岸之间的许多政策角力，便通过各种间接、迂回的方式来互动，甚至进行'代理人战争'，争取心目中'国民'的向心力"。①而对民意、民心的和平竞争，有助于化解两岸政府权力与利益战场中衍生的不稳定性与副作用，中国大陆也必能在这种竞争中逐步建立优势，获取和平统一的主导权。当然，政府也不单纯是"各种利益团体的竞技场和各样社会需求的搅拌器"，②还存在一定程度的自主性利益与倾向，尤其是台湾政局还受到执政党的政党利益影响甚至左右，如蔡英文当局就无视台湾民众的利益与诉求而企图阻遏两岸社会交流。

在两岸社会团体的层次，各团体均会不断表达各自利益、向政府施压、争取群众的认同与支持，团体间进行联合或抗衡，形成影响两岸和平统一的社会力。在个体意义上，规模大小、资源多寡和群体内部凝聚力三项变数决定着团体的政策影响力或实力，两岸关系中的政党、商业团体等都是较具影响力的团体。而随着两岸关系的逐步发展、社会的多元化及各类团体的增加，各团体间会因利益、权力、民意等方面的对抗或联盟产生

---

① 吴介民：《两岸的社会交流现象——"跨海峡治理场域"中的公民身分政治》，田弘茂、张显超：《两岸交流二十年：变迁与挑战》，台北名田文化 2008 年版，第 252 页。

② 庞建国：《政治与发展社会学之新动向：以"政府"为中心之研究途径的兴起》，《中山社会科学译粹》第 1 卷第 1 期。

互动联结，由倾向于两岸整合所产生的"趋统"力量与因倾向于两岸区隔所产生的"趋独"力量之间也展开竞争。以商业团体为例，有研究认为，在产业竞争中居于优势的台湾企业往往赞同两岸整合，并向政府游说或施压，而一些传统产业或中小企业则存在着诸多疑虑，认为投资大陆会造成台湾产业空洞化，并令大陆政府能"以商逼政"等。因此，对于台湾当局来说，一方面不得不减少对台商投资大陆的政策限制，"不难看出台商社群（倾向整合的连缀社群之一环）多年来的诉求形成一股庞大压力"，[①] 另一方面也必须做好政策宣导及传统产业与中小企业的辅导；对于大陆政府而言，对丁基层民众和青年群体的政策倾斜可以为台湾传统产业和中小企业的发展提供一定的资源和机遇，有利于化解其因利益弱势而衍生的亲"独"取向。

两岸个体层面的民众，是两岸政府、团体争取支持的对象，是推动两岸和平统一的最终力量源泉。作为两岸关系的重要主体，民众之间的整合与疏离也将决定未来两岸关系的发展方向。个体层面的民众间互动有几个值得注意的方面：首先是两岸民众间的共同社会生活空间及整合规模、程度将决定两岸分与合的力量；其次在台湾内部的统独倾向上，虽然赞成统独的力量基本是少数，但"统独（实际上是'独'——笔者注）少数高度制约沉默多数则促使台湾内部无法凝聚应有共识，更促使了台湾'国家认同'的纷歧"，[②] 使维持两岸关系和平发展的中道力量不能彰显；最后，不

---

① 耿曙、林瑞华：《两岸经济整合的政治影响：分析两岸整合的理论架构》，《南华大学第二届亚太学术研讨会"东亚区域整合对台湾安全与发展的影响"》2004年4月30日。

② 张五岳：《两岸政治交流的回顾》，田弘茂、张显超：《两岸交流二十年：变迁与挑战》，台北名田文化2008年版，第96页。

同的民众个体，因为与政治体系的联结度不同，具有不同的政策影响力，政治精英的力量高于一般民众，更容易直接进入决策体系，而且个人的因素也会影响最终的政策，如卜睿哲认为李登辉执政后喜欢以临时的、个别的、私人的会议取代正式决策过程，正式决策过程可说是支离破碎，而陈水扁也有着与李类似的倾向，把原本应有机会陈述专业意见的官员排除在决策过程之外，陈水扁独断的决策风格以及其任内争议性的宣示，对两岸关系带来相当大的冲击。[①] 而李、陈以及蔡一直以来的"台独"倾向无疑是阻碍两岸联合的重要因素。

四、两岸多元社会中的"交叉压力"

两岸因内战延续而导致的政治对立，以及顺应时代要求而生发的社会（广义的）功能与结构分化，加上两岸关系发展进程中不断衍生的社会、政治联结以及共同空间，使得领土与主权完整的一个中国呈现为一种内部多元化甚至异质化的社会形态。这也导致了两岸同属的一个中国内部的权力关系在当前并不是线性的、双向的、一体化的，而更多的呈现为网状。两岸社会的多样性决定了两岸关系中存在着各种类型的分化、抗衡和冲突，使两岸关系呈现出"交叉分裂"状态，而两岸互动中的权力关系更多地体现为一种"交叉压力"，却可能成为凝合或重构社会结构的积极力量，以及维持两岸关系政治稳定的调适因子。"交叉压力"下的两岸关系也将可以逐步达致政治秩序的重构。两岸关系中的"交叉压力"包括行动

---

① 陈仲志：《新书介绍：解开死结：开创台海和平》，《远景基金会季刊》2005 年第 4 期。

者因多重成员身份所形成的内在角色冲突、行动者尤其是团体因成员重叠所产生的内聚力冲突、两岸社会结构和功能的分化与整合而形塑的牵引力冲突、两岸互动中不同领域分歧的断层线冲突等。[①] 这种"交叉压力"既具有解构两岸结构性困境的作用，也具备重构一个中国未来内部权力秩序的潜能。如图 5.3 所示。

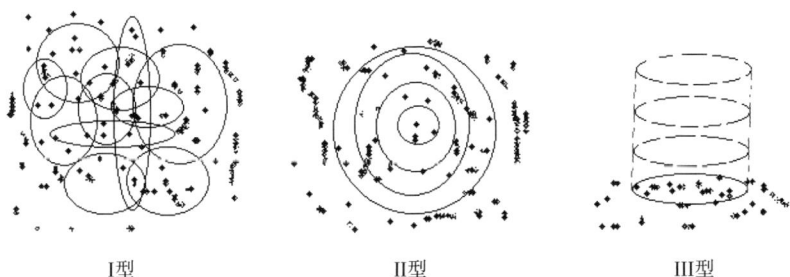

I型　　　　　　　　　　II型　　　　　　　　　　III型

图 5.3　三种"交叉压力"类型

　　两岸社会主体大多都具有多重身份和角色，这包括自然性的如血缘、家庭、族群、文化等，也包括社会性的归属感，如附着于工作单位和职业团体、参加或支持政治组织及社会团体等，而其中尤为值得注意的是日益增多与深化的两岸联结使得社会成员产生了新的"两岸"角色，或原有身份和角色具有了更多的"两岸性"。例如某位台湾民众可能身兼多重角色，可能包括家庭成员、本省人、中国文化认同者、公司职员、民进党支持者、公益事业义工、台干、对台政策获益者等，而不同角色所形成的要求往往不尽和谐一致，个体常常在"多重成员身份"的内在角色冲突下作出抉择。而当政治与社会上不一致的、多元的支持

---

① 　王鹤亭：《"交叉压力"与两岸关系和谐发展》，《世界经济与政治论坛》2011年第 1 期。

与归属感相互冲突时（I 型），就需要个体加以综合权衡，这在一定程度上可以缓和个体选择的非理性、挑衅性与极端性。值得注意的是，如果个体的多重身份或角色之间是相互强化的（III 型或 II 型），也就是说不同的身份与角色的归属范围有重合时，则可能会降低选择的温和性，例如台湾南部民众，可能是传统产业工人、"绿营"支持者、本省人、弱势群体一员、两岸经贸整合的受损者、大陆惠台政策的非受益者，不同角色冲突的重合显然会坚定其反对两岸融合或"趋独"的立场。因此，在促进祖国和平统一过程中，当越来越多的台湾民众具备了"两岸性"的身份后，其内在的角色也会更加多元，这种两岸身份中"趋统"的牵引力大于"趋独"的离心力时，个体内在角色冲突就会产生有利于和平统一的力量。

团体间成员交错重叠所产生的内聚力冲突，在作用方式上与社会成员角色冲突类似。内聚力冲突的第一种情况是团体内部并非都是铁板一块，可能有次级集团的存在，如民进党内派系丛生，山头林立。第二种情况是一个团体中的很多成员同时还属于其他多个团体，而这些团体的要求常常可能互相抵触，如民进党支持者中有许多属于两岸经济整合的获益群体，而大陆也曾强调不允许个别人一边在大陆赚钱一边支持"台独"。那些同时属于不同团体的成员不太可能对某一团体的要求完全支持，而团体也要获取最大成员支持，就必须提出兼容并蓄、比较中道的主张。总体上讲，"由于个人的交叉组织隶属和次级集团的存在，使得个人与团体、团体与团体之间形成了纵横交错的利益制约关系，而他们之间的各种政治冲突与矛盾呈分散、变动、均衡的状态，社会难以形成两大或几大群体长期、稳定、刚性的政治对立与冲突，以及由此导致的持续政治分裂与对峙"[1]（Ⅰ型），以团体成员为出发点，"如果社会中的大多数个人把自己认同于一个以上的群体，那么多数与少数之间的认同界线是模糊的，因为每个人都可能在多数与少数之间进行转换，这就减少了多数与少数之间相互压迫的危险"。[2] 但对于团体内聚力冲突的结果上，仍需基于具体的变数进行分析和预测，包括团体间成员重叠多样性程度、成员所属各团体间异质化程度等。

两岸社会结构和功能的分化与融合而形塑的牵引力冲突，形成了两岸政治互动与经济社会融合之间"分"与"合"的角力。宏观上，两岸民众交流的积极性明显高于消极性，两岸民众积极的互动有助于缓和两岸政治关系的紧张；两岸"经济互赖能够增进两岸和睦的政治关系，部分地改变情境、形塑民众的利益与偏好，使他们偏向或要求和平的两岸关系"，虽然"大多数境况下，相互依赖并不导致政治统一，但两岸间独特的关系使得即便是统一也是可以期待的。研究已经令人信服地证明，经济互赖能推进政治和谐"。[3] 而在微观层次，两岸交流与整合也造成了个体成员内在的牵引力冲突，一位台湾官员曾形象地描述了台湾民众的内心矛盾，"政治面向让台湾人又恨又怕，经济面向让台湾人又爱又怕，社会（指狭义社会中的非经济部分——笔者注）面向让台湾人只

---

① 胡伟、李德国：《异质社会政治秩序的建构——"交叉压力"假说的理论脉络与解析》，《中国社会科学》2006 年第 4 期。

② ［美］罗伯特·达尔：《民主理论的前言》，生活·读书·新知三联书店 1999 年版，第 143 页。

③ Shelley Rigger and Toy Reid, *Taiwanese Investors in Mainland China: Creating a Context for Peace?*, *Cross-Strait at the Turning Point: Institution, Identity and Democracy*, Edited by I Yuan, pulished by IIR, Cheng Chi University, 2008：79.

爱不怕"。① 这种不同层次、不同领域、不同指向却作用于相同对象的牵引力冲突也最终影响着两岸关系的发展方向。

两岸互动中不同领域分歧的断层线冲突，主要考察台湾内部以及两岸间分歧与冲突之间是相互强化的，还是交叉相融或抵消的。毫无疑问，台湾内部以及两岸间在不同领域存在着各种各样的分歧与冲突，而这些分歧往往将社会（一般意义上的）分割为不同的群体，犹如社会在不同层面被不同的"冲突线"或"断层线"交错分割。一般来说，当这些断层线相互交错时，两岸间多种分歧与冲突的效果往往是相互抵消的；但当断层线沿着同一方向重叠时，就会造成多个领域里分歧与冲突的强化，如同大陆阻止台湾当局在国际社会的非法参与，与台湾民众对大陆的敌意相互强化。美国社会学家罗斯将"断层线冲突"比喻为波纹的相遇，"社会中那些不同的对立就像不同的波纹拍打着湖的对岸，如果一个波纹的波峰与其他波纹的波谷相遇的时候，它们就互相抵消；但是如果波峰与波峰相遇，波谷与波谷相遇的时候，它们就互相加强"，所以，"一个沿多种对立方向发展的社会比仅沿一个方向发展的社会被暴力分裂或肢解的危险可能要少"。② 因此，促进祖国和平统一应当避免使两岸分歧产生"共振"与"两极化"，而是要加强不同分歧断层线之间的交错与融合，例如大陆加大对基层民众和青年群体的工作力度就具有重置断层线的功能。

---

① 王鹤亭：《"交叉压力"与两岸关系和谐发展》，《世界经济与政治论坛》2011年第1期。

② Edward Alsworth Ross, *The Principle of Sociology*, New York : The Century, 1920 : 164 -165.

第二节　促进和平统一的政治整合

政治整合无疑是促进和平统一的重要路径，也是和平统一目标的重要构成部分。政治整合的进程及进展也会受到两岸社会力、中国大陆政治力以及内外环境变迁的影响，也是推力、拉力与压力相互作用的结果。

一、经济社会融合中的统一需求

两岸经济社会融合会产生促进统一的动能，处在政治社会互动框架下的两岸主体之间相互联合与抗衡，处在两岸关系脉络下的"交叉压力"，其中也必然会衍生出统一的利益要求，发挥着议程设定的功能，并借助相应的管道影响政府决策，进而改变两岸关系结构。产生统一需求的来源是多方面的，一是经济社会融合的直接驱动力，二是不确定性与外部性的消除和两岸公共产品的生产所衍生的统一需求，它们都构成了促进政治整合的推力。

首先，经济社会融合发展的惯性直接驱动着政治整合。两岸经济社会融合会奠定政治整合的坚实基础，能为和平统一提供助力，降低或缓和反对力量，虽不能必然促成完全统一，但社会整合却也蕴含着政治统一的直接驱动力。如两岸文化同一的使动性、同根同源的民族血缘亲情的聚合性、两岸经济社会功能互赖的相关性、制度整合创新的规范性等，这些层次的统一要求从总体来说是经济社会融合中"合"的力量在政治领域的直接体现与延续。

其次，两岸关系中不确定性的消除也衍生了统一要求。两岸关系镶嵌着政治对立的内在结构，其发展无疑受到政治因素的强烈制约，两岸政府都力图占据两岸关系中的有利地位，因此，两岸经济、文化、交流等发展的环境与前景具有不确定性，尽管两岸经济社会融合有客观上的需求，却也面临着政治干扰、对立恶化的风险，导致两岸交往成本过高、社会交流的不确定性。两岸政府互以经贸作为政治的手段，为达成政治目的。一方面，在交易、交流及整合过程中往往具有强烈的外部动机来干扰或控制融合进程，也导致了信息的不对称与不完善；另一方面，两岸政府间互动形成的政治环境直接作用于两岸融合。由于在两岸之间没有一个共同的强制性权力，无法对机会主义、零和博弈的行为采取有效限制，在缺乏有效约束的情况下，两岸都有可能采取个人主义行为，客观上提高了风险与不确定性，使两岸合作处于脆弱与不稳定状态中，成为制约两岸社会进一步整合的瓶颈。"处于相互依赖的两岸必须做出制度安排或接受制度安排，以调整及控制过高的交易成本问题，使相互依赖关系稳定在一个相对信任的阶段"，最大限度地改变社会整合中的不确定性或机会主义行为，[1] 而 2008 年以来两岸之间通过"两会"的重要互动及双边协议实质上也是在降低不确定性所衍生的风险，并降低了两岸交流、交往、交易成本。

再次，两岸经济社会融合发展中负外部性的消除以及共同事务的处理需要两岸政治整合。在日趋相互依赖的两岸社会关系中，逐渐产生出来一个关联彼此且单方面根本无法解决的共同问题或共同事务，"两岸在这些区域上的作为，不是双方因'集体行动困境'，各管各的，就是因为成

---

[1]　吴金城：《特殊的两岸经济相互依赖关系与意涵》，《东亚论坛季刊》2009 年第 9 期。

本太高而没有意愿去管或者说根本无法管"①等现象就涉及"外部性"和"公共产品"问题，如两岸犯罪问题、渔业恶性竞争问题、海洋环境保护问题等。两岸社会的关联性，使两岸行为与政策"相互影响"，单边的行动容易造成"集体行动困境"，更多的是需要在合作与协商基础上采取联合行动与规划。对于两岸社会相互依赖的关系而言，两岸社会相互依赖程度越高，两岸社会关系所产生的外部性就越多。当然，外部性既有积极的正外部性，也有消极的负外部性，而消极的外部性容易导致相关行动者之间的冲突与无效率。如同"市场失灵"需要政府的介入，两岸间负外部性的消除及共同事务的解决也有赖于两岸政治整合。

最后，两岸公共产品的供需矛盾也产生了统一的要求。两岸社会整合增加了对公共产品的需求，解决"市场失灵"、确立共同社会秩序、制度创新等，如解决两岸重复征税问题、曾经的公证书查询等，使得一种"合作干预"的力量变得必要起来，两岸社会关系的稳定发展意味着必须遵循某种"规则"，而这种规则（也是公共产品）必须由两岸通过集体合作、协商、谈判和选择而设计出的各式各样具有约束力的规则，来约束与管理两岸经济社会关系，化解两岸个人主义操作方式下的弊端，产生两岸单方面无法促成的共同利益增长。经济社会融合本身的功能有其范围和限度，无力提供所需的公共产品，都需要公权力介入。但目前两岸间并不存在一个事实上的共同政府或公共权威，也不存在一个与两岸政府具有同等权威或有效性的中间机构，因此，解决供需矛盾的方法只能是通过两岸公权力机关之间进行包括协商、合作、对接等在内的政治整合。

---

① 吴金城：《特殊的两岸经济相互依赖关系与意涵》，《东亚论坛季刊》2009 年第 9 期。

二、中国大陆的统一要求与实践

维护主权领土完整，追求完全统一是包括台湾同胞在内的中国人民的神圣职责和使命。但在当前台湾当局无意分担以及台湾民众有所保留的情况下，包括中央政府及大陆人民在内的大陆方面理应成为完全统一任务的推动者、主导者，这种责任感和使命感贯穿于中国和平统一进程的始终，也当然产生了促进和平统一的拉力，也形成了对台湾方面的政治压力。

大陆人民在强烈的爱国主义和民族主义驱使下，形成了追求统一的强大民意压力。爱国主义表现为对祖国文化、成就、同胞的强烈认同，对领土主权的维护，也表现为"天下兴亡、匹夫有责"、"同仇敌忾、共御外侮"及维护统一、反对分裂的优良传统，爱国主义容许并超越了社会主义与资本主义的制度差异，成为维护祖国统一和民族团结的纽带。在台湾问题上，"祖国利益与台湾人民利益息息相关，紧密相连……无论从民族情感、历史血缘和战略地位上讲，中国人民都绝不会允许有人将台湾从中国分裂出去"，[1] 也不允许无限期拖延下去。同时台湾问题也往往被视为帝国主义侵略、中华民族创伤的遗绪，只要台湾与大陆分离的状态一天不结束，"中华民族所蒙受的创伤就一天不能愈合，中国人民为维护国家统一和领土完整的斗争也一天不会结束"。[2] 而且在追求统一问题上，大陆民意也很容易凝聚成一股强大的力量，成为中央政府对台统一方针政策的压

---

[1] 《中华民族利益的出卖者——三评李登辉及其"两国论"》，《人民日报》1999年9月12日。

[2] 国台办：《台湾问题与中国统一》，1993年9月1日。

力与助力。相关研究也证明了大陆涉台民意与政府对台政策的相互促进。对中国大陆 10 个主要城市的 2000 名受访者的调查数据显示,大多数中国大陆公民的态度与政府对两岸关系的政策是一致的。数据还显示,当大陆受访者认为他们所居住的城市比台北更具经济实力时,就会支持加快解决台湾问题的步伐以及用军事方式解决两岸对抗,[①] 即更倾向于支持"急统"和"武统"。而中国大陆内部持续高涨的大众民族主义情绪也在转变着大陆民众的政治认同,这种改变可能促使中央政府容纳民意要求进而对台湾采取更为"严厉"的政策举措。[②]

为维护国家利益、增进两岸人民福祉、促进中华民族伟大复兴、顺应海内外中国人的统一要求,大陆政府一直坚定不移地维护领土主权完整、推动两岸走向和平统一,并在不同时期根据环境和条件的变化,适时调整对台政策、策略和手段,全方位地开展对台工作,形成了保障两岸关系和平发展与完全统一的主要动力。

1949 年以来,在中国共产党的领导下,大陆方面坚持不懈地谋求两岸统一,从"武力解放"到"和平解放"再到"和平统一、一国两制"方略下的对台工作也逐步深化、细化,不仅有高瞻远瞩的宏观战略,更有中层的政策、路线、策略,还建立起微观的工作路径和作用机制,不仅争取着台湾民心,形成了对台湾当局的压力,也逐步扩大了与台湾公权

---

① Pan H H, Wu W C, Chang Y T, How Chinese Citizens Perceive Cross-Strait Relations: Survey Results from Ten Major Cities in China, *Journal of Contemporary China*, 2017, 26(106): 616-631.

② Yitan Li, Constructing Peace in the Taiwan Strait: a constructivist analysis of the changing dynamics of identities and nationalisms, *Journal of Contemporary China*, 2014, 23(85):119-142.

力的接触、协商与合作。1979年《告台湾同胞书》发布后，经由"叶九条"的提出，到邓小平"和平统一、一国两制"，再到"江八点"，以及"胡四点""胡六点"的确立，再到习近平总书记关于对台工作的重要论述，中央对台政策的基本框架由粗渐细、由目标到路径、从长期到短期一步步走向完善；在坚持原则和目标的同时，在任务落实上更加务实，从基础和短期目标做起；对台工作机制的建立和不断完善，使得统一工作已经制度化、常态化；追求统一的工作范围上，由过去的政治领域扩展到经济、文化、交流、教育、宗教等；工作机制上，由单纯斗争、对立到各领域斗争、协商、合作区别处理；工作对象上，由过去的国民党拓展到包括民进党在内的广大台湾人民，"贯彻寄希望于台湾人民的方针决不改变"；工作方式上，更加自信灵活，伴随大陆自身实力的增加以及对台湾了解的深入，工作方法也逐渐精准与细化，如在与民进党交往交流对话问题上，大陆对于对话的前提和对象的界定越来越客观、科学与精细："在民进党放弃'台独'纲领之前我们不会与民进党任何机构、组织进行接触，一旦民进党放弃'台独'党纲，我们随时欢迎民进党组团来祖国大陆访问"，[1]"只要民进党放弃'台独党纲'，停止'台独'分裂活动，我们愿意做出正面回应，与之接触交往"[2]。胡锦涛在2005年3月4日讲话中则呼吁，"只要承认一个中国原则，承认'九二共识'，不管是什么人、什么政党，也不管他们过去说过什么、做过什么，我们都愿意同他们谈发展两岸关

---

[1] 《国务院台办新闻发言人表示：民进党只有放弃"台独"党纲才可组团来访》，《人民日报（海外版）》2002年6月27日。

[2] 《贾庆林在江泽民〈为促进祖国统一大业的完成而继续奋斗〉重要讲话发表十周年纪念会上的讲话》，《人民日报》2005年1月29日。

系、促进和平统一的问题"。① 而在 2008 年 12 月 31 日胡锦涛又指出，"对于那些曾经主张过、从事过、追随过'台独'的人，我们也热诚欢迎他们回到推动两岸关系和平发展的正确方向上来"，"只要民进党改变'台独'分裂立场，我们愿意作出正面回应"。② 习近平总书记则将和平统一目标及路径继续拓展深化，在十九大报告中提出，"承认'九二共识'的历史事实，认同两岸同属一个中国，两岸双方就能开展对话，协商解决两岸同胞关心的问题，台湾任何政党和团体同大陆交往也不会存在障碍"。从总体上来说，大陆对台工作越来越能"对症下药""标本兼治"，由"反独"到推动两岸关系和平发展再到融合发展，"硬的更硬，软的更软"，产生了最大范围的反独"压力"与促统"吸力"，展示了中国大陆对于推动两岸关系和平发展与祖国完全统一更有耐心、信心与决心。

三、国际环境限制下的政治压力

国际社会对于维护国家主权领土完整、反对分裂的规范与共识，国际格局的多极化，以及对两岸和平解决问题的期待，还有两岸在国际社会竞争的变迁等，都压缩着"台独"与非和平选项的可能空间，也将成为促成两岸走向和平统一的积极因素，这也给两岸带来不同的压力。

1949 年新民主主义革命取得胜利，"中华民国"政府被推翻，中华人民共和国中央人民政府宣告成立，两者间发生政府继承，虽然受特殊的国

---

① 《胡锦涛关于新形势下发展两岸关系的四点意见》，《人民日报》2005 年 3 月 1 日。
② 《胡锦涛文选》第三卷，人民出版社 2016 年版，第 192 页。

际政治局势影响，中华人民共和国政府迟至 1971 年才正式恢复在联合国的中国席位，但在国际规范和现实的意义上，一个领土主权完整、中央政府有效且广受承认的中国是事实与共识，因国共内战及国际"冷战"遗留问题而形成两岸未完全统一状态只是国内法意义上的事务，国际社会存在的分歧在于：承认哪一个政府代表中国，以及两岸实现完全统一的方式。现有的国际法及《联合国宪章》均坚持维护国家的领土主权完整及统一，反对分裂，一个中国原则是国际社会的一致立场与共识，在这种法理与现实框架下，台湾也只有在秉持一个中国原则的框架下才真正具有发展的空间，"独立建国"根本不具有合法性；即便是鼓吹"独立建国"的人士所津津乐道的"民族自决"也根本不具有正当性，且不论"民族自决"的特定历史时代性以及适用范围的严格性，而事实上，也并不存在一个"台湾民族"，所谓"民族自决"是虚无缥缈的。因此，从国际法理的角度来讲，"台独"根本就不应是两岸关系前途的选项。

与国际规范基本一致，国际政治格局及环境的变化也是有利于推动两岸完全统一的。冷战结束后，各国和各地区的人民越来越强烈地认识到和平和发展是当今时代的两大主题，军事、政治和意识形态因素在国际关系中的地位相对下降，尤其在"911"后国际形势发生了巨大变化，国际社会在面对以恐怖主义等非传统安全为代表的全球性问题上，形成了广泛的合作共识，大国之间包括中美间的竞争博弈均在各自可控范围内，各国间需要扩大互利合作而不是加剧对抗；同时，"国际格局的多极化趋势正在大国或重要的力量中心之间形成越来越均衡的力量对比关系，相互之间的利益重叠程度不断提高，在重大国际问题上的相互需要和相互制衡同时发展"，伴随经济全球化及中国大陆综合实力的发展，"任何大国或力量中心都难以在台湾问题上同中华人民共和国进行全面的对抗，'台独'势力和各种敌视中国的国际力量所进行的分裂中国的罪恶活动将越来越难以得逞"。① 在涉台问题上，"对华关系高于对台关系是各大国的基本取向，对台政策无不是在对华战略的大框架下制定和实施的"，"主要大国'一中'政策仍具有稳定性，对台关系未突破原有政策框架；两岸力量对比态势仍在向我倾斜。中国虽难借大国外交促统，但可防独，'台独'的国际空间因而难以扩大"。② 以台湾最倚重的美国为例，"美国在 1955 年、1958 年台海危机均有介入，协防台湾，但对未有合法性基础的台湾独立行动所引发的危机，介入的可能性不高"，③ 克林顿政府更明确宣示"三不政策"，此后美国政府也在不同场合多次重申，特朗普政府在涉台政策上存在一定的"脱序"行为，也给中国大陆带来相当的压力，但特朗普政府也多次表示会坚持其一个中国政策，并未从一个中国政策上"脱轨"。虽然"台湾牌"可以作为遏制中国大陆的工具，但其操作空间和实际效能逐渐随着大陆实力的增强而被压缩。

同时，国际社会对于两岸和平解决统一问题也有所期待。全球化时代的各国之间存在着互赖互利、荣损与共的关系，一国某领域的波动就可能引起全球相关领域的震荡，如美国"次贷危机"引发了全球性金融或经济动荡。基于两岸在全球产业链中的重要地位，以及大陆作为日益成长的经济体的分量与前景，"国际社会亦乐见两岸和解对话，因为台海若持续

---

① 张祖谦：《国际格局和台湾问题》，《台湾研究》1998 年第 3 期。

② 杨伯江等：《国际变局中的台湾问题》，《现代国际关系》2003 年第 4 期。

③ 林正义：《冷战后美国与台海两岸互动关系初探》，《政治科学论丛》1992 年第 4 期。

处于高度不稳定的紧张局势，不仅对于东亚区域稳定有害，也对全球疲软不振的经济无益"，① 当然，这也可能会在事实上限制大陆"非和平"选项的可操作空间。但相应地，处在综合实力稳步增长、和平崛起进程中的中国大陆，其本身就是维护和平的重要力量，"中华人民共和国比以前更加整合于全球政治与经济体系，总体来说，中国近似于一个维持现状的力量，一个负责任的国家，而不会寻求颠覆国际体系的规范"，② 中国大陆期待并一如既往地努力推动两岸问题的和平解决。

从两岸彼此消长的国际竞争历程来看，"台湾独立"是一条走不通的死路，完全统一则是必然趋势。根本原因是"台湾是中国不可分割的一部分"的事实、国际规范的约束以及"中华民国政府"合法性的丧失，促因是中国大陆实力的增长，进而获得了主导性优势，而台湾则由以往"外交"优势转为如今的"外交"劣势，政策上由"汉贼不两立"经"务实外交"到"活路外交""外交休兵""踏实外交"等。实践证明，台湾的所谓"外交"或"国际活动空间"只有在承认和维持一个中国的框架下才能得以维持，只有与大陆协商合作才有可能解决，台湾在以观察员身份出席世界卫生大会、国际民航组织大会的经历即是例证，正如许多台湾学者指出，台湾"参与任何国际组织最短之路，就是经由北京"，③ 台湾内部也一

---

① 黄奎博：《从"零和"走向"双赢"：我国活路外交的战略转折》，载江丙坤等著，蔡朝明主编：《马"总统"执政后的两岸新局：论两岸关系新路向》，台北远景基金会 2009 年版，第 98 页。

② Dennis Hickey, *Evolving Policy Toward Taipei: Engagement or Entrapment*[M] // *Cross-Strait at the Turning Point: Institution, Identity and Democracy,* Edited by I Yuan,pulished by IIR,Cheng Chi University,2008：209.

③ 林明成：《迈向国际组织最近的路要经过北京》，台北《海峡评论》2008 年第 3 期。

直有大陆政策与所谓"外交政策"位阶高低之争，而大陆政策高于"外交政策"则是广受认可的，甚至是能够获得谅解的。蔡英文执政后，将台湾定位为所谓的重要的区域参与者，将其所谓"外交"置于"两岸"之上，企图脱离一个中国框架的约束，自然会引致在国际空间层面的更大压力。在国际层面，台湾的困境只有在一个中国原则下并在走向两岸和平统一进程中才能获得最终解决，两岸达致内政外交的有序安排，台湾与其身份、地位、功能相称的"国际活动空间"也会得到国际社会的认可。

四、政治整合进程中的系统输出

两岸政治系统输出的交互作用决定着两岸各自政策能否得到贯彻、目的是否能实现，也决定着政治整合的实际效果，影响着和平统一的进程。两岸政治系统在其各自内部及两岸间的政治输出包括提取、分配、管制、象征或交流四种类型，两岸在政治整合过程中的政治输出也在两岸及国际环境中产生互动。大陆的政治输出围绕着一个中国原则和完全统一的目标，展开反"独"促统行动；而台湾则追求自主性、独立性、优先性等，维护自身"安全""利益"与"尊严"。

两岸间存在着不平衡或不对称的权力关系，双方往往依靠自身的力量并争取国际因素的支持来维护自身利益，各自的政治行为也存在差异。大陆因历史使命、资源与实力优势等因素，在完全统一进程中必须施行主导性、主动性的行动，不同时期的政治行为也具有战略上的一贯性。大陆在1979年提出和平统一方针，"寄希望于一千七百万台湾人民，也寄希望于台湾当局"；积极主动开放台湾同胞赴大陆探亲、旅游、投资、就业、就学等；推动"两会"商谈，达成系列协议；面对"台独"风险的升高，制定《反分裂国家法》加以遏制；积极谋求增进台湾人民福祉，"只要是对台湾同胞有利的事情……我们都会尽最大努力去做，并且一定努力做好"，[①] 不断出台惠台政策，并不断对台湾当局释放善意和期待；在坚决维护一个中国原则的前提下，乐见台湾在国际社会上的利益增进；积极倡导两岸和平发展，呼吁尽快结束两岸敌对状态，签订和平协议；向台湾分享大陆发展机遇，吸引台湾同胞来大陆发展，为在陆台湾民众提供同等待遇；等等。而台湾则因逐步处于两岸竞争中的不利地位，在两岸关系发展过程中，其政治行为则缺乏前后的连贯性，也使两岸政治整合进程呈现出一定的不确定性。台湾面对大陆的积极作为，往往采取被动的因应或对抗行动，或者是通过升高议题、切换"战场"的方式来获取主动性或改变劣势地位，如 1989 年开放探亲，却又秉持"三不"政策；对于大陆倡议的统一协商和统一方案提出不切实际的条件，或对统一进程和目标设定与实际不符，甚至与统一目标相违背的前提和要求；或是通过制造攸关国家核心利益的议题如"两国论""制宪公投"等意图在实质上分裂国家；或是将统一路径与模式分歧歪曲为"统独"争议；或是主张"不统、不独、不武""维持现状"来回避统一压力；在与大陆互动过程中，期望从大陆获得利益，但又担心大陆对台操作"经济杠杆"，担忧大陆"统战"使台湾陷入所谓"经贸利得"与"国家安全"的两难境地；[②] 在大陆具有结构性优势的压力与权力下，台湾采用"谈判加码"及"政治冲撞"等方式，利

---

① 《胡锦涛关于新形势下发展两岸关系的四点意见》，《人民日报》2005 年 3 月 5 日。

② 林琼盛、耿曙：《从"安全"与"利益"的两岸中解套：再思两岸关系中的市场力量》，《远景基金会季刊》2005 年第 4 期。

用大陆在核心议题上的"敏感性"与"脆弱性",增强台湾在两岸议价能力结构上的优势,发挥两岸和平对抗格局下的"狗尾巴摇动狗身子"的效应,[①] 形成台湾的"吓阻"与反制之道。

两岸在政治输出的过程中,都有一些核心价值或敏感性的禁忌,例如,大陆将一个中国、统一目标、拒绝外国势力干涉等视为核心的价值关切,台湾则把"民主程序"、平等甚至"对等"、"台湾人民的自主权"、"最终由台湾人民决定"等作为两岸交往乃至和平统一过程中必须遵守的规范。双方都曾因对于彼此不可退让的集体核心价值认知不够清晰,加之"行为者都有隐藏本身立场或虚张声势的倾向,同时高估对方对于其立场的理解能力。如此一来,就使得错估及误解导致的冲突机率大为增加"。[②] 但经过两岸多年来的互动,其中的系列接触与冲突,如大陆将自己的立场诉诸台湾方面引致的疑虑、李登辉康奈尔之行引发的"台海危机"、陈水扁"台独"言行后《反分裂国家法》的制定、两岸在"九二共识"基础上的良性互动以及蔡英文执政以来的两岸"冷和平",逐步使得两岸各方基本认知到对方的立场,大陆也基本能够控制和平发展的局势。目前,两岸"对于'和平'有共识(虽然对于和平前提并不完全相同),对于'统一'并无交集"。国共两党对"两会"协商的"九二共识"有共识(虽然表述并不一致),对于一个中国内涵尚无交集;两党对于"一中反独"有共识,对于"一中促统"则无交集;对于两岸的分裂主要源于当年国共内战所致

---

① Su Chi, Taiwan's *Relations with Mainland China: A Tail Wagging Two Dogs*, London and New York, Routledge, 2008:278.

② 吴秀光:《两岸谈判之结构分析:由博弈理论出发》,包宗和、吴玉山:《争辩中的两岸关系理论》,台北五南图书出版社有限公司 1999 年版,第 142 页。

有共识，但对解决当前两岸分治的政治现实是否沿用"内战思维"则无交集；[①] 两岸民众对于"交流交往"有共识，但对于融合统一则交集不大。这些共识与歧异并存的情况也正反映了两岸核心价值的冲突。然而实际上，两岸的核心价值之间并不存在不可调和的根本冲突，对对方核心价值的冲撞往往是一种斗争策略，用以提高议价优势。

展望未来，在两岸政治体系达成稳固的"两岸同属一个中国"的共同政治基础后，经由民主、平等的协商程序，两岸在中国内政、外交上达成权力配置、利益分配、代表象征等方面的共识与秩序，而最终的统一方案也将获得台湾人民同意，在此框架下，和平统一得以实现，台湾人民当家作主的意愿也得到充分满足。当然，也不排除因为台湾当局不断破坏"两岸同属一个中国"的现状而导致大陆必须单方面主导两岸关系进程，并在和平统一后充分尊重台湾人民既有生活方式与社会制度。

第三节　促进和平统一的预期结果

在两岸"政治力——社会力""行动者——结构"互构以及两岸主体联合抗衡的相互影响下，伴随着两岸社会力的推动和以大陆为主体的政治力的拉动，加上国际政治环境压力的促动，多种力量综合作用下的和平统一进程的前景也更加清晰。

---

① 张五岳：《分裂国家模式之探讨》，包宗和、吴玉山：《重新检视争辩中的两岸关系理论》，台北五南图书出版有限公司 2009 年版，第 80 页。

一、"一个中国"政治价值体系在台湾的重构

一个中国原则，或者说"大陆和台湾同属一个国家"原本是两岸的政治共识，也曾是彼此维护的政治价值，两岸虽然对于谁代表一个中国或一个中国的具体内涵有过激烈的分歧与斗争，但是也能够在一定环境下搁置争议。然而，由于大陆在一个中国代表权及一个中国内涵定义的竞争中逐渐处于优势，加之李登辉执政后期"两国论"出台，以及陈水扁时期推动"去中国化""一边一国"，逐渐使得一个中国争议从内涵之争演化为有无之争，一个中国原则在台湾社会开始遭到质疑。甚至很多人出于斗争策略的考虑认为坚持一个中国原则将使台湾在内政外交上处于竞争劣势，认为坚持两岸同属一个中国就是让台湾自缚手脚，因为大陆一直在国际社会强调"中华人民共和国政府是代表中国的唯一合法政府"，也就在国际上形成了"中国就是中华人民共和国"的普遍认知，在此情况下，坚持"两岸同属一个中国"的一个中国原则即是等同于认为台湾是中华人民共和国的一部分，这是在向中国大陆"投降"，因此，为了扭转"中华民国政权"在竞争中国内政管辖权、外交代表权中的劣势，索性抛弃或暂时回避一个中国原则，与中华人民共和国的"中国"保持区隔，以"中华民国"或台湾是"主权独立国家"作为规范或目标来维持自身的主体性，甚至追求"台独"以彻底逃避一个中国原则的约束力。因此，虽然"两岸同属一个中国"的政治现实和法理规范都没有改变，但是一个中国在台湾的政治价值体系与政治认知体系都需要重建。在两岸经济社会融合发展过程中，文化、地理、历史、血缘上的一个中国可以被重新认知与巩固，同时也制造了"两岸同属一个国家"的政治环境和气氛，再进一步通过合理

与合意的两岸政治定位、权力配置、利益分配，在此基础上经过政治力的引导逐步推进两岸政治整合，一个中国原则将再次成为两岸政治共识与核心价值。

政治整合的结果之一，也是一个中国原则的深化，就是两岸对一个中国的内涵达成共识。两岸即使形成一个中国原则的核心价值，但是也可能在"一个中国"内涵上产生分歧，这需要两岸在一个中国的概念、内涵、外延上形成一致意见。实际上，两岸在不同时期、不同团体间在一个中国内涵的问题上一直未能达成共识。在两岸都认为"同属一个中国"时期，大陆强烈坚持中华人民共和国政府为中央政府，而台湾则坚持"一个中国"是"中华民国"，即便是在达成"九二共识"的情况下，大陆秉持"搁置争议"求同存异的"九二共识"，台湾则采取"一中各表"的"九二共识"，分歧的原因和焦点即是一个中国的内涵。在李登辉后期、陈水扁时期以及蔡英文执政期间，在其"两国论"和"一中一台"的框架下，"一个中国"的内涵是指不包括台湾在内的中华人民共和国有效统治区域，即中国大陆，而相应地，不包括大陆在内"中华民国"或台湾则是另一个国家。台湾内部的相关认知或主张也日益多元化，仍有相当部分意见认为"一个中国"是包括大陆和台湾在内的"中华民国"。当然，大陆的主张在台湾也并不是完全没有呼应，如大陆独占性的"一个中国"内涵和部分台湾团体的主张相当一致，例如所谓"建国基本理论派"的核心观点之一就是，"中华民国体制不是国家，只是中国的一个旧政权，是一个叛乱团体，现在的国际社会承认北京的中华人民共和国，才是唯一合法代表中国的政府；而在一个国家只有一个合法政府的情形下，在台湾的中华民国政权自然成为叛乱团体，台湾地区就是中国的叛乱地区，这是长久以来已经确定的事实"。① 中华人民共和国政府是代表中国的唯一合法政府，两岸达成内政外交有序安排后，形成一个合法性与有效性一体、唯一权威有效的政治秩序下的"完全统一的中国"。而可以预期的是，随着中国大陆主导两岸和平统一进程，一个中国的原则与内涵所指也会逐渐走向重合，或者说一个中国内在的规范与实际之间的落差会逐渐消弭，则两岸对于"一个中国"内涵的认知也将更加趋同。

在台湾民众的统独倾向上，和平统一将成为民意主流或共识。两岸迈向统一，也曾是两岸民众在两岸关系前途上的唯一选项或最重要的选项，即便是在"两国论"和"一边一国"的架构下，也未排除未来统一的选项。当然，从现在台湾内部的民意分布来看，赞同统一或"独立"的则是极少数，而倾向于"维持现状"占了大部分。但"维持现状"本身具有歧异性、权宜性与变动性等特征，各方对"现状"的理解和立场各不相同，而且"现状"随时都在改变，各方对于"现状"都采取了一种刻意的模糊与回避以及"各取所需"的解读。对当前台湾民众而言，"维持现状"是一种"理性"的权宜之计。随着两岸社会整合的深入，台湾人民从整合过程中获得利益的增长和情感的交融，以及政治整合中两岸在内政外交安排上满足了台湾人民当家作主的尊严及自主的安全感，"维持现状"的民意将会发生分化，赞同统一的民众可能逐步增加，"独立"选项不被视为是理性选择，和平统一则逐步成为民意主流，两岸对于"一个中国"内涵的分歧终将消弭。

① 许庆雄：《中华民国如何成为国家》，台北前卫出版社 2001 年版，第 35—36 页。

二、"一个中国"的权力重组与制度建设

两岸政治整合过程中，将形成两岸政治权力重组，两岸各方在权力分配、利益配置上达成妥协或共识，使两岸得以从一个中国内部的"分治"状态过渡到一个完整、唯一、权威、有效的政治秩序；同时借助制度建设，使两岸各行动者间的权利与义务关系明晰，完全统一的状态也具有了规范性保障。

两岸政治博弈是两岸关系中的重要部分，政治整合也是两岸政治权力增量发展并重新分配的过程，最终的完全统一可能呈现为"双赢"或"零和"状态，其关键在于两岸政治互动的过程。两岸 70 多年的"分治"状态说明了两岸政治关系已经是一种"零和"博弈状态，或者说两岸权力配置并未形成进一步的"优化"。至少在前 30 多年里，两岸在"你死我活""汉贼不两立"的中国代表权竞争过程中，均视对方为非法，拒绝与对方妥协或分享权力；在两岸开放经济社会交流往来之后，两岸在一个中国原则上达成某种共识，台湾方面也承认大陆政权的合法性，宣称不再与大陆进行中国代表权的"零和"竞争，在强调"和平、民主、对等"的基础上谋求中国完全统一，大陆也展开与台湾的系列协商谈判，虽然商谈的议题是非政治性的，但是在协商的前提、程序乃至形式上却涉及两岸政治定位。显然，这一时期两岸对于现状一个中国框架下权力分配产生了严重分歧和冲突，在国际社会的"零和"斗争也一如既往地延续，但这一阶段的两岸政治权力和利益配置却存在着"优化"的机遇、空间与经历。此后，台湾为了摆脱在两岸政治竞争中的不利局面，背弃一个中国原则，出台"两国论""一中一台"的主张，这与中国国家核心利益及大陆所坚持

的核心价值相冲突，自然没有让步和妥协的空间。在两岸确立"九二共识"作为良性互动的共同政治基础之后，两岸仍需面对政治定位、权力分配的问题，两岸基于过去的经验，并未急于直接触动这一问题，而是采用了搁置争议的方法，希望"以时间换空间"，台湾方面也提出了两岸在国际社会"外交休兵"的主张，两岸政治博弈中的分歧与紧张暂时缓和，也为"优化"两岸权力配置提供了基础，两岸实现了一定层级的公权力对接，也达成了具有重要历史意义的"习马会"。而当台湾当局拒不接受"九二共识"时，大陆必须主动承担起维护一个中国领土主权、推进和平统一的责任，两岸政治互动也再次陷入僵局。

当两岸经济社会融合与政治整合增进两岸政治互信后，使两岸都能充分认识到彼此在一个中国框架下竞争的事实，能够理性、积极地直面两岸对于中国政治权力重组的难题与分歧，台湾方面应明白大陆在竞争中的绝对优势地位，大陆也应体认到台湾当局仍得到了台湾民众的服从与认可，对于台湾适度的权力分享与利益妥协是有益于促进和平统一的达成和维护祖国完全统一状态的。在一个中国政治基础上以及"终结对立"共同目标下，两岸可以就终结政治对立后的权力配置展开协商谈判等行动，达成统一后的终局安排，如两岸形成"一国一府"，台湾成为特区或地方政府；或两岸共组"中国联合政府"，[①] 台湾成为享有高度自治权的地区；或采用新"一国两府"形式，两岸政府通过公平合理安排达致中国对外一体、对内唯一的法理权威与政治秩序。总之，两岸政治整合的结果就是要形成两岸在一个中国下内政外交的有序、合法、合意的权力配置，实现两岸良性

---

① 李炜：《台湾参与国际活动问题的再思考》，《台湾研究集刊》2010 年第 1 期。

政治博弈的"多赢"与"帕累托最优"。

完全统一的落实也需要并伴随着相应的制度协调与保障。中国和平统一后与和平统一前相比，两岸关系的主体尤其是两岸政府或政权、政治体系并不必然消失，台湾的政权或政治体系仍然可能继续存在，改变的是统一各主体间的关系，包括性质的改变和新关系的出现，前者如两岸由政权的敌对走向合作或合一、两者间在内政外交上实现有序安排，后者如两岸人民对新的政治秩序、新政府的服从与支持。① 而这种变化不仅需要权力制衡来加以实现，更伴随着制度的协调、确认及保障，规定两岸各主体相应的权利及义务，确立起处理两岸各种关系的制度准绳和参照标准，形成一个中国在国际国内领域的完整制度体系。和平统一后的制度体系既是一种目标规范，又是在两岸政治整合过程中由两岸主体行动建构的结果。这个制度体系首先可能奠基于两岸间的政治协议，两岸各行动者在互动中逐步达成统一的意愿，并通过双方认可的公权力机关代表大陆和台湾各方面的主体进行政治谈判，两岸通过平等协商，结束敌对状态，签署和平协议，约定两岸共同维护一个中国领土主权完整，并就完全统一的原则、权力分配等达成基础性的政治协议，经由两岸人民认可，实现两个政权由对立、竞争性关系向互补、合作关系的转变；其次是合法性与有效性覆盖整个中国的宪法或协调性法条，这是维系一个国家完全统一的根本法源和制度象征，规定了完全统一后的中国的国名、疆域、国号、国旗、两岸权力配置、宪制安排等，也包括国家的政权组织形式等，解决了两岸政权各自制定宪法的合法性与有效性存在落差的问题，规定了两岸人

① 王鹤亭：《"两岸复归统一"的理论依据、现实基础与实现形式》，《中共南京市委党校学报》2013 年第 4 期。

民基本的权利与义务，提供了处理两岸冲突与分歧的最高原则。最后是一般法的建设，实现两岸行动者交往的法制化，完全统一后的宪法从根本上确立两岸宪制秩序后，需要在具体层面、各领域落实相应的交往秩序，将两岸各主体相应的权利与义务具体化、日常化，将宪法中的抽象的完全统一细化为具体社会生活实践中的统一，如以"基本法"规定台湾地区在和平统一后一个中国架构下的政治运行及法规体系等，以"区际冲突法"协调并解决两岸制度分歧等问题。

三、制衡、契约与融合下的完全统

两岸和平统一的实现是两岸良性互动、多种因素综合作用的结果。从建构、推进、保障两岸走向完全统一的政治路径来看，存在着三种不同的机制。

第一种可以称为"权力制衡式统一"，即两岸依靠力量制约、权力博弈而达致完全统一局面。过去70多年以来，海峡两岸大多是以这种思维来展开政治互动，通过增强各自的实力和权力或能力，并寻求外部力量的支持，在两岸权力的消长、竞争、妥协与合作中争取实现自身目标和利益维护。[①] 这种思维强调权力制衡或实力的重要性，源于"现实主义"的模式，也深刻影响到两岸关系的发展进程，在理论上有多种模式，如强调中、美、台三角关系重要性的"博弈理论"模式，[②] 在两岸关系上的"大

[①]　王鹤亭：《两岸关系和平发展的社会机制探析》，《台湾研究集刊》2010年第2期。

[②]　包宗和：《台海两岸互动的理论与政策面向》，台北三民书局1990年版，第42—72页。

小政治实体模式",①或综合而言是四方（中国大陆、美国、台湾方面——泛蓝、泛绿）互相威慑而达成的"低度和平状态"②。实践中如1979年之前两岸均坚持以武力方式实现统一，台湾方面的"吓阻战略"、大陆方面的反"台独"军演等。这种"权力制衡式统一"路径，考虑的主要范围是政治领域，忽略了其他领域的能动性；从作用机制上看，缺乏动态发展的质变空间，尤其是在缺乏互信、互利精神和信息沟通的前提下，两岸政治主体的权力博弈很容易陷入"囚徒困境"或"政治僵局"，实质上是"两个固定对手间的不稳定共存"；③从两岸实际来看，虽然在两岸权力结构中大陆处于绝对优势，但是在两岸议价能力结构中台湾却占有一定的优势和主动性，两岸政治博弈仍可能陷入"无解"。单一力量制衡、利益分配结果下的完全统一路径，也并不能必然保证长久，而且还可能承担较高的维持成本。

　　第二种可以称为"权利契约式统一"，即通过对两岸关系的合理定位，确定两岸政治主体的角色和权利范围，从保护两岸相关主体的权利出发，通过契约、制度、法律等来制约相互的行为，在平等协商、合理安排的基础上，保障两岸关系走向和平统一，如签订"中程协议"、和平协议、统一协议、构建法律机制、确立两岸定位的制度安排、基础条款等。这种"权利契约式统一"也是一种制度式路径，它指出了两岸的权力界限，使得两岸公权力互动不至于变为纯粹的权力斗争，使两岸各主体间的互动符

---

①　吴玉山：《台湾的大陆政策：结构与理性》，包宗和、吴玉山：《争辩中的两岸关系理论》，台北五南图书出版社有限公司1999年版，第153—203页。

②　黄嘉树：《两岸和平问题研究》，《教学与研究》2007年第7期。

③　赵春山：《建构跨世纪的两岸关系》，《中国大陆研究》1999年第9期。

合一个中国规范，是两岸关系制度创新的结果。但就两岸关系的发展实践来看，虽然两岸各方一直期盼能够形成一些共同遵守的协议和规则来推进两岸关系发展，但由于对两岸政治定位这一根本政治分歧缺乏共识，而未能取得突破性进展；即使两岸间能够达成一些协议或共识，但根据历史经验，因为不具有强制性，如果缺乏各类权利主体的维护和制约，往往不能被忠实地贯彻和执行；或者是因为政党轮替所产生的变动导致既有契约失效；而现存的有关两岸关系规范的单方面法律机制，往往不为对方所认可；而一些单方面的统一规范也可能从内部被舍弃，例如"国统会"和"国家统一纲领"等。从根本上讲，这都是因为诸多规范缺乏涵盖两岸的社会基础和社会支持，也缺乏对对方的约束力，并不能保证必然导向两岸的完全统一。因此，单一的"权利契约式统一"路径，无论是在理论思维还是实践操作上仍显单薄，需要公权力的支持与保障，需要关注权利、制度的社会基础，从社会领域寻找统一依据和动力。

第三种可以称为"社会融合式统一"或"完全统一的社会机制"，即在前两者的基础上，不仅仅限于政治领域，而全面考虑社会领域的力量，通过两岸社会的互动整合而促进和平发展与完全统一。政治上的整合固然是重心，两岸政治对立虽渐趋缓和，但两岸结构性矛盾依然存在，短期内从政治领域本身寻求解决方案仍是困难重重。因此，在搁置争议的情况下，把两岸关系的范围扩展到整个社会领域，重点放在解决经济、文化和民生发展等问题上，加强两岸人民的交流和资源、信息的流通整合，促成两岸社会的全面整合，夯实两岸和平发展与完全统一的基础。社会整合机制的作用在于，打通因过去政治隔绝、纷争扩大化带来的社会隔绝，化解由于政治对立泛化而形成的社会对立，这种隔绝与对立的化解和消除本身可以作为两岸和平发展的一项指标，也是实现两岸完全统一的一个基础性的推进因素。而随着两岸社会互赖互利和整合程度的深化，危害两岸关系和平统一的因素和"台独"可能性将大大减少。社会力量具有基础性的制约和支持作用，通过社会力量的影响，借助社会与政治的分工与合作、沟通与协商等形式，逐步化解结构性矛盾，共同构筑和平统一的基础架构。"社会融合式统一"路径符合两岸关系发展的实际需要，一方面符合两岸社会与政治互动的逻辑，体现了科学发展；另一方面也体现了"以人民为中心"，以两岸人民福祉为依归，具有足够的发展空间和广泛性、持续性以及创造性，也能确保和平统一能够早日实现。

这三种机制并不是割裂开来的，而是形成一个综合作用的和平统一体系。从三者的相互作用来看，权利机制为社会机制提供制度性支持，权力机制为社会机制和权利机制提供效力保障，社会机制为前两者提供基础性支持、要求和合法性，是两岸关系走向完全统一的原生型动力源。从三者的逻辑来看，权力机制为两岸完全统一提供效力——通过权力制约来实现，权利机制提供形式——以规范、制度、契约或法律形式来约定，而社会机制则提供内容——以社会的具体要求和支持来构建。三者之间相互作用、共同促进两岸关系的良性发展，形成一种全面的、发展的、多元的统一机制，最终通过两岸社会与政治的互动以及两岸政治整合，达成两岸制衡、契约与融合交互作用的完全统一。

第四节　促进和平统一的权力博弈

当前，政治分歧仍是阻碍两岸关系和平发展与和平统一的最重要因素，政治对立仍是两岸关系基本属性，政治上的统一是两岸和平统一最重要的内容和形式，经济社会融合的成果需要公权力的保障与落实，两岸同胞的"心灵契合"也会需要政治框架的维系。从"政治—社会"关系的角度来看，政治力引导社会，社会力促进政治，两者可以相互促进，但相比较而言，经济与社会领域的融合发展更侧重于增加和平的动力与几率，同时政治领域的权力博弈则更多地保障统一的方向与必然。现实主义以"霸权、平衡、均势"等追求和平的方法固然并非上策，"但是它所注意的问题，特别是主权等核心利益问题，是两岸不可回避的"，① 而在维护一个中国的领土主权完整以及促进一个中国的完全统一上，反"独"与促统是一体两面的。因此，和平统一的实现不能回避两岸关系发展过程中的权力博弈，中央政府促进和平统一的政策也必然需要强有力的权力工具来落实。

一、作为工具的权力

操作性概念上的权力有许多种面貌或类型，显示为权力主体在议题设置、议程设定或思想控制等方面，影响了权力客体的自由行动，使其改变行动并符合权力主体的预期目标，这包括"甲能够促使乙去做一件原

---

① 张亚中：《全球化与两岸统合》，台北联经出版社 2003 年版，第 236—240 页。

本不愿做之事"，或"操纵社群中占据优势的价值、信念、仪式及制度程序，而将实际的决策范围，限定于一些'安全而无害于'既得利益者的议题上"，将利益要求加以化解或压制；或强调的权力主体建构"虚假共识"或"操纵共识"，"运用诸如社会化的控制方式，孕育权力客体的偏好或需求，俾使他们接受社群中各种既定秩序，并将之视为自然的、有益的、不必更动的、甚至是神圣的固有秩序"。[①] 更因为国际政治形势及现代民主政治的变化，"权力之争不仅是对军事优势和政治统治的争夺，而且在特定的意义上也是对人民思想的争夺"，[②] 权力的性质和资源发生了很大的变化，知识、信息等非物质性权力在政治中的作用日益凸显。[③]

类型学意义上的权力也包含多种内容，如被区分为军事手段的"硬权力"以及非军事手段的"软权力"。"软权力"的内容包括政治、经济、社会及文化等手段，[④] 例如随着大陆经济发展对于台湾社会所产生的磁吸力及依赖性被认为是经济性的"软权力"。[⑤] 或者以强调权力实施方式与效果的差异来区分，"硬权力指的是通过惩罚的威胁或回报的承诺迫使他者去做本来他不想做的事情的能力。无论是经济胡萝卜还是军事大棒，长期以来，诱致或强迫他者就范的能力一直是权力的核心要素"，"软权力是一种通过让他人做他人自己想做的事情而获得预期结果的能力。这是一

---

① 郭秋永：《权力的概念》，《人文及社会科学集刊》2006 年第 2 期。

② ［美］汉斯·摩根索：《国家间政治——寻求权力与和平的斗争》，中国人民公安大学出版社 1990 年版，第 203 页。

③ 田作高等：《信息革命与世界政治》，商务印书馆 2006 年版，第 92 页。

④ Joseph S. Nye, Jr., Redefining the National Interest, *Foreign Affairs*, 1999,78(4):22-35.

⑤ 杨志诚：《新世纪的两岸关系：武力统一或和平统一？》，《逢甲人文社会学报》2000 年第 1 期。

种通过吸引而非强迫获得预期目标的能力"，"软权力可以依赖某人的观念或文化的吸引力，也可以依赖通过塑造他者偏好的标准或制度设置议程的能力"。[①]

综合来看，在两岸关系中，无论是"硬权力"还是"软权力"，权力可以务实地理解为"权力主体用来改变权力客体之行为的一种力量。权力主体的权力大小，可以运用权力客体的行为改变而来测量，如同物体承受外力的大小，可借物体的动量变化而来测量"，两岸权力互动就形成了权力主客体之间的一种行为关系。[②] 以权力作为工具，则掌握较大资源与权力的一方在推动两岸关系走向和平统一进程上往往居于积极态势。随着两岸双方实力发生翻转，大陆在推动祖国统一上更加主动。

就当前两岸权力博弈而言，通常在所谓"大三角"与"小三角"关系的交织互动中展开。所谓"大三角"指的是大陆、美国与台湾三者之间的互动关系，而"小三角"往往指的是中国共产党、中国国民党与民主进步党三者间的互动关系，"小三角关系"被认为是依附于"大三角关系"。在"大三角"关系相对稳定或者将其作为环境因素的情况下，两岸间的博弈集中于公权力乃至于实质性的政党之间，岛内政党轮替成为影响博弈形态或是权力工具效应的重要变量。以2016年5月后的两岸关系为例，大陆方面面临更多"反独"的任务，持续施压民进党当局接受"九二共识"，要求其对"一个中国原则"作出表态，坚持"红线"思维与"底线"思维，在国际社会坚决遏制台湾方面偏离一个中国框架的行为，构成了对于

---

① [美] 罗伯特·基欧汉、约瑟夫·奈:《权力与相互依赖》，北京大学出版社2002年版，第263页。

② 参照郭秋永:《权力的概念》，《人文及社会科学集刊》2006年第2期。

台湾当局的强大压力。而蔡英文当局则以所谓"善意不变""不会在压力下屈服"或"对大陆忍耐有限、必要时将反击"等姿态来回避压力，但同时试图在"小三角"格局之外寻求外力援助，即实行所谓"联美亲日"来"抗中"。在这个既有的权力博弈格局中，现实的或潜在的变动因素是政党轮替与中美关系的波动，意味着大陆必须防范对于一个中国原则的相应冲击，这包括加大对美的斗争力度和对台的压力强度。

两岸权力博弈通常还被视为在所谓的"双层赛局"下展开，即两岸权力博弈以及两岸政策施行是在两岸政治互动与台湾内部民主政治的相互影响中进行。大陆对台权力博弈和推进和平统一的举措除了要面对台湾当局及公权力体系之外，还要面对立法体系、台湾社会及民众的反应与反对。① 这也意味着，虽然大陆对台政策会区分台湾当局与台湾民众，甚至对台湾当局采取更多的压力手段，而对台湾民众则是"寄希望"并"让利"，这在一定程度上缓解了对台斗争之于台湾民众的副作用，但是针对台湾当局的压力举措等也很可能会波及台湾民众，使得台湾民众很难不对相关的间接压力作出反应，譬如大陆在国际社会挤压"台独"活动空间就可能让部分台湾民众感觉"被打压"进而会对大陆产生负面观感，这表示大陆方面对于台湾当局的政治压力会传导到台湾民众身上。当然，大陆直接作用于台湾民众的权力路径或压力渠道也能够适用于"双层赛局"的相关分析，而大陆反对、遏制及打击"台独"的压力会直接作用于台湾社会，虽然大陆强调诸多措施只针对"台独分子"，但台湾民众往往并不会从个体层面去看待这种压力，譬如大陆民间"反独"行动中的"周子瑜事

---

① 关弘昌：《从国际关系理论看两岸和平协议之签订》，《全球政治评论》2011 年第 34 期。

件"波及范围甚广，可能会引发台湾民众从集体层面产生某种"身为台湾人"的"同仇敌忾"的"感同身受"。

二、政治压力

自 20 世纪两岸开放民间交流交往以来，大陆争取台湾民心的工作逐步有了诸多着力点。但从供需关系的角度来看，大陆政策主要是立足于台湾民众的需求而采取相应的供给行动，相应的逻辑是通过满足台湾民众的需求来争取其对大陆作为两岸政治市场上常态化的供给者身份的接受，使台湾民众能够认可大陆作为两岸关系甚至台湾内部政治场域中的政策制定者或主导者的合法性。但这种需求导向的政策供给方式也存在一些可以改善之处，首先以相对低廉的成本获取的必需品容易让台湾民众"无感"；其次是这种方式的配置未必是最有效率的，政策的受益者未必是真正的需求者；再者是台湾民众对"安全"等方面的疑虑冲淡了大陆对台供给的积极影响。① 同时在其他力量和因素的影响下，从短期收益来看，台湾内部民心民意暂未朝向大陆期望的方向发展，对于"两岸同属一中"的认可度、"九二共识"的接受度相对不高。而且当前蔡英文当局拒绝接受

---

① 如 2014 年 1 月台湾指标民调显示，60.5% 的受访者认为台湾出口已经太依赖中国大陆市场，对台湾经济和政治风险大（http://www.tisr.com.tw/wp-content/uploads/2012/06/TISR_TMBS_201401_1.pdf）。2016 年 4 月的民调显示，37.8% 的受访者认为两岸签订 23 项协议对台湾经济发展利大于弊，36.8% 认为弊大于利；同时 30.9% 的受访者认为对台湾的"国家安全"和"主权"利大于弊，40.5% 的受访者认为弊大于利，见 http://www.tisr.com.tw/wp-content/uploads/2012/06/TISR_TMBS_201604_21.pdf。

"九二共识"作为两岸关系持续发展的政治基础，回避"两岸同属一个中国"的基本政治现实。与此同时，"台独"从社会思潮过渡为社会运动，再成为一种体制内的政治实践，而台湾内部"反独"及"促统"力量的社会基础正在被侵蚀，其生存空间将会遭遇各种形式的挤压；台湾民众对于两岸关系的重要性以及"台独"后果的严重性认识不足。新形势下的大陆对台政策也应发生相应变化，坚守原则和底线，划定红线，保持压力。

1. 严守一个中国原则的红线

在国际社会，中华人民共和国政府是代表中国的唯一合法政府，拥有对台湾地区当然的主权权利，这种权利也当然覆盖到台湾地区的涉外事务、国际社会中的涉台事务以及各个国家的涉台实务等。中华人民共和国政府既可以被动因应并遏制相关事务中存在的"台独"等危害中国主权的行动与倾向，也可以积极有为地推展中国外交战线的纵深，推进国际社会涉台事务的规范化。

首先，客观评估中华人民共和国的建交国发展与台湾地区非官方关系的方式与影响，敦促相关国家政府遵行国际法一般规则与一个中国原则，防范台湾方面以所谓提升"实质关系"来弥补或代替正式关系。针对台湾方面将与"非邦交国"的"实质关系"等同于外交关系的做法应加以防堵，通过外交途径打击台湾方面从事与自己身份不符、违反一个中国原则的行动，协同相关国家规范台湾驻外机构名称、功能与权利。在台湾方面不承认"两岸同属一个中国"的背景下，相关的驻外代表处"更名"、提升功能等行为具有高度危害性，对此类行为应加以杜绝；在未来条件允许的情况下，中华人民共和国政府可以在一些建交国中推展"尼日利亚模式"①来处理中外关系中的涉台事务，降低其相应的层级、独立性及影响力。

其次，适当甄别相关国家与台湾之间的所谓"邦交关系"，在成本与收益的权衡与平衡中维持中华人民共和国政府在两岸"外交承认争夺战"的主动权。在完全统一的目标导向下，尽量逐步压缩台湾方面的"邦交国"数量。同时基于成本与收益的权衡，从维持一个中国主权完整的阶段性目标出发，应建立起差异化处理其"邦交关系"的预案，其中需要权衡的指标包括"邦交国"的立场、台湾方面的主张等。如果"邦交国"明确表达"邦交关系"是对独立台湾的承认，大陆则应不惜代价采取行动来反制这种"邦交"，因为一个中国已成为国际共识，而"台湾所做的任何事都不能改变这个现实，……维护领土完整的目标已经达到（无论台湾民众是否同意）。只有别的政府对于独立台湾的承认才会改变这一现状"；②或是"邦交国"对台湾方面借机制造"一中一台"活动态度模糊时，大陆应通过各种途径向相关国家施加压力。

最后，审慎面对台湾"国际活动空间"问题，个案处理台湾参与国际组织与活动。在具体事务上，应采取个案方式解决台湾加入或参与国际组织等问题，确立相关指标与权重来评估台湾能否参与以及参与程度，相关指标包括参与名称（"中华民国"、台湾、中华台北、中国台北、实体）、

---

① 2017 年 1 月，尼日利亚严令台湾地区驻尼机构"摘牌更名、迁出首都、削权减人"，即要求台湾驻尼机构由原名"中华民国驻奈及利亚联邦商务代表团"改为"台北驻拉各斯贸易代表处"，要求关闭设在首都阿布贾的代表团而迁往商业城市拉各斯，取消台湾驻尼机构的不正当享有的领事权利并减少人数；同时承诺"不和台湾发生任何官方关系，不进行任何官方往来"。

② Lieberthal Kenneth, Preventing a War over Taiwan, *Foreign Affairs*, 2005, 84(2):59.

国际组织资格要求（仅限主权国家身份、不限主权国家身份）、是否两岸共存（单一存在、共存）、参与身份（正式会员、非会员）、国际组织性质（政府间国际组织、非政府国际组织）、国际组织影响力（全球性组织、区域性组织）等；而在权重赋值上，参与名称与国际组织资格要求应作为否决性指标，其他依序作为重要参考性指标。从总体上来说，以"中华民国"、台湾名义参与政府间国际组织的活动、参与仅限主权国家身份的国际组织活动都应该被坚决遏止，对同样名义参加非政府间组织活动应尽力阻绝，大陆应尽力降低台湾在政府间国际组织中的身份，尽量避免让两岸共存于同一政府间组织，利用规则和实力掌握主动权，适当限制台湾在非政府组织与活动中具有政治意图的活动与影响力。

2. 坚持"九二共识"的底线

两岸之间的"九二共识"首先在主权、法理、原则层面达成了"各自表述一个中国原则"的共识，其次在"治权"、代表权层面依然存在大陆的"双方均坚持一个中国原则的共识"与台湾的"一个中国（内涵）、各自表述"的分歧。当然，"九二共识"中仍需要进行文本和含义辨析的一个问题是"一个中国的原则"。两岸之间达成的关于"海峡两岸均坚持一个中国原则"、"各自以口头声明的方式表述一个中国原则"共识中的一个中国原则确实不同于中华人民共和国政府在国际社会处理中国代表权立场上的一个中国原则，前者是强调"两岸同属一个主权、领土完整的中国"这一原则，而后者是强调"中华人民共和国政府是代表中国这个国家的唯一合法政府、'中华民国'是叛乱团体"这一原则，两者之间的内涵、适用语境、作用范围与约束力均不相同。但这两个不同层面的"原则"在表述上的相似性被台湾方面蓄意利用，并刻意模糊其应用语境等差异，造成了相当部分的民众对"九二共识"所表达的一个中国原则产生误解和疑虑，难免会被误导认为只要接受了"九二共识"就等同于承认"中华人民共和国政府是代表中国的唯一合法政府"、"台湾是中华人民共和国领土不可分割的一部分"，就等同于支持统一等，所以不接受"九二共识"。最初两岸之间"各自表述一个中国原则"的共识也被台湾单方面阐释为仅是"一个中国（涵义）、各自表述"，并上升到所谓的"没有共识的共识"，彻底否定两岸在同属一个中国的原则上所达成的共识。即便在马英九当局时期，马英九也多次强调两岸在1992年达成的共识是"一中各表，一个中国各自表述"，而"一个中国我们的解释就是中华民国"。

对此应加以适当澄清和引导，即"九二共识"强调了台湾与大陆同属一个中国，同时具有相当程度的包容性，台湾仍有自身的权力空间和阐释空间。事实上，中国大陆在"九二共识"的立场上也是开放包容的，并且也给予了台湾方面极大的善意、让步与空间，中国大陆在"九二共识"上操作性的立场和标准是"各自表述一个中国原则、对一个中国内涵在事务性商谈中不涉及"，但曾对于马英九当局"九二共识、一中各表"的相关表述采取了较为宽容的因应。

同时，岛内也存在着只强调"一中各表"以及企图将"九二共识、一中各表"扩展为两岸在国际的互动规则并将其"两国论"化的倾向。而蔡英文执政以来，则是拒不接受"九二共识"，虽然大陆学者曾指出民进党可以提出体现"两岸同属一中"的替代性共识，但蔡英文仍然期待能够在缺乏"九二共识"政治基础的情况下"维持现状"，刻意忽略两岸关系的和平发展现状应建基于"九二共识"之上。在此背景下，过去基于"九二共识"的两岸政治互动模式的合理性与正当性崩塌，大陆方面就不得不切断与台湾方面具有公权力性质的正式往来。因此，大陆方面基于"九二共识"开展与台湾的交往已经是最大程度的让步、信任与善意，但也已经进入到退无可退、不可让步的境地，在"两岸同属一个中国"的原则问题上必须坚守底线，也决不能在台湾当局拒绝接受"两岸同属一个中国"的情况下作出所谓"正视、承认中华民国存在"的举动，否则只会成为"台独"势力的政治资本。不可否认，当前两岸在"九二共识"、台湾当局政治定位等问题上形成了僵局，但是坚守原则与底线的"僵局"胜过回避一个中国原则的"活局"。换言之，台湾当局在两岸间的政治地位与权力空间也是变动的，而首要决定因素在于其是否承认或遵行"九二共识"，而核心是认可"两岸同属一个中国"的原则。总体上，在两岸间的权力博弈，应坚守"九二共识"的底线，同时警惕无"一中原则"的"一中各表"以及"一中各表"的国际化、"两国论"化。

三、非和平威慑

1. 非和平威慑与和平统一的辩证关系

和平统一是解决台湾问题的最佳选项，但也不排除因不可抗力导致非和平统一的可能性，更不能忽视非和平力量对于和平统一的保障与推进功能。事实上，两岸军事力量平衡的变动也会与两岸经济社会一体化相互影响，甚至军事力量对比变动的所产生的影响更大。[①] 而在和平统一的目标

---

① Kastner S L, Is the Taiwan Strait still a flash point? Rethinking the prospects for armed conflict between China and Taiwan, *International Security*, 2016, 40(3): 54-92.

导向下，"以武力的威慑效应为架构，阻遏及排除危害统一的因素，在攻心和伐谋的战略行动配合下，达到最成功的胜利"，则是较佳的选项与工具。[①] 适度的非和平威慑可以阻遏外国势力的干预并避免给予国际力量干预的口实，但主要目的仍是维护一个中国现状，以此为基础保障促进和平统一的路径畅通以及实现和平统一目标的可能性。

中央政府自确立和平统一大政方针以来就一再声明，不承诺放弃使用武力来遏制"台独"、推进统一，当然，其主要目的仍是从消极面向上考虑以武力的威慑效应来维系两岸之间同属一个中国的现状，并确保国家领土主权的完整。事实上，大陆的非和平威慑从来都是消极性的、反应式的。例如 2005 年制定的《反分裂国家法》就是针对陈水扁当局肆意操弄"台独"、意图改变现状的因应举措，而《反分裂国家法》的目的，即"反对和遏制'台独'势力分裂国家，促进祖国和平统一，维护台湾海峡地区和平稳定，维护国家主权和领土完整，维护中华民族的根本利益"，清晰地表明其"维持现状"的属性，其第八条所列的非和平方式及措施也完全是防御式的，即因"'台独'分裂势力以任何名义、任何方式造成从中国分裂出去的事实，或者发生将会导致台湾从中国分裂出去的重大事变，或者和平统一的可能性完全丧失"而激发。面对蔡英文当局拒绝接受"九二共识"、企图改变并挑战两岸同属一个中国现状。党的十九大报告再次强调："我们绝不允许任何人、任何组织、任何政党、在任何时候、以任何形式、把任何一块中国领土从中国分裂出去。"与此同时，大陆一方面冻结了两岸正式联系渠道，对台湾当局施加压力，另一方面也"展示日益增

① 杨志诚：《新世纪的两岸关系：武力统一或和平统一？》，《逢甲人文社会学报》2000 年第 1 期。

长的军事力量，例如执行轰炸机绕岛飞行"，而"只要这种根本的分歧持续下去，台海冲突的机会就会继续存在"。① 这也意味着在今后促进和平统一进程中，非和平威慑的必要性大大增强。

2. 非和平威慑的效用解析

一般认为，非和平威慑的功效在于未使用武力前所发挥的影响，而武力行动启动则会导致威慑效应消失，可操作的压力空间也大幅缩减，威慑欲达成目标也需要配合其他的战略行动并给予被威慑者以替代选项。而就威慑本身而言，传统观点认为，威慑的成功取决于能力的均衡和威慑者与挑战者之间利益的平衡。其中能力更强、兴趣更重要的一方不太可能在威慑中退缩。因此，如果挑战者的能力较弱，而且没有处于险境时，一般不会首先发起挑战，也因为这种挑战已经被防守方有效地阻止。另一方面，当面对具有更强能力和更多利益的挑战者时，防守者往往会让步而不抵制挑战者的要求并改变现状。② 除了能力和利益因素外，关于威慑效果的相关研究后来又增加了决心（或意志）作为第三个变量，③ 威慑的过程也因此成为意志的竞争。也就是说，假设双方能力基本平等、利益大致匹敌，那么意志坚定或是致力于事业的一方预计将占据上风。因此，威慑的成功除了要让挑战者看到防守方有能力实施手段之外，还要让其坚信防守者有强

① Dobbins, James, et al., *Conflict with China Revisited: Prospects, Consequences, and Strategies for Deterrence*, RAND,2017.https://www.rand.org/content/dam/rand/pubs/perspectives/PE200/PE248/RAND_PE248.pdf.

② Steve Chan, Extended Deterrence in the Taiwan Strait: Learning from Rationalist Explanations in International Relations, *world Affairs*, 2003,166(2):115.

③ Ross R S, Navigating the Taiwan Strait: Deterrence, Escalation Dominance, and U.S.-China Relations，*International Security*, 2002, 27(2):48-85.

烈意愿执行相应行动①。

当然，两岸关系涉及两类威慑：美国对于大陆使用武力追求统一的威慑、大陆对于台湾分离的威慑。而美国对于台海的威慑要求中国大陆认为美国可以有效利用其军事能力参与台海战争并让大陆的成本远超通过武力实现统一的收益。②大陆对台的有效威慑也必然涉及对于美国干预台湾问题的威慑。因此，影响威慑效用的因素就涉及中国大陆、美国、台湾各方的能力、利益与决心以及对于彼此的评估，而且各方对能力、利益与决心所赋予的权重也是不一样的。对于中国大陆而言，决定威慑行为、影响威慑效应的三个因素的权重排序依次是：自身的决心与美国干预的可信度、三方能力对比以及中美在台海利益的不对称。

3. 非和平威慑的应用分析

首先，从意志或决心的角度而言，大陆应清晰展示反"独"促统的坚定意志与决心。美国认为"中国对美国威慑决心的看法是美国延续威慑态势和美中关系有效性的关键决定因素。中国可以承认美国的军事优势，但是仍然质疑美国冒着战争和高昂的代价（包括可能造成大量人员伤亡）保卫台湾的决心"，而"为了确定在台湾海峡使用武力的预期成本，中国领导人必须平衡美国威胁干预的可信度，美国干预对中国可能造成的成本以及统一的潜在收益"。③但是，对大陆而言，在反"独"促统上，并不能

---

① Steve Chan, Extended Deterrence in the Taiwan Strait: Learning from Rationalist Explanations in International Relations, *world Affairs*, 2003,166(2):115.

② Ross R S, Navigating the Taiwan Strait: Deterrence, Escalation Dominance, and U.S.-China Relations , *International Security*, 2002, 27(2):50.

③ Ross R S, Navigating the Taiwan Strait: Deterrence, Escalation Dominance, and U.S.-China Relations , *International Security*, 2002, 27(2):51-53.

仅从实力和利益维度来理解和应对威慑，而是要清楚表达出即便美国干涉也会以非和平方式解决"台独"、追求统一，并清晰地规划美国干涉情形下的应对方案，以此形成对美国的"反威慑"。否则，即便是中国大陆具备了对于美国的实力优势，也难以产生威慑效应。与此同时，对台威慑展示在特定情况下以非和平方式追求统一的决心也可以让台湾产生预期心理。

其次，从能力或实力的角度而言，大陆应展示对于美国在区域战争中的相对优势和对台战争的绝对优势。中国与美国均是拥核大国，美国基于美苏"冷战"的经验，认为在对华威慑上应集中于传统的战争力量威慑，并加强台湾的军事建设，而中国威慑美国干涉台海和平取决于中国的常规战争能力，[①] 而台湾方面也一再强调增强传统军事力量、增加自主力量，将其"吓阻"战略从所谓"防卫固守，有效吓阻"调整为"防卫固守，重层吓阻"，意图构建所谓"不对称战力"。随着中国大陆军事现代化的进展，传统战争能力相对于台湾的优势明显，与美国的差距不断缩小，实力与能力的展示可以有效增加美国干预台海的成本预期、降低台湾的收益预期，也比以前更加具有威慑效应。

最后，从利益或成本的角度而言，大陆应充分表明台湾问题事关中国的核心利益，不可让步。美国与中国大陆在台湾有着不对称的利益，台湾为中国不可分割的一部分，统一是三大历史任务之一，而美国在台湾的安全利益仅限于声誉利益等有限利益，美国通过试图阻止大陆使用武力来维护美国对于地区安全承诺的可信度。因此，中国大陆、美国以

---

① Ross R S, Navigating the Taiwan Strait: Deterrence, Escalation Dominance, and U.S.-China Relations, *International Security*, 2002, 27(2):61.

及台湾对于威慑行为收益与成本的计算并不一致。中国大陆愿意为反"独"促统付出最大的代价与成本，美国只可能进行有限投入并审慎计算收益与代价，对于"台独"引发战争的干预的可能性和程度要低于中国大陆以非和平方式推进统一而引发的干预。因此，基于对各方利益权重赋值分析与比较的威慑，也足以让受威慑者更加理解和感受到威慑的严肃性和严重性。

四、压力的民意效应探析

和平统一共识及目标在台湾内部的达成，最终仍需要"寄希望于台湾人民"。在台湾地区政治民主化后，台湾民众对于台湾政治及两岸关系发展有了相当程度的影响力，做好台湾人民工作也成为一种由内而外、由下至上地消融两岸政治对立结构的可能路径。争取台湾民心，一种方式是引导，另一种是驱动，前者从尽力满足台湾民众的需求入手，后者主要通过压力让台湾民众客观认知两岸关系现实和发展趋势，而追求两岸同胞"心灵契合"与促进台湾人民"认清现实"理应相辅相成。与此同时，祖国大陆反"独"促统的努力也必然会对"台独"势力以及台湾当局等形成强大的压力。而对于压力能否取得预期的效应、能够获得何种程度的收益，以及如何适时调整压力，对于优化和平统一的政治路径至关重要，仍需要深入分析。在此基础上，在继续加强对台湾民意的引导的同时，祖国大陆也应灵活运用各种压力手段，客观分析台湾民意的压力弹性以及压力政策收益，并根据环境变化适当调整。

1. 台湾民意的压力弹性分析

经济学意义上的弹性衡量的是买者和卖者对市场条件变动的反应程度，使得衡量某个事件或政策的影响时，不仅可以讨论该影响的方向，还可以分析该影响的大小。将两岸关系变化、大陆政策调整或压力作为自变量，把台湾民意视为因变量，则台湾民意的压力弹性等于台湾民意的变化量与两岸关系、大陆政策或压力变化量的比值。台湾民意变化大致分布在对现实的认知、情感、评价、选择及预期等方面，压力弹性也可以粗略地分为感知弹性、情感弹性、评价弹性与预期弹性几类。

台湾民意的压力感知弹性主要探讨两岸关系环境变化、政策调整及压力等能否为台湾民意所感知及相应程度。祖国大陆坚决维护一个中国原则的决心与压力能否为台湾民意所感知并做出理性评估，是大陆对台压力能否发挥实效的先决条件。以蔡英文"5·20"就职为临界点，台湾民意对于大陆的压力是富有弹性的。在台湾"大选"前，大陆一再强调没有"九二共识"这一政治基础，两岸关系就会"地动山摇"，当然，这种压力仅限于预防性的，台湾民众的感知度相对较低。如在 2015 年 7 月的一份民意调查中询及"有人说中共政府不希望民进党执政，所以有针对台湾的军事演习，而且说民进党执政，邦交国就会陆续和我国断交，台湾很难再参加国际组织，两岸各项交流协商也会暂停"，数据显示，20.3% 相信该说法，64.4% 不相信，未明确表态有 15.2%，而其中民进党支持者是最不相信的一群（不相信78.5%，相信 15.3%）[①]。但是随着大陆将蔡英文就职演说批评为"未完成的答卷"，台湾民众对大陆压力的感知度上升。民

[①]　台湾指标民意调查：《"台湾民心动态调查、大选与两岸关系"民调新闻稿》，见 http://www.tisr.com.tw/wp-content/uploads/2015/07/TISR_TMBS_201507_22.pdf。

意调查数据显示，54% 的民众认为下半年两岸关系会更紧张，为历次调查最高，甚至高于陈水扁连任后的 52%，仅 24% 认为会较和缓，是历次最低，甚至低于陈水扁连任后的 26%。[①] 结合民调数据来观察，台湾民意对于大陆在坚持原则基础上所施加的切实压力的感知是相当敏感的，压力变化越大，感知程度越高。

台湾民意的压力情感弹性主要探讨压力是否引发台湾民意情感反应及相应幅度，这也涉及压力引发的是台湾民意的正面情感反应还是负面情感的问题。一般而言，压力的增加会引起负面情感反应，而压力的降低未必会引发正面情感的生成。民意数据基本能够佐证这一论断，如大陆民众因"周子瑜事件"通过网络向台湾社会传递压力，同时也引发了台湾民意的负面反应，甚至有民调数据显示，17% 的投票民众表示是在"周子瑜事件"发生后才决定要去投票，这其中又有 23% 的人表示"周子瑜事件"是自己决定去投票的原因，也就是至少占所有投票民众 4% 的人是因"周子瑜事件"而出来投票。[②] 在涉及更具有政治意涵的所谓"尊严"与"认同"问题上，台湾民意的情感弹性更为明显，即便是在很大程度上满足台湾实际利益时，如在国际参与问题上，即便台湾能够实质参与，但仍认为台湾"被矮化""被打压"而耿耿于怀。

台湾民意的压力评价弹性主要指台湾民意如何评估大陆压力对于个人选择及台湾政府行为的影响及其程度，涉及台湾民意面对压力后对于个

---

① TVBS 民意调查中心：《2016 年下半年展望民调》，见 http://other.tvbs.com.tw/export/sites/tvbs/file/other/poll-center/0505231.pdf。

② TVBS 民意调查中心：《选后两天周子瑜事件及组阁意见调查》，见 http://other.tvbs.com.tw/export/sites/tvbs/file/other/poll-center/0501181.pdf。

体如何调整与政府如何响应的理性权衡，也是在引导与驱动台湾民意时首先要明晰的问题。实际上，台湾民意对于大陆政治压力的评价弹性并不显著。如 2016 年 5 月 30 日的民意调查问及，大陆政府认为蔡英文未明确承认"九二共识"及其核心意涵"两岸同属一个中国"，是"没有完成的答卷"，要求确认一个中国才可维持官方来往以及过去 8 年两岸签订的 23 项协议，对比情形，51.4% 的受访民众认为蔡英文没有必要因此承认"九二共识"，与两个月前相比反而大幅上升，而认为有必要接受的则下降到 27.5%，大致上愈年轻或教育程度愈高者愈认为没必要承认，而泛绿民众中的 74.7% 认为没必要。① 台湾民众对于大陆政治压力的短期评价可能缺乏弹性，也不可能期望短期内台湾民意会做出符合大陆预期的个人选择并影响台湾当局。

台湾民意的压力预期弹性是指在面对压力的情况下，台湾民意对两岸关系变化、台湾前途及个体选择等问题进行长期、终局的理性预期的变化程度。持续而清晰压力下的理性预期也能迫使台湾民众较早地接受现实、放弃幻想。台湾民意的压力预期弹性越高，客观上大陆对台政策压力的长期效应就会越明显。事实上，台湾民意的压力预期弹性是显著的。如台湾民意对于大陆军事压力的预期反应非常敏感，杜克大学与政治大学合作的长期民意调查显示，如果预期到"台独"不会引发大陆武力，赞成比例均在 60% 到 70% 之间，而不赞成的仅在 20% 左右；而如果预期到"台独"会引发战争，则赞成比例约在 20% 到 30% 左右，不赞成的比例上升

---

① 　台湾指标民调：《"台湾民心动态调查、新政府与两岸分合"民调新闻稿》，见
http://www.tisr.com.tw/wp-content/uploads/2012/06/TISR_TMBS_201605_2.pdf。

到 50% 到 60% 之间。[①] 这说明对大陆军事压力的预期直接影响到了"台独"的支持度。而在两岸关系前途问题上，压力预期弹性也非常显著，如杜克大学与政治大学 2012—2015 年民调数据中，认为两岸会逐渐走向统一的受访者比例分别为 48.3%、44%、37.4%、39.1%，基本高于认为会走向独立的比例：35.3%、39.6%、40.3%、38%，[②] 虽然倾向于选择与大陆统一的民众是少数，但是认为台湾最终会与大陆统一的民众却不在少数。对于台湾民意而言，统一终局的必然性远比统一美好前景的或然性更具有震撼力，必然性预期下的判断与选择也会更加理性与实际。

2. 压力效应与收益评估

大陆方面包括政府与民间所形成对台湾方面的压力，会引发台湾民意在各个层面、各个群体中产生诸多变化，这种变化对于争取或改变台湾民心、促进两岸关系和平发展与和平统一而言是正面的还是消极的，以及损益程度如何，可以借助压力弹性来进行衡量。一般意义上，弹性越大，说明反应变动程度越大。具体到台湾民意上，民意的压力弹性越大，说明台湾民意变动的百分比与压力变动的百分比的比值越大，而且可能引发的损益也越大。而压力引发的总收益变化仍需要根据台湾民意的变动方向与大陆预期方向的同异进行具体讨论。

首先，大陆对台压力的总收益需要根据台湾民意的不同类型压力弹性下的具体收益进行加总。结合两岸关系与台湾内部政治生态实际以及相关

---

① *The Taiwan National Security Surveys* (2002–2015),https://sites.duke.edu/pass/taiwan-national-security-survey/.

② *The Taiwan National Security Surveys* (2002–2015),https://sites.duke.edu/pass/taiwan-national-security-survey/.

民意调查数据来看，台湾民意的压力情感弹性最为显著，其次是预期弹性，再者是感知弹性和评价弹性，而情感的反应与压力成反向关系，评价的反应与压力之间关系的方向不明确，感知与预期的反应基本与压力成正向关系。基本上可以判断，大陆对台湾施加压力，一般会引起台湾民意的强烈反弹，产生负面的情感体验，并造成台湾民众对大陆好感度降低，甚至形成台湾内部对抗、敌视大陆的民意凝聚与整合，在此方面的压力收益明显减少；同时，台湾民意并不必然会因为大陆压力而在政府政策、个人选择等问题上改变既有倾向，甚至会做出与大陆压力相悖的选择，导致这一方面的压力收益不明显。而台湾民意对于大陆压力的感知反应较为显著，能够较为清晰地认识到两岸关系的变化，应该说大陆的压力传导效果良好。从长期来看，台湾民意在两岸关系等重要大问题的预期或判断对于大陆坚定而持续的压力反应明显。综合而言，当下大陆对台压力在引导台湾民意的认知与预期上的收益是增加的，短期总体收益不明确，但长期收益显著。

其次，大陆对台压力的总收益需要根据不同类型压力下的台湾民意弹性来进行综合衡量。来自大陆官方及民间的压力大致包括经济、政治、外交与军事等领域，各种压力手段的运作方式、受众、成本也是不同的。台湾民意对于不同类型压力的反应程度也是存在差异的，如何评估并合理配置压力手段，也会直接影响到对台压力的总收益。从当前情况来看，台湾民意整体上对于不同类型压力的弹性基本排序大概是，经济压力不敏感（特定群体敏感），政治压力较不敏感，外交压力敏感，军事压力敏感。通过经济手段如大陆民众减少赴台旅游等对台施加压力，除了特定群体如观光业者具有高度压力弹性外，台湾民意整体上的反应并不明显，而且从长期效果来看，两岸经济整合度的降低可能正好顺应了台湾民众忧虑过分依赖大陆的心态，经济压力的成本高，象征性意义大于实质性收益。政治压力的手段与方式相对比较灵活，比较容易让台湾民意认知到大陆的底线与倾向，但并不会顺应压力，短期收益不明确。外交压力着眼于在国际社会维护一个中国原则，受外部因素影响，台湾民意的反应常与压力成反向关系，短期收益会降低，但长期收益会增加。对台军事压力主要表达大陆遏制"台独"决心，虽然形式与手段相对单一，但台湾民意反应与大陆压力基本成正向关系，长期收益仍是增加的。

表 5.1　台湾民意压力弹性与压力收益评估

压力弹性	压力感知弹性/收益	压力情感弹性/收益	压力评价弹性/收益	压力预期弹性/收益
经济压力弹性/收益	较高/较低	低/负值—	较低/低	高/较高
政治压力弹性/收益	较高/较高	较高/负值—	低/负值—	较高/高
外交压力弹性/收益	较高/较高	高/负值—	较低/负值—	高/高
军事压力弹性/收益	高/高	高/负值—	较低/低	高/高

最后，对台压力的总收益尤其是长期收益要考虑到压力弹性影响因素的相关变化，影响因素的变化会带来台湾民意压力弹性的变化，压力收益也会随之而变动。弹性的计算是在假定当前其他条件不变的基础上，观察台湾民意对于压力变化的反应程度，但在事实上其他影响条件是会变化的，因此，压力的实施要充分考虑影响弹性的相关因素变化。第一个要考虑的要素是压力持续时间的长短，时间越长，台湾民众对于不同的压力的反应也会出现相应的变化，如经济压力的持续可能会让"两岸经贸整合有害于台湾"成为民意主流，经济压力的负面效应最终会转嫁到大陆，收

益走低；政治、外交与军事压力的长期持续，无法改变台湾民众的情感倾向，可能会改变民众的压力评价与应对，而预期弹性与感知弹性变动后引起的收益增加可能会超过情感弹性与评价弹性变动引发的收益减少。第二个要素是压力目标范围的大小，一般而言，弹性与范围成反向关系，压力目标范围越小，压力传导也就较为精准，成本小而且收效好。第三个是压力目标产品可替代性的高低，压力所要影响受众的需求的可替代性越高，压力收益就会越低，如台湾内部观光业者短期内因陆客减少而反应激烈并向台湾当局施压，但长期来看，相关从业者会转向其他行业或者逐渐拓展其他客源。第四个影响因素是压力目标群体差异性的强弱，从各项民调数据来看，不同群体对于大陆压力的弹性是有差异的，尤其是台湾年轻民众的压力感知弹性、评价弹性和预期弹性明显较低，而情感弹性更高，这也要求压力的运用需要注重过程与手段的灵活性。

综合而言，弹性思维下祖国大陆对台湾施加压力的策略选择与目标导向应包括：驱动台湾民意在两岸关系问题的认知、判断与选择上实现一些积极转变，从情感倾向为本转为理性认知为主，从短期权衡为主转为长期预期为导向。而其中对台压力策略的重点应着力于让台湾民意形成若干认知或共识：两岸关系重要不可回避；两岸民间交流不可停滞；领土主权完整不可退让；台独引发战争不可冒险；两岸最终统一不可避免。

第六章

促进祖国和平统一的实践模式

在如何结束两岸政治对立、实现祖国和平统一的道路选择或模式选项上，从两岸关系的既往实践和中央对台政策的调整变迁来看，事实上也存在着多种战略考虑、行为逻辑与政策导向，存在着多种有章可循而且自成一体的实践模式。这些实践模式既是对内在机制的探讨及客观实践的概括，也是兼具适应性与建构性的政策工具集。以促进祖国和平统一的问题导向、实践起点、主客关系、框架构建、互动路径、实现机制等作为参照标准进行分析，促进祖国和平统一的实践模式大致可以分为三种类型：平等模式、融合模式及消融模式，或者说是分别从"共议统一""共同缔造"和"消蚀吸纳"三个方面推动祖国和平统一进程。

第一节 促进祖国和平统一的平等模式

两岸复归统一，不是国家的领土与主权再造，而是结束两岸政治对立，而和平统一的最终形式仍须在政治层面落实统一，尤其是要实现两岸政权、政治体系、政治秩序的统一。因此，和平统一的实现也仍须经由两岸权威性确认而达成和保障，平等模式下的"共议统一"在某种意义是祖国和平统一的必经环节，而在更为具体的过程意义上而言，"两岸对话与谈判是和平解决问题的唯一途径"。[①] 而且，通过政治途径从高阶政治入手，以平等协商方式推动两岸公权力体系通过政治对话、平等协商及政治谈判来逐步达成统一共识、实现和平统一也一直是祖国大陆以及曾经的台湾当局所主张的重要模式。在和平统一目标的完全实现过程中，这种基于两岸地位平等并以两岸公权力体系为主体的"共议统一"也是一种"由上至下"地促进及实现和平统一的机制与模式。从实践过程来看，促进祖国和平统一的平等模式是以一个中国原则下的两岸平等政治定位为起点，以两岸政权为统一主体，以政治对话、领导人会面、政治协商与政治谈判等为途径，以"平等协商"构建两岸互动架构，以和平协议和统一协议为主要成果，以"共议统一"达成统一共识与政治安排的统一模式。

一、起点：平等的两岸政治定位

在什么基础、起点上推进统一进程，是一个不可回避的逻辑和现实问题。经过两岸共同努力、平等协商实现和平统一曾经是两岸当局及两岸社会的共识："和平统一、一国两制"被大陆作为实现祖国统一的最佳道路与模式；台湾当局也曾经制定"国家统一纲领"强调"海峡两岸应在理

---

① 　汪道涵：《两岸对话与谈判是和平解决问题的唯一途径——纪念汪辜会谈十周年》，《台湾工作通讯》2003 年第 5 期。

性、和平、对等、互惠的前提下，经过适当时期的坦诚交流、合作、协商，建立民主、自由、均富的共识，共同重建一个统一的中国"。但是多年来，两岸政权之间关于和平统一的争议与分歧已经从初期的道路与模式之争发展到了方向与目标之争，其中长期以来被忽视或被搁置的一个分歧是两岸的现状定位。大陆以和平统一为过程、以"一国两制"为目标，曾呼吁两岸共同探讨"国家尚未统一特殊情况下的两岸关系，作出合情合理安排"，但并未获得台湾方面的正面回应，双方并未能真正将两岸政治定位问题作为和平统一平等模式的"前置问题"，也当然未能取得共识。

然而，在逻辑上，实现和平统一最终目标之前，需要先解决统一的"起点"与"基础"是什么的问题。在实践上，大陆以和平统一为过程、以"一国两制"为目标而略过"起点问题"，坚持一个中国原则，否定了台湾方面先后提出的"一国两区""一国两府""两国论"及"一中一台"等主张，但也并未从正面直接针对台湾方面的主张提出相应的政治定位方案。与此同时，台湾当局则一直强调在统一起点和过程上的两岸"对等"，也因此连带地反对将大陆与台湾界定为"中央政府与地方政府"的"一国两制"，甚至认为"从国家运作的层面而言，传统观念的中国现已分裂为两个政治实体，即中华民国辖下实行民主自由体制的台湾地区，以及'中华人民共和国'辖下实行社会主义制度的大陆地区"，而从此直接过渡到"一国两制"，意味着"要中华民国向中共归降，要台湾地区人民在一定时间后放弃所享有的民主自由制度，所以我们坚决反对中共假中国统一之名，行兼并中华民国之实"；① 而且台湾方面长期以来认为大陆对于一个中

---

① 台大陆事务主管机关：《"中华民国"政府对"九七"香港情势的立场与政策说贴》，见 http://www.mac.gov.tw/ct.asp?xItem=45567&CtNode=6076&mp=1。

国进行"内外有别"的阐释和操作，进而对两岸协商政治定位问题抱持疑虑心态，强调应该"内外一致与两岸对等，而其关键就在于不否认中华民国的存在"。①

自两岸开放交流以来，两岸互动多集中于经贸、社会等非政治领域，两岸间的功能性互动较少直接触及高阶的两岸政治定位问题，而 20世纪 90 年代两岸间的初步政治互动和 2008 年以来的半官方互动多以"九二共识"为基础，而"求同存异"去遮蔽或压制政治定位分歧。但自两岸关系和平发展逐渐步入政治"深水区"后，尤其是两岸之间的公权力机关已经进行了相当高层级的互动之后，两岸之间仅仅有"两岸同属一个中国"还不够，"两岸同属一个什么样的中国""台湾是中国什么样的一部分"等难题已在阻碍着两岸政治互动的进一步提升和优化，"两岸在某种程度上要以更务实的方式重新调整两岸关系，并对'中华民国'的主权和政治地位概念采取一些新的思维"②。体现一个中国原则的"九二共识"的分歧也在逐渐凸显，对于"一个中国"的政治含义，大陆方面表示"在事务性商谈中不涉及"，台湾方面表示"在海峡两岸共同努力谋求国家统一的过程中，双方虽均坚持一个中国的原则，但对于一个中国的含义，认知各有不同"。其间的分歧在事实上限制着两岸对于一个中国架构及话语的共享与共构。

而作为在两岸实力对比占优的一方以及推进两岸统一进程中的主导

---

① 戴东清：《一个中国内外有别对台湾之适用性的探讨》，《中国大陆研究》2001年第 6 期。

② Hickey D V, Wake up to reality: Taiwan, the Chinese mainland and peace across the Taiwan Strait, *Journal of Chinese Political Science*, 2013, 18(1): 1-20.

者，大陆对于两岸政治定位分歧的搁置可能会限制其政策举措的深化，理应积极推动两岸将分歧争议演变为创造性的共识。对此，大陆方面也开始逐步提出两岸共同探讨政治分歧难题，如党的十八大报告提出，"希望双方共同努力，探讨国家尚未统一特殊情况下的两岸政治关系，作出合情合理安排"；习近平总书记也多次强调，"两岸之间长期存在的政治分歧问题，我们愿在一个中国框架内，同台湾方面进行平等协商，作出合情合理安排"；十九大报告提出，"承认'九二共识'的历史事实，认同两岸同属一个中国，两岸双方就能开展对话，协商解决两岸同胞关心的问题"。可以说"探讨国家尚未统一特殊情况下的两岸政治关系，作出合情合理安排"，是推动两岸关系稳固深化的重要选择，也是以和平方式、平等模式结束两岸政治对立的必由之路。

二、主体：演变中的两岸权威

平等模式的两岸和平统一应由具有权威性与有效性的两岸主体共同参与完成。"由协商、谈判解决台湾问题，实现祖国的和平统一，这一主张是中国共产党首先倡导，长期坚持，积极推进的"，而大陆的具体思路和政策根据"国内形势的发展、两岸关系的状况及岛内情况的变化，因势而为，实时调整政策，经历了由试探性间接秘密接触——国共两党对等谈判——海峡两岸各党派参加谈判的发展、演变过程"。① 随着两岸关系的深入发展以及岛内政治生态的演变，无论是祖国大陆的政策思路与政治倡

---

① 张春英：《中共关于海峡两岸谈判思路及政策发展演变的轨迹》，《党史研究与教学》2000 年第 3 期。

议，还是两岸政治互动与对话协商，其中的权威性主体都在发生改变。

祖国大陆对于两岸平等互动的权威性与有效性主体的判定与选择随着台湾内部政治结构变迁而不断进行调整，经历了从寄希望于台湾地区领导人到寄希望于台湾政党，再到"寄希望于台湾当局"的变迁历程。在台湾处于"威权政治"阶段时，因为台湾内部政治事务及其大陆政策基本上由台湾地区领导人蒋介石、蒋经国来决定的，而且台湾地区的"党政军"体系高度一体化，台湾当局、国民党的政策主张也均以台湾地区领导人的意志为转移，以"两蒋"作为两岸平等互动的对话主体自然是最佳选择。周恩来曾在1956年指出，"愿意同台湾当局协商和平解放台湾的具体步骤和条件"；① 此后相当长时期内，无论是试探性接触，还是如"廖承志致蒋经国先生信"等公开呼吁，两岸均是以领导人作为平等互动的对话对象和决策主体。而随着大陆的改革开放以及台湾"威权政治"的松动，大陆适时提出了国共两党"对等谈判"倡议，将实际上主导各自政治发展的国共两党作为两岸的权威性主体，1981年的"叶九条"的第一条就是建议举行"两党对等谈判"，"实现第三次国共合作，共同完成祖国统一大业"；1983年邓小平会见杨力宇时再次强调"建议举行两党平等谈判"。随着台湾开启政治革新与"民主化"并进入一党优势的政党政治时期，大陆也将两岸统一协商谈判的主张从"国共两党对等谈判"调整为"各党派参加谈判"，1995年江泽民提出八项主张中的第三条就强调"在和平统一谈判的过程中，可以吸收两岸各党派、团体有代表性的人士参加"。而在2000年台湾发生首次"政党轮替"后，党派之间的互动可能具有一定

---

① 廖心文：《周恩来与和平解决台湾问题的方针》，《党的文献》1994年第5期。

的有效性，但其权威性不一定具有持续性，大陆面对两岸政治互动的权威性必须以两岸公权力为载体的这一现实，一方面强调寄希望于台湾人民，在2002年党的十六大报告中只提出"实现祖国完全的统一，我们寄希望于台湾人民"；另一方面也将"台湾当局"作为反"独"促统的重要对象，从积极的劝服与消极的阻遏正反两个方面去"寄希望于台湾当局"。而在国民党再次执政期间，两岸当局基于"九二共识"在多个领域展开了公权力机关的互动，此前"胡连会"等形成的政党共识也必须通过公权力确证才能具有权威性和有效性，大陆在这一时期的政治协商主张也是以台湾公权力为诉求对象，如2013年习近平总书记指出："我们已经多次表示，愿意在一个中国框架内就两岸政治问题同台湾方面进行平等协商，作出合情合理安排。对两岸关系中需要处理的事务，双方主管部门负责人也可以见面交换意见"。[①]2016年蔡英文执政以来，大陆强调承认体现一个中国原则的"九二共识"是两岸对话协商的前提，这一标准仍是以台湾当局为对象的。回顾历史，大陆对于平等互动、统一谈判的主体判定和选择，均是以能够真正代表或决定相关事务的权威主体为对象。

在两岸关系发展过程中，经由两岸权威性及有效性主体之间的政治互动包括政治对话、领导人会面、政治协商与政治谈判等所形成的两岸共识和互动架构也就具有了约束力和可行性。如1992年经由两岸公权力机关授权达成的"九二共识"就具有长效的约束力，2008年以来两岸公权力机关之间签署的各项两岸协议也具有双边效力。而未来经由平等互动达成统一安排的最终主体也必然是获得两岸人民服从与支持的权威性、有效性

---

① 《习近平总书记会见萧万长一行》，新华网，2013年10月6日。

主体。祖国大陆欢迎包括政党在内的台湾各界人士共同解决两岸政治难题，但综合世界政治发展潮流和岛内政治生态变迁来评估，尤其是"民主化"之后的台湾在两岸政治对话或政治协商的过程中处于所谓"双层赛局"（two—level game）之中时，[①] 以平等模式促进和平统一的最终谈判者、确认者及执行者仍将是两岸政权、当局或公权力机关。

三、架构："两岸同属一个中国"框架

以和平统一为导向的两岸平等互动模式必须以一个中国为基本架构。在两岸处于统一道路与模式之争阶段，"两岸同属一个中国"是不言自明的默认设置和基本前提；即便是两岸发生"统独"之争，台湾单方面不承认"九二共识"也不能改变"两岸同属一个中国"的政治现实；中国大陆也从未放弃以一个中国框架作为两岸政治互动的基本架构。大陆领导人在不同时期都分别强调在一个中国原则、一个中国框架的基础上展开平等协商，如习近平总书记曾指出："着眼长远，两岸长期存在的政治分歧问题终归要逐步解决，总不能将这些问题一代一代传下去。我们已经多次表示，愿意在一个中国框架内就两岸政治问题同台湾方面进行平等协商"。[②]党的十八大报告也提出了"探讨国家尚未统一情况下的两岸政治关系，做出合情合理的安排"、"商谈建立两岸军事互信机制"、"协商达成两岸和平协议"三大倡议，充分体现了一个中国框架的必要性。大陆方面多次强

---

① Lin, Jih-wen. Two-level games between rival regimes: domestic politics and the re-making of cross-Strait relations , *Issues and Studies*, 2000,36:1—26.
② 《习近平总书记会见萧万长一行》，新华网，2013 年 10 月 6 日。

调两岸政治互动必须以"两岸同属一个中国"的"九二共识"为政治基础，国民党在台执政期间，两岸在"九二共识"基础上具备了平等探讨两岸共同事务的可能性和必要性。但在蔡英文当局拒不接受"九二共识"的情势下，两岸缺乏良性政治互动的基础，祖国大陆承担起维护和巩固一个中国框架的重任，同时也确保未来台湾当局承认"两岸同属一个中国"后两岸能够继续共同探讨和平统一道路与模式问题。

延续现代中国国家建构的历史脉络，两岸在一个中国框架下的互动既要强调民族建构，更要加强民主建构。百余年的中国一直面临着双重任务："一是现代化及其相伴随的国家化，二是现代国家建构中的民主化"，[①] 而中国现代国家构建仍将"是建构一个民族—国家与民主—国家相对均衡的现代国家。通过民族—国家的建构为每个国民的自由发展提供组织平台；通过民主—国家建设，为每个公民的平等发展提供制度保障，由此达到每个国民对国族的高度认同和忠诚，并不断提升国家的能力"。[②] 但就两岸关系实际而言，大陆相对强调一个中国框架中的民族建构，而台湾方面则过于注重民主建构，这种内在建构侧重点的差异也在影响着一个中国框架的稳固性与持续性。但随着现代中国国家建构的内在转型，建构重心开始向民主国家建构倾斜，注重权力的合法性、政治过程的合理性及社会的自主性建设，这也逐渐扩展到两岸领域的一个中国框架。在此脉络下，大陆充分考虑、尊重并保障台湾方面多元的利益与权利，提出一系列倡议，如国共两党对等谈判、对台湾当局的制度性安排、承认并保障台湾同

① 徐勇：《现代国家建构中的非均衡性和自主性分析》，《华中师范大学学报》2003 年第 5 期。

② 徐勇：《"回归国家"与现代国家的建构》，《东南学术》2006 年第 4 期。

胞的权益等，以及两岸"两会"接触谈判，台湾也基本上被赋予了相应的平等地位，而"正式结束敌对状态""和平协议""探讨国家尚未统一特殊情况下的两岸政治关系"等主张也预示着两岸面向未来、通过平等互动的民主国家建构过程去完成狭义国家层面的一个中国的民族国家建构任务，进而推进民族国家建构与民主国家建构的协调与相互促进。

"一个中国原则本质上是一种允许相互争论与说服的具有社会建构性的沟通话语和程序"，[1] 基本上为处理两岸在政治对立背景下的政治互动提供了平台与框架，再经由双方共同协商，逐步确认对方在"一个中国框架"下的地位、利益与权力配置，逐步由"分治"走向"共治"；使两岸关系的持续深化不仅仅依靠"善意"或"让利"，而是基于一个中国框架下的权利契约，由"人治"走向"法治"，最终在一个中国的民族国家建构与民主国家建构互动过程中，实现祖国的完全统一。

四、路径：民主的两岸政治互动

以平等模式促进祖国和平统一，需要经过平等的两岸政权之间的民主协商结束两岸政治对立。依据现代基本政治准则"主权在民"，民主不仅限定了政治事务的最终决定方式，也是整合冲突与分歧的一种非暴力路径。而对于大陆而言，"必须耐心地与台湾打交道，以挫败中国威胁论"。[2]

---

[1]　Dean P. Chen, Constructing Peaceful Development: The Changing Interpretations of "One China" and Beijing's Taiwan Strait Policy, *Asian Security*, 2014,10(1):31.

[2]　Dean P. Chen, Constructing Peaceful Development: The Changing Interpretations of "One China" and Beijing's Taiwan Strait Policy, *Asian Security*, 2014,10(1):31.

两岸民主互动则有助于增进两岸政治互信、促进两岸共同维护一个中国原则，也有助于两岸共同建构一个中国内涵。而以民主的方式解决两岸分歧，须进一步明确的是选择适用何种民主模式。

第一种选择是传统的"多数决"民主模式，一般适合于同质性较高的政治社会，而在异质性社会中，由于多数与少数的社群边界往往是较为固定的，因分歧所造成的力量对比也是比较稳固的，多数决模式下的民主就成了多数专政，[①]"在异质性强高度分化的多元社会中，多数民主模式所造成的结果可能不是民主，而是多数的专制或者是国内的各种不同群体的纷争"，[②] 而少数派可能会由此失去对整体的忠诚。"多数决"是台湾社会对于民主模式的主流认知，例如"台湾前途由2300万台湾人民决定"诉诸民主，但其内在逻辑仍是"多数决"模式，即"多数决"思维模式使台湾方面对两岸关系产生了认知偏差：即大陆会"以强凌弱""以大欺小"（故此台湾方面才会有"以小事大"之说）；因此，只有通过"独"与"离"，才能保障台湾的权益。而大陆所强调的"由两岸人民共同决定"则从本质上体现了"两岸同属一个中国"基础上的民主价值，但在"两岸人民如何共同决定"的民主程序和具体形式上仍需要进一步探讨。如何解决两岸关系中多数民主产生的困境呢？当前诸多建议秉持"化异求同"，把两岸的差异与差距视作互信的障碍，认为只有使两岸社会成员成为同质性的个人才能解决问题，这种终极解决的思路或许具有前瞻性，但在当前阶段的可

① ［美］阿伦·利普哈特：《民主的模式：36个国家的政府形式和政府绩效》，北京大学出版社2006年版，第23页。
② 陈炳辉：《多数民众与共识民主——利普哈特的民主理论》，《江淮论坛》2012年第1期。

行性不足，"多数民主"模式暂且无益于两岸良性互动。

另一种选择是当代兴起的"共识民主"或"协合民主"模式，被普遍认为是适合异质性社会的民主模式。"协合民主"认为民主应该是尽可能多的人统治，各种规则、政策的制定和各类机构的设置都是旨在保证相关各方广泛地参与互动和决策，并达成普遍的一致，并不立足于消弭分歧，而是从既有的分化与差异出发，建立稳定的互动架构和制度规范，以促进异质性社会的政治稳定及信任。简单而言，就是要"存异求同"。其内在逻辑认为：个人的认同和属性是由其所在的那个社群决定的，个人是社会的产物；人们不应该而且也不能去消除那些具有封闭性的社会集团，只能通过调整政治制度来满足社会结构的需要。① 这种民主模式尊重与"保留"社会集团的异质性，基于对不同政治亚文化集团的合理性的认可，通过权力分享的制度模式来实现这些社会集团的文化自主，以及"少数派"对政治权力的需求。而两岸间存在着诸多歧异使得两岸构成了异质性社会：台湾希望以民主的方式保障或维护台湾的自由，台湾内部虽然存在诸多分歧，但对于自身民主模式的坚持具有一致性；而且岛内政治运作的基本模式不同于大陆，存在着相互竞争甚至对抗的多个政治集团，在某些核心利益上缺乏必要的共识。这种情况下的"多数决"只会固化分歧，增加相互猜忌，而"协合民主"下"存异求同"的方式更符合两岸关系发展实际。

协合民主应用于两岸，首先需要确定两岸各自的权利、利益作为协商、合作的起点和依据，确立台湾在两岸和平统一进程中所形成的民主互

---

① 　高兆明：《多元社会的价值冲突与政治正义》，《江苏社会科学》2000 年第 6 期。

动关系中与大陆平等的地位；其次需要至少在两岸当局和执政党之间已经形成了一个中国的核心共识；然后秉持"协合民主"方式搭建促进和平统一的政治互动框架，在"多数"与"少数"之间搭建沟通的桥梁，两岸可以正视现实、存异求同、存量不变、增量共商，寻求两岸争议与分歧的中间地带或契合点。通过两岸间异质性民主的正常运转，让台湾用制度性权力去维护自身固有的权益，而非出自大陆的"善意"和"照顾"，不因担心所谓"不民主""受打压""遭吞并"或"权利得不到保障"而产生分离意识，通过协合式民主的互动方式，逐步增进互信，共商发展、共议统一。

五、形式：两岸政治互动的类型

两岸平等政治互动大概可以分为两岸非正式与正式两类，其中非正式政治互动涉及两岸政治对话（或喊话）、多轨政治对话、象征性领导会面（如胡连会、习马会）等，而正式政治互动主要是两岸官方政治协商与政治谈判。从理论上来讲，两岸平等政治互动应依循着从"政治喊话"到"政治对话"到"政治协商"再到"政治谈判"的顺序而不断升级，"以政治对话带动政治协商，以政治协商带动政治谈判"。①

政治喊话主要是大陆政府及台湾当局单方面表达自身立场以及对两岸关系的主张，意图向对方政府及人民传递信息，以期获得对方了解、理解甚至回应的行为。政治喊话在相当长时间内尤其是在两岸对立隔绝以及两

① 刘国深：《推动两岸政治对话协商的问题与难点》，《台湾研究》2014 年第 1 期。

岸共同政治基础破裂期间的主要互动形式。两岸对立隔绝期间，两岸当局之间虽然在维护一个中国原则上的立场一致甚至存在一定默契，但是彼此避免直接沟通以免造成相互承认的误解，政治喊话则向对方传递了政策主张，而对方可以根据情况再以相同方式作出回应，如中国大陆三次发布"告台湾同胞书"、公开"廖承志致蒋经国先生信"、通过各种渠道传达大陆"和平统一""国共合作"的主张等，而台湾方面则释出"开放探亲""三不"政策等，政治喊话可能会达成相应的政治默契，而且主要是表示出对自身行为作出自我约束的意愿。两岸在开启交流对话期间，也通过政治喊话来进行政策与理念的交锋，如大陆发布"江八点"，台湾发布"李六条"等。在民进党两次执政期间，政治喊话更成为两岸政治互动的重要形式，大陆对于反"独"促统的坚持、对于主权领土的维护、对于台湾当局的"期待"等，以及台湾方面关于如何处理两岸关系的主张如陈水扁的"四不一没有""四要一没有"，蔡英文的"维持现状"等，也都成为表达或者试探底线的重要方式。综合而言，政治喊话并不以获得共识、增进政治互动为主要目的，大多以"自说自话"的形态而呈现。

政治对话主要是两岸之间的直接政治互动。理想型的政治对话应该是以两岸当局或公权力机关具有政治属性的对话。政治对话的"语义比较自由、宽松，针对性较弱、回旋余地较大"，"可以漫无边际，也可以各说各话"。[1] 而从两岸关系实践历程来看，两岸当局之间的政治对话仍是相当欠缺的，应该说并没有严格意义上的直接政治对话的发生，较为接近的形式可能是两岸当局以"各说各话"的方式进行互动，然后彼此均作出一

---

[1]　刘国深：《推动两岸政治对话协商的问题与难点》，《台湾研究》2014 年第 1 期。

定的修正或让步，最终达成等同于"对话"的结果。

多轨政治对话主要以非官方对话互动为主，由于两岸关系的特殊情况使得半官方机构或民间机构之间的互动具有能够影响正式互动的渠道和能力，使得多轨政治对话具有事实上的政治互动效果。其中可以称为"1.5轨"的两岸"两会"即海峡两岸关系协会与海峡交流基金会交流渠道具有官方背景和官方背书，在相当长时间内以及相当广泛的事务上承担着两岸交流交往的渠道功能，其间也不可避免地会触及政治议题，而且两岸当局也确实借助"两会"这一"白手套"就两岸政治互动中的程序性问题和实体性问题进行沟通协调，"两会"在相应政治议题上的互动也当然具有政治对话的属性，最具代表性的政治互动成果就是"九二共识"，双方达成各自表述一个中国原则的共识，也成为此后两岸关系和平发展的政治基础。此外，被称为"二轨对话"的两岸智库等民间组织之间的对话互动也是多轨政治对话的重要组成部分，因为"在目前两岸双方正式的政治商谈一时还谈不起来的情况下，可以先从民间开始对话，举办民间性质的两岸和平论坛，由两岸学者和有代表性的人士探索解决两岸政治关系、军事安全、涉外事务等方面问题的途径和办法，为今后开展两岸政治商谈积累经验、创造条件"。[①] 因为在当代民主政治运行规则下，非公权力的行为主体越来越能够影响到各自内部政治决策，而且民间力量包括两岸的政党、非政府组织、产业、媒体、智库、利益团体、知识社群等经由彼此的对话与合作，还能够为政府决策以及两岸政治互动提供智力支持。

象征性领导人会面是指两岸领导人之间的直接会面、对话等互动，具

---

① 孙亚夫：《继续为破解两岸政治难题逐步创造条件》，中国新闻网，2013 年 5 月 7 日。

有重要的象征意义和宣示性价值，昭示着两岸政治的良性互动现状或意愿，表达双方各自的政治意愿，达成一定程度的政治共识，既可能具有实质性的互动价值和约束力，更重要的是具有重要的政治社会化功能。这其中包括大陆领导人会见台湾方面重要政党的领导人，如"胡连会""胡宋会""习吴会""习朱会"与"习洪会"等，这些会面双方一方面强化了既有的政治基础与原则共识，另一方面也在"求同存异"的大方向下力图继续推进两岸政治互动的改善，与此同时，还在台湾社会产生广泛的影响；此外还包括 2015 年 11 月在新加坡举行的"习马会"，"作为两岸关系发展的里程碑，体现了祖国大陆对台决策新思维，对两岸关系和平发展具有深远的历史意义和重大的现实意义"，[①] 实现了两岸分隔以来的两岸领导人的首次会面，也引起了世界范围内的关注，这也说明两岸当局之间有一定程度的信任，"习马会"的历史性不容置疑，[②] 更是从官方意义上向世界宣告两岸再次正式共同确认"两岸同属一个中国"的现状与现实。

政治协商是两岸的公权力机关开始就政治议题的程序性问题和实体性问题展开正式的双边互动，并有强烈的意愿寻求继续深化互动的政治基础和政治路径。不同于两岸政治对话之处在于其以双边正式商谈为主，并以追求政治共识和解决方案为主要目标；不同于多轨对话之处在于多轨对话往往是民间性与功能性的，而政治协商本身就具有合法性和权威性，协商的结果也就直接具有约束力。与政治对话相比，"政治协商的语义相对正

---

①　刘红：《两岸关系发展的里程碑》，《统一论坛》2015 年第 6 期。

②　Richard Bush, *Taiwan' January 2016 Elections and Their Implications for Relations wih China and the United States*, Asia Working Group Paper,Brookings,December 2015,12.

式、严格，针对性强、回旋余地较小"，"重在就具体议题进行陈述意见，是双方交换意见和意见折冲的过程"。①

政治谈判是两岸的公权力机关在政治协商已经达成的谈判程序与标的的共识基础上，正式就两岸政治难题诸如台湾当局的政治地位与权利、台湾的"国际参与"、两岸统一路径与模式以及"一国两制"台湾方案等问题进行谈判，并争取将两岸分歧争论演化为创造性共识，形成对于两岸均有约束力的共识、声明、协议等。政治谈判与政治对话、政治协商不同在于要在实体性问题上获得兼具合法性、权威性与约束力的结果，而且规划未来两岸关系的发展方向与格局，通常要以政治对话、政治协商为基础和前提。政治谈判"在语义上更加严肃、敏感、重要、有直接而现实的政治影响力"，而且"关系到公权力的分配，对政治秩序会带来直接的影响"。② 从既往两岸官方的主张来看，政治谈判是实现和平统一的最佳方式，而从逻辑上来看，平等模式的和平统一也必然是要经过双方的同意和确认才可能实现，因此，政治谈判既是和平统一平等模式的形式要件，也是实质要件。未来以政治谈判实现"和平统一、一国两制"的过程大致涉及两个环节：第一环节是两岸签署作为过渡性安排的和平协议，达成两岸政治定位共识，结束敌对状态；第二环节则是两岸签署统一协议或统一宣言，达成"一国两制"实现于台湾的具体安排的共识，成立和平统一委员会监督推进"一国两制"台湾方案的落实。

---

① 刘国深：《推动两岸政治对话协商的问题与难点》，《台湾研究》2014 年第 1 期。
② 刘国深：《推动两岸政治对话协商的问题与难点》，《台湾研究》2014 年第 1 期。

六、机制：两岸政治互动的演进

结合两岸政治互动的既往实践，如前所述，两岸平等政治互动演进的纵向时间序列基本上是从"政治喊话"到"政治对话"，再到"政治协商"与"政治谈判"，而横向的空间转移则可能是从半官方半民间的"1.5 轨互动"、民间的"二轨互动"衍生到"一轨"的官方互动。从其内在的演进机制来看，两岸平等政治互动可以从问题界定、议题框架、议题设定、建立共识、协议规划等方面逐步实现创新升级，两岸官方则要由上至下地推动两岸各领域的深化融合，同时要承担问题发现者、信息提供者、利益诠释者、议程设定者、分歧仲裁者及权威执行者等多重角色。

两岸良性政治互动的程序机制涉及几个前后关联的环节。首先，通过政治对话进行大致的问题界定，列举阻碍两岸关系发展的各种关键难题与分歧，避免后续的两岸政治协商与政治对话陷入"失焦"或"失根"状态。两岸政治对话可以从自身关切的利益、权力等问题入手，经过计算与权衡各自的行为偏好与利益得失，逐步确立起两岸政治对话的分歧列表，使得两岸政治互动能够抓住问题的根源与重点。其次，根据分歧列表构建政治协商的议题框架，两岸关系虽分歧丛生，但是各个难题之间往往存在内在联系，分歧的解决并非是无序和随机的，例如两岸关系政治定位、台湾当局的地位、台湾"国际活动空间"、"和平协议"签署、国际事务合作等，这些问题的解决都彼此关联，通过对于其间的因果关系或逻辑顺序进行精准梳理，厘清议题联结，确立议程，进而勾勒两岸政治互动的"路线图"。再次，两岸通过政治协商建构共同的程序观，确立起符合各自期望的系列原则、规范、规则与决策程序，树立两岸政治互动的"指路灯"。

两岸既往政治互动的经验表明，双方容易陷入各执己见的"失范"困境，各自所提出的政策主张或解决方案缺乏合法性和可接受性，两岸进一步的政治协商应立足于更高的价值规范，依循相应的学理，立足于现实，重新认识或重新界定自己的利益与偏好，从"各说各话"走向对话，逐渐超越单方面行动的狭隘视野，为持续政治互动提供程序性规范。最后，通过政治谈判，两岸官方确立起正式共识，并以其作为各自公权力运行的政策参照或选项，并在签署两岸政治协议过程中规划未来的权力配置、制度设计与秩序构建等。两岸官方在既往政治对话、政治协商中已经就相关政治互动议题形成权威型的议题网络，双方在此基础上结合彼此偏好，在充分考虑对方的利益取向后协商产生最优化的协议，并推动各自内部政策创新，将两岸政治共识与协议落到实处。

而两岸良性政治互动的内容机制包括若干个循序渐进的阶段。两岸政治良性互动的初始化源于多种力量的驱动，例如公权力机关发起、理念驱动民间倡议以及利益的相互作用等。多种力量综合驱动下的两岸政治互动逐步生成内在的政治共识与联结。首先，两岸政治互动建立起议题性的联结，如前所述，两岸对于政治难题与分歧均有各自的立场，在政治喊话或政治对话中因议题分歧、争议与博弈而逐步产生联结，无论是以个案方式还是一揽子方式的互动，双方会交换观点、论辩，逐步产生一种议题网络。其次，逐步进入两岸政治互动的功能性联结阶段，两岸经过多次政策立场宣示、观点交锋、法理探究之后，也会逐步积累起一些基本认知与共识，也会因为解决特定的现实问题而对政治分歧有一定程度的共同探讨，这种探讨的目的本身不在于解决政治分歧，而是两岸功能性议题不得不触及政治难题，基于功能性、事务性的两岸事务逐步形成一种两岸政治跨界网络。再次，升级到制度性联结阶段，无论是因为一般性两岸议题网络的推动，还是因为功能性联结的衍生，两岸逐步在个别共识及特定合作经验的基础上，逐步搭建制度化的协商或合作机制，定期沟通并对提出方案生成一个相对稳固的制度联结网络。复次，过渡到组织性联结阶段，两岸政治互动逐步建立起相当程度的规范、方法和政策共识后，可以通过设立任务性或常设性小组甚至是两岸共同事务委员会、和平统一委员会等，针对两岸关系中的政治议题提出自己的政策建议，建构一个基于问题驱动的工作系统，也使得两岸两个独立的政治体系之间生成实体的组织联结。最后，进入到协议性联结阶段，逐步将两岸小组或委员会从虚化的沟通中介、协调平台发展为实化的监督机构、权威机关，双方先签署和平协议，实现"合法中央政府——非法叛乱团体"法理定位到两岸平等政权的政治定位的转换，中央政府的主权与台湾当局的管辖权都得到对方承认，使得随后签署的统一协议具有法律效力，而统一协议则是让"一国两制"的具体安排得到台湾方面的确认。

此外，两岸政治互动的辐射机制主要通过政治社会化效应来体现，由上至下地促进着两岸关系中的政治"共识"的社会化以及"社会化"共识的生成。两岸政治对话、协商谈判的议题都是与两岸民众尤其是台湾民众切身利益相关的问题，在媒体高度发达的信息社会里，两岸官方政治互动的内容、观点及建议，包括两岸之间敏感难题的充分争辩，都会影响到民众对两岸关系现状及未来走向的认知，也促进两岸民众展开更为深入的思考。在这个政治社会化的过程中，更需要公权力机关的宣扬与引导，以形成两岸政治共识的"社会化"，如将"九二共识""一个中国""和平统一"等演进成为台湾各党派、民众的共识；也有助于"社会化"共识的生成，即通过民众的广泛而深入的探讨互动，由下至上逐步地形成共识。这两种力量、路径与机制的协同，将使得政治互信可以扩溢，而相应的问题界定、共识凝聚与政策创新也较易为台湾民众所认可与接受。

第二节　促进祖国和平统一的融合模式

祖国的和平统一进程，除了经由两岸权威性主体的平等政治互动加以推动外，还应该由两岸同胞共同努力，"共同缔造"一个完全统一的中国。毕竟当前两岸虽然同属一个领土主权完整的中国，但也存在着内部的政治对立，"困境在于'一个中国原则'与'中华民国是主权独立国家'之间无法调和的结构性矛盾"，而"两岸同胞共同缔造的统一的中国不同于现阶段两岸各自认同的政治主体"，[①] 即经由两岸同胞"共同缔造"而实现完全统一的中国不同于现阶段处于两岸政治对立状态的一个中国。

祖国大陆长期坚持"寄希望于台湾人民"的方针，习近平总书记也多次强调两岸经济社会融合发展，呼吁"两岸同胞要携手同心，共圆中华民族伟大复兴的中国梦"。[②] 党的十九大报告首次创造性地提出"三个共同"：共同反对"台独"、共同弘扬中华文化，共同为实现中华民族伟大复兴贡献力量，这是前所未有的提法，为台湾民众的参与提供了框架和途径。[③]

---

① 张文生：《海峡两岸"第三主体"的建构》，《台湾研究集刊》2014 年第 2 期。

② 习近平：《共圆中华民族伟大复兴的中国梦》，见 http://news.xinhuanet.com/tw/2014-02/19/c_126157576.htm,2014-2-18。

③ 《深入探究十九大报告与两岸关系未来》，《中国评论》2018 年第 1 期。

两岸和平统一的"共同"倡议和规划包括两岸政权层面的"共议统一"，也包括两岸同胞之间的"共同缔造"，前者"由上至下"解决两岸政治难题，后者"由下至上"推进和平统一。结合两岸关系发展实际以及大陆对台政策实践，当前的两岸"共同"促进祖国和平统一的模式也在更多地突出和依赖两岸同胞的"共同缔造"。经由两岸同胞"共同缔造"、两岸融合发展而"由下至上"促进和平统一的融合模式与两岸权威主体"共议统一"的平等模式相互补充、相互促进。从本质上来看，促进祖国和平统一的融合模式是以一个中国内的"两岸一家人"为两岸人民关系起点，引导和激发两岸人民在统一进程中积极发挥主体作用，共同构建"两岸一家亲"的两岸人民互动架构，以两岸经济社会融合发展为途径，实现两岸人民的融合统一，进而由下至上地"共同缔造"完全统一的模式。

一、起点："两岸一家人"的人民关系定位

一般情况下，一个统一的国家的各个构成要素也是统一的，即应该是领土主权完整、单一政府、人民统一的。然而，当前的一个中国却是"领土主权完整"与"政权对立、人民分立"并存，因此，统一的任务除了要通过平等互动达成政权的统一，还要通过融合发展实现人民的统一，而且人民的统一也会带动政权的统一。如同两岸政权仍然是一个中国内部的两岸对立政权一样，两岸同胞中的大陆人民和台湾人民也仍然是一个中国内部的人民或公民，而不是两个国家的公民。虽然两岸同胞曾经被隔绝对立，或是缺乏交流，或是彼此误解，但仍是"血浓于水的一家人"。

既往的两岸关系定位比较注重两岸政治定位，相对忽视了两岸人民关

系定位，但随着"和平统一""寄希望于台湾人民""争取台湾民心"等方针的确立，以及两岸民众交流往来规模日益扩大，两岸人民关系定位问题不可回避。因为，确立两岸人民尤其是台湾人民作为中国（中华人民共和国）公民的象征性政治权利，并进一步将其转化为实质性的政治权利，再经过立法授权等形成相应的法律权利，然后将其落实为实践中的行政管辖事项中所享有的同等待遇，这是落实中央政府权责、促进两岸人民统一的必然要求。而且，两岸人民之间的交流融合也需要确立起平等关系，确定各自的身份、地位、权利与待遇等。因此，两岸人民关系定位也是推动和平统一进程、推动两岸经济社会融合发展的前置性问题。

习近平总书记关于"两岸一家人"的系列重要讲话从实质上解决了两岸人民关系定位问题，简明扼要地指明了两岸人民关系定位方案，也丰富和完善了促进祖国和平统一的道路与模式的理论与实践。习近平总书记先后提出的论述[①]包括："两岸同胞一家人"（2010 年 4 月 10 日）、"两岸同胞血脉相连，是一家人"（2013 年 2 月 25 日）、"两岸同胞是一家人""广大台湾同胞都是我们的骨肉天亲""血脉相连的一家人"（2014 年 2 月 18 日）、"两岸一家人"（2014 年 9 月 21 日）、"两岸是打断骨头连着筋的兄弟，是血浓于水的一家人"（2015 年 11 月 7 日），强调两岸同胞同根同源、同文同宗，心之相系、情之相融、血脉相连，着重从文化、感情等层面凸显"两岸一家人"的内涵和特征。"两岸一家人"的两岸人民关系定位赋予了大陆争取台湾民心工作以道义性和合法性，为促进两岸同胞"心灵契

---

① 《习近平心中的两岸关系：兄弟同心，其利断金》，中国新闻网，2015 年 11 月 5 日；习近平：《两岸是打断骨头连着筋的兄弟 是血浓于水的一家人》，央广网，2015 年 11 月 7 日。

合"奠定了基础，也为促进和平统一指明了方向与路径。结合大陆涉及台湾同胞的相关工作实践以及党的十九大报告等纲领性文件，"两岸一家人"的人民关系定位还有其深刻的政治、法律与行政等方面的内涵和属性。事实上，两岸同胞不仅是血缘、文化、情感上的"一家人"，更是政治、法律等意义上的"一家人"，而且这也被两岸各自法律文件从内部加以确认，大陆方面视台湾同胞为政治意义上的中国国民、法律意义上的"居住在台地区的中国公民"，而台湾方面则在其"两岸人民关系条例"中也同样将"大陆地区人民"视为"居住在大陆地区的中华民国公民"。

两岸同胞同属"一家人"，但也是处于特殊状态的"一家人"，因为隔绝对立、政治操弄、两岸差异等原因造成了中国大家庭内部的误解、隔阂与对立等。如同两岸同属一个中国，但两岸却处于国家尚未完全统一特殊情况下的"分治"状态，两岸复归统一也因此不是领土主权再造，而是结束两岸政治对立；"两岸一家人"是存在着内部隔阂的"一家人"，而基于"两岸一家人"的国家统一不仅是形式的统一，更是两岸同胞的"心灵契合"。"两岸一家人"与"两岸同属一个中国"分别从人民和政权的角度指明了两岸关系现状，确立了两岸和平统一的起点与基础。

二、主体：两岸人民与社会团体

促进祖国和平统一的融合模式的主体是两岸人民以及衍生性的由人民组成的社会团体。决定两岸关系发展的主体中，两岸政权是具有权威性、有效性的主体，而两岸人民则是合法性、本源性的主体。按照马克思主义一般规律，人民是推动和创造历史的主要力量；依照现代民主政治运行逻辑，人民是政治事务最终的决定者。因此，"寄希望于台湾人民""争取台湾民心"等政策具有深刻的哲学内涵和政治逻辑，也都内在地肯定了两岸人民的主体地位与功能。

两岸人民首先是推进两岸和平统一进程的授权主体。现代国家的合法性源于"主权在民"，而且事实上的政治体系的权威性与有效性也来自人民的支持与服从，任何政治政策和公共事务均应以人民的意志与利益为依归。两岸的政治统一本质上是源于两岸人民授权并确认权力的统一。台湾及海外学者多用所谓"双层赛局"（two-level game）模式来探讨两岸政治对话或政治协商谈判的可能性及途径，以此说明两岸各自民意的作用及其重要性，如分析有关可能得到内部多数赞同的有关台湾国际政治地位的建议，[1] 以及探讨在两岸通过多轨对话并已有诸多政治协议意见交换背景下可能的"获胜集合"（win-set）或共识空间。[2] 事实上，台湾方面对于"前置谈判"或是程序性商谈较为关注，通常会以"人民同意"并授权为前提条件。既有研究也多认为两岸政治互动尤其是协商谈判的成功，一般建立在两岸内部共识较为相同的基础上。两岸协商谈判首先要需要分析两岸各自能够获得内部多数同意的政治协议方案的集合，还有两岸各自的立场是否重叠而得以形成"协议区"，以及两岸内部赞同政治谈判的潜在联盟，然后积极推动两岸在"重叠共识"领域展开互动。而如果没有获得各自内部多数民意的认可与支持，那么形成事实上推动政治谈判的潜

---

① Lin, Jih-wen, Two-level games between rival regimes: domestic politics and the re-making of cross-Strait relations, *Issues and Studies*, 2000, 36:1–26.

② Wenger J, Chen M, Prospects for Cross-Strait Political Negotiation: Exploring Win-Sets, *The China Quarterly*, 2017, 232: 932-955.

在联盟的空间就相当有限，两岸展开政治谈判的内部条件也难以在短期内臻于成熟。[①]

两岸人民还是构建两岸和平统一事业的建设主体。两岸的和平统一不仅是形式上的统一、政权上的统一，还是人民的统一、命运共同体的生成。党和国家领导人曾长期呼吁两岸建设"共同家园""生命共同体"与"命运共同体"，习近平总书记还多次强调国家统一要追求两岸同胞的"心灵契合"，两岸应"融合发展"。党和国家领导人重要讲话揭示并深化了和平统一的内涵、路径与机制：两岸"命运共同体"是两岸和平统一事业的重要构成部分，是宏观、整体意义上的两岸人民统一；两岸同胞"心灵契合"是祖国和平统一目标的重要内涵指标，是微观、个体意义上的两岸人民统一；两岸"融合发展"是经由两岸人民的参与、互动、再生产而促进和平统一的过程与路径。三者之间在逻辑上和实践上构成了一个相互支持、相互促进的有机整体。显然，无论是将"两岸命运共同体""心灵契合"及"人民的统一"视为和平统一的目标，还是将其作为助力和平统一的工具，这些都需要两岸人民参与建设，需要发挥两岸人民的主体性和能动性，否则仅依靠政治权力的外在强制或引导是无法实现这些目标的。

三、架构："两岸一家亲"的互动逻辑

习近平总书记借用人际关系、家庭伦理的隐喻来指代两岸人民关系，深入浅出而又言简意赅地概括出两岸人民关系发展的现状、目标与规范，

[①] Wenger J, Chen M, Prospects for Cross-Strait Political Negotiation: Exploring Win-Sets, *The China Quarterly*, 2017, 232: 932-955.

"是拉近两岸关系、增进政治互信最为有力的表述"，[①] 也更指明了融合模式下的两岸同胞交流架构与互动逻辑。习近平总书记对于两岸人民关系的相关呼吁从"两岸一家人"发展到"两岸一家亲"，反映了和平统一进程中的两岸人民关系有其深刻的内在需求和演进逻辑，"两岸一家亲"以"两岸一家人"为基础和出发点，也是标准和要求都远高于"一家人"的"一家亲"。事实上，党的十九大报告清晰地指出了两者的区别和内在的关系，"两岸同胞是命运与共的骨肉兄弟，是血浓于水的一家人。我们秉持'两岸一家亲'理念，……促进心灵契合"。因此，在两岸人民关系上，基于"两岸一家人"的现状，"两岸一家亲"既体现了两岸人民交流互动要达到的目标，即从隔阂、对立的"两岸一家人"达到融合、亲密的"一家人"，又明确了推进两岸人民交流、民间关系发展的规范性架构，也确立了两岸同胞间的互动逻辑，即两岸同胞要在"一家人"的基础上"用亲情疗伤止痛、化解心结，继而实现彼此认同、心灵契合"。[②] 简而言之，"两岸一家人"是名词性的、静态性的，"两岸一家亲"是动词性的、发展性的；"两岸一家人"是对两岸人民关系的现状描述，而"两岸一家亲"不仅是对两岸人民关系的目标追求和规范激励，更是推进两岸关系发展与融合的目的论与方法论，如习近平总书记在致全国台湾同胞投资企业联谊会成立 10 周年的贺信中特别指出，"两岸是割舍不断的命运共同体，两岸经济同属中华民族经济"，[③] 这表明"两岸一家亲"对于两岸经济融

---

① 马天航、桑玉成：《两岸关系的清晰与模糊——基于"两岸一家亲"隐喻的考察》，《厦门大学学报（哲学社会科学版）》2018 年第 1 期。

② 《习近平"两岸一家亲"传递三个期盼》，人民网，2014 年 2 月 20 日。

③ 《习近平致信祝贺全国台湾同胞投资企业联谊会成立 10 周年》，新华网，2017 年 5 月 24 日。

合同样具有规范作用。

　　"两岸一家亲"首先确定了推进两岸人民关系的原生力、推进力与拉动力。"两岸一家亲"是习近平总书记关于对台工作重要论述的核心理念之一，从血脉亲情、历史文化、民族复兴的角度阐述和践行"两岸一家亲"新理念，[①]"两岸一家亲"源自"一家人"的血脉亲情，受到两岸共同历史文化的惯性驱动，并被未来两岸共圆中国梦、中华民族伟大复兴的前景所感召。同时，"两岸一家亲"还揭示了推进两岸人民关系的交往程序论，强调两岸要将心比心、相互理解、相互尊重，习近平总书记指出，"将心比心，推己及人，我们完全理解台湾同胞的心情。对历史留给台湾同胞的伤痛，我们感同身受，因为这是中华儿女心头共同的创伤"，"熨平心里创伤需要亲情，解决现实问题需要真情，我们有耐心，但更有信心。亲情不仅能疗伤止痛、化解心结，而且能实现心灵契合"，"历史不能选择，但现在可以把握，未来可以开创"。[②]"理解台湾同胞因特殊历史遭遇和不同社会环境而形成的心态，尊重台湾同胞自己选择的社会制度和生活方式，愿意用真诚、善意、亲情拉近两岸同胞的心理距离。同时，台湾同胞也需要更多了解和理解大陆13亿同胞的感受和心态，尊重大陆同胞的选择和追求。"[③]这种交往心态和交往程序，不仅适合将台湾人民视为一个整体的相关思考，比如强调"'一国两制'在台湾的具体实现形式会充分考虑台湾现实情况"[④]，也更适合对两岸同胞间个体性交往的指

---

① 杨静茹、李松林：《试论习近平"两岸一家亲"新理念》，《思想理论教育导刊》2017年第11期。

② 《习近平谈治国理政》第一卷，外文出版社2018年版，第238—239页。

③ 《习近平总书记会见台湾和平统一团体联合参访团》，新华网，2014年9月26日。

④ 《习近平总书记会见台湾和平统一团体联合参访团》，新华网，2014年9月26日。

引。此外，"两岸一家亲"还构建了两岸人民交往的情、理、利、法四个维度。①"情"要求两岸同胞以"骨肉亲情"的心态视对方为"亲人"而非"外国人"，避免出现将台湾民众视为整体、抽象意义上的"同胞"与个体、具象意义上的"敌人"这种矛盾认知，交往心态、认知与行为应具有一致性。"理"要求充分理解对方、尊重对方的社会制度和生活方式，充分考虑对方的实际情况，通过理性沟通而求得理解与共识。"利"要求两岸人民关系要互利双赢、休戚与共，充分照顾到台湾同胞利益，同对方分享发展机遇，通过交往为两岸同胞带来切实的好处。"法"则是指要以法治思维、法律手段去保障和推进两岸人民关系的深化。尤其是作为和平统一主导者的中央政府应切实将台湾人民作为中华人民共和国公民的政治权利转化为法律权利，赋予来大陆旅游、生活、就学、就业的台湾同胞以同等居民待遇，为台湾民众融入大陆、两岸人民交往融合提供法制支撑。

四、路径：两岸融合发展

促进祖国和平统一的融合模式以两岸人民的融合与统一为主要内涵和渠道。从"两岸一家人"到"两岸一家亲"，从分立的两岸人民成为统一的中国人民，需要经由两岸人民从以往的交流发展转换到两岸融合发展过程中得以实现。从另一个角度来看，两岸融合发展与两岸人民关系的积极发展之间紧密相关，两岸要实现政治统一，也需要经济社会文化等领域融合发展的支撑，而融合发展更需要借助两岸人民与社会团体的行动来维

---

① 李鹏：《"两岸一家亲"理念下的"将心比心"思维浅析》，《台湾研究》2015年第 1 期。

系，而且"两岸一家亲"的两岸人民互动架构还会起到催化作用。简而言之，"两岸经济社会融合发展进程，将成为'两岸一家亲'理念的实践载体，两者有机结合"。①习近平总书记延续两岸关系和平发展重要思想，立足两岸关系新形势，创造性提出了两岸融合发展的对台重要新思维。2014年11月1日，习近平总书记在视察福建台资企业时，首次公开提出两岸"融合发展"的概念，即"两岸同胞同祖同根，血脉相连，文化相通，没有任何理由不携手发展、融合发展"。②2016年3月5日，习近平总书记在参加第十二届全国人大四次会议上海代表团审议时指出，"将持续推进两岸各领域交流合作，深化两岸经济社会融合发展，增进同胞亲情和福祉，拉近同胞心灵距离，增强对命运共同体的认知"。③"深化两岸经济社会融合发展"是整体意义上在经济社会等领域的政策主张，而"增进同胞亲情和福祉，拉近同胞心灵距离，增强对命运共同体的认知"则是综合意义上在两岸人民关系发展上要达到的政策目标，两者既是并列关系，又存在递进关系，即经由"经济社会融合发展"，实现两岸人民融合的系列目标。

融合发展更注重融合的"质"而非发展的"量"，④这种内在属性使其不同于以往的"交流发展"，从"交流发展"到"融合发展"是促进和平统一的重大政策转向。⑤"交流发展"强调两岸扩大交流，认为交流规

---

① 张冠华：《两岸经济社会融合发展的内涵与路径探讨》，《台湾研究》2017年第4期。

② 《习近平总书记考察福建纪行》，中国共产党新闻网，2014年11月17日。

③ 《习近平参加上海代表团审议》，新华网，2016年3月5日。

④ 张冠华：《两岸经济社会融合发展的内涵与路径探讨》，《台湾研究》2017年第4期。

⑤ 王英津：《习近平对台思想：延续、突破和创新》，《中国评论》2018年第3期。

模的扩大会产生外溢效应，自然会由"量变"到"质变"，其核心是"交流"。"融合发展"不仅注重"交流"的规模，更注重交流主体之间利益、情感关系的变化，本身就带有"质"的要求，其核心是"融合"。从两岸关系和平发展历程中的"交流发展"实践及效果来看，两岸交流规模有扩大，但质量有待提升；各自利益有增长，但共同利益缺乏；彼此认知有改善，但共识难以生成。以利益为观察点可以发现，"交流发展"中的两岸利益关系可以形容为"你的是你的，我的是我的"，难以形成更多"你中有我，我中有你"的共同利益联结。应该说，以交流推动和平统一有一定的局限性，而融合发展正式要试图突破这种局限。[①] 两岸关系长期以来在学术研究和政策实施中多被预设为你我关系，突出差异，固守分歧，满足于"求同存异"，这种情形在一定程度上是符合两岸关系和平发展初期阶段的现实需要的，但在两岸经济社会交流整合以及两岸人民交流交往达到一定规模后，两岸间分歧的制约性就会显现出来，就需要以共同经历、共同利益与共同情感去跨越分歧、弥合分歧，就必须立足现实，从"求同存异"到"存异求同"再到"求同化异"与"化异求同"。而通过两岸融合发展，就会逐步改变两岸交流的属性与功能，进而可能改变两岸人民间的利益与情感关系，最终建成"两岸命运共同体"和实现两岸同胞的"心灵契合"。

融合发展所涉及的领域非常广泛，涵盖两岸关系中的非政治领域，主要以两岸人民、社会团体、企业等在非公权力领域的互动融合为构成部分，而且各领域在促进两岸人民融合上存在着相互影响的关系与机制。习

---

① 王英津：《习近平对台思想：延续、突破和创新》，《中国评论》2018 年第 3 期。

近平总书记系列讲话揭示了"融合发展"的内在构成、逻辑及其机制，习近平总书记最先提及的是"融合发展"，再强调"经济融合发展"，而后多次突出"经济社会融合发展"，"融合发展"是一个涵摄总括性的概念与目标，"经济融合发展"是相对优先且易行的第一步，"经济社会融合发展"则扩展到具有一定公共性的社会领域，而且经济融合与社会融合相互协同促进，能够让更多的融合主体参与到更为广泛的领域中来，而融合发展也一定会涉及文化领域。习近平总书记多次强调两岸文化交流合作，党的十九大报告提出"推动两岸同胞共同弘扬中华文化，促进心灵契合"。如同学者所解读，"经济融合是两岸融合发展的物质基础，是现阶段两岸融合发展的优先选择与可行路径"，"社会融合是两岸融合发展的关键，既可承接、深化两岸经济融合的成果，又能提升两岸融合发展的境界"，"文化融合、价值融合则是两岸融合的思想基础，是对经济融合、社会融合的回馈与升华"。[①] 从融合发展的内在构成与演进逻辑来看，在促进祖国和平统一的融合模式中，从基础性、前置性的经济社会融合、利益融合、物质融合发展到文化价值融合、情感融合、心灵契合是两岸融合发展的基本过程和机制。

五、形式：两岸融合的多元分类

两岸融合涉及两岸关系多个领域、多元主体，而多元的分类也体现了两岸融合的广泛性与多样性。不同形式的两岸融合之间也存在着相互交错

---

① 倪永杰：《融合发展——习近平对台工作思想最新成果》，中国台湾网，2017年10月24日。

或相互促进的影响关系。两岸融合从融合领域来看，有经济融合、社会融合等；从融合内容来看，有物质融合、利益融合与文化融合、价值融合等；从主体来看，有群体融合、个体融合等；从关系来看，有政府主导型融合、社会能动型融合等；从方向上看，有双向融合、单向融合等。

两岸融合是物质融合、利益融合与文化融合、价值融合相互支撑的结果。两岸关系中的参与主体受到"理性与情感"的二元影响，受到"利益与认同"的双重驱动，对于交流交往、融合统一会呈现出复杂的心态和行为，共同的物质利益与差异的文化价值对于两岸融合影响的方向并非都是一致的，这也是和平统一进程初级阶段的正常现象。从物质、利益融合走向文化、价值融合任重道远，要从最基础的物质融合、利益融合做起，"要积极创造条件，扩大两岸社会各界各阶层民众的接触面，面对面沟通，心与心交流，不断增进理解，拉近心理距离"，①"做大共同利益蛋糕，增加两岸同胞的受益面和获得感"，②才能以物质利益融合减弱两岸文化价值差异的影响，以利益融合拉动文化价值融合。

两岸融合也是两岸社会群体之间融合以及两岸民众个体间融合相互交织的结果。两岸民间组织、社会团体、行业协会等已经成为两岸交流交往的重要主体和形式，群体交往也具有个体交往不具备的优势，群体可以成为民众个体参与两岸融合的代言人、组织者、仲裁者等，而群体间的融合能够建立起比个体融合更为持久可控的机制与方向，而且具有更为强大的社会扩散效应和内在联结效应。两岸民众个体交往更具灵活性和差异性，也是两岸融合进程中最具活力的构成部分，也可能是最具自发性而难以控

①《习近平总书记会见宋楚瑜一行》，新华网，2014 年 5 月 7 日。
②《习近平同马英九会面》，新华网，2015 年 11 月 7 日。

制的部分，两岸民众个体间融合的场域、方向也是相互交织的，当然也可能是相互促进的，而个体间的融合会逐渐延伸，拓展出新的交往空间或融合空间。当然，个体间融合随着规模扩大也会转化为群体性融合，而群体性融合也会内在地包括个体间融合。两岸融合一方面可以调控群体融合的方向和深度，另一方面可以通过消除政策障碍等方式引导和扩展个体融合的规模与范围。

两岸融合处于两岸各方双向融合与大陆主导单向融合相互交替的过程。从"两岸一家人"到"两岸一家亲"的逻辑而言，融合应该是包括两岸政府在内的多元主体在各个领域的相互交往互动中形成的，而且是在一种基于两岸多元主体平等的治理网络中完成的，双向融合是一种体现了"由下至上"生成自发秩序的融合过程。然而，双向融合发挥效能的前提是不存在着两岸多元主体在各个领域交流交往的障碍，但是在两岸关系发展的不同阶段里，这种阻碍或限制都是或多或少地存在着，两岸融合更可能是阶段性、局部性的。而单向融合则是两岸关系中比较现实与可行的融合进程，包括一方对另一方在某些领域的吸纳以及一方在另一方某些领域的融入等，前者如大陆方面出台诸如"惠台31条"等政策赋予台资、台企与台湾同胞等在大陆某些领域以同等待遇，极大地促进了台湾同胞在大陆地区的社会融入以及与大陆同胞的融合，后者如两岸婚姻虽然在形式上是平等的互动关系，但在实践中多是大陆配偶选择融入台湾家庭与社会。当然，单向融合事实上也可能是双向融合的构成部分或实现路径，在完全的双向融合无法得以充分实现的情况下推动单向融合是相对可行的选择，而当单向融合的规模与深度达到一定层次后，其联结和衍生效应也会带动双向融合。

六、机制：两岸关系的解构与重构

随着两岸交流互动的深化并遭遇"深水区"，人民及其组织团体等也具有了各自的能动空间，经由彼此的对话与合作形成两岸间的跨界联结与融合，甚至形成一种分享政府权力的治理结构，完成对于两岸关系的解构与重构，进而"由下至上"地推动和平统一。

首先，两岸交流交往有助于解构既有宏观政治结构和官方权力网络。两岸人民、组织团体等具有两岸公权力机关所不具备的优势和能动空间，可以不刻意回避两岸政治关系中的敏感议题，尤其是在双方交往交流达到一定积累程度后，各方可以充分表达自己的立场、利益，双方可以深入理解对方的关注点，可以就双方的分歧充分展开论辩，冲击既有的两岸关系认知及政治话语。相对于高阶的公权力，两岸民众能够诠释和展现更为微观而真实的利益与需求，也更有可能以"分众智慧"的方式破解两岸难题，并能够合规合意地确定行动选项，也为政策决策提供反馈与建议。与此同时，不同于公权力主体依赖权力作为媒介，两岸民众在个体层面更多的是以利益和情感作为媒介和影响力，既追求自身利益最大化，但也会借由共享的情感等进行交往、联盟与沟通，借助个体关系的延展而构建一种微型的文化／情感权力网络。两岸人民可以借助这种微型权力，从各种边缘的、微观的、多形态的、差异的角度，解构宏观政治和官方权力主导下的两岸宏大叙事和刻板话语，逐步在日常实践中"生活化"地解构宏观政治结构和两岸权力关系网络。

其次，两岸交流交往推动着新的两岸社会联结和交往网络的形成。两岸群体和人民之间的交流交往有助于两岸同胞关系实现从"两岸一家人"

经由"两岸一家亲"到"心灵契合"及"命运共同体"的过渡。两岸同胞的社会交往使两岸同胞从彼此隔绝分立走向直接互动，营造了新的社会公共空间，这一空间相对较少受到官方话语的影响，具有开放性和无中介性。这种交往既可能是两岸政治关系的重要支撑，其本身也是两岸关系中新生的构成部分。与此同时，也营造了一个交流的民主空间，两岸社会交往为两岸关系发展提供了新动力和新机制。随着两岸交往网络的蔓延，两岸社会也会产生更多的微联结。两岸同胞可能由于亲情、文化、利益等多种原因开启交流交往，先天性的情感联结会被激发，后天性的利益联结也会被累积，随着交流规模和深度的扩大，交往性情感也会凝聚，而且利益联结与情感联结会相互影响，很大程度上会形成一种持续推动两岸同胞融合的合力。伴随着内生性的力量以及两岸团体之间定期交流的扩大，两岸交流逐渐也会成为一种常态化、惯常化的互动模式，带来两岸各界的制度性联结，例如两岸各地定期的民间交流论坛、宗亲活动、寻根访祖、朝圣、行业论坛、城乡论坛等多以制度化的模式来运行，使得两岸交流融合更具有可预见性。而交流规模的扩大以及制度化交流的延伸，也会促成组织性联结的生成，两岸社会组织、团体及协会等通过各自设置相关小组或共同委员会的方式推进彼此之间的持续合作。这些都在逐步推进两岸交流融合的深入。

最后，两岸交流交往具有重构两岸关系权力网络、交往秩序、政治话语及认同的潜能。两岸民众在社会交往网络中形成多元的利益与情感联结、舆论观点、组织集群等，并进行充分自我利益表达、相互影响与政策博弈等，这本身会使得社会空间公共化，而且会形成对既有权力网络的压力与冲击，甚至会模糊原本的公权力与公共权力的界限，从而重构两岸权力网络。两岸民众在交流交往初期固然会预设"我群"与"他群"概念，但两岸民众会在不同领域形成"分众化"的小群体，初始身份界限在很大程度上被消解，网络社群向小群体发展，个性特征明显，对同一事件产生不同的意见聚落，随着联结的深化，"分众化"的小群体之间会产生联结并聚合为更大的群体，生成新的两岸交往秩序。两岸交流可以不借助第三方，其中的知识生产与话语生成具有一定的非中心性、发散性、异质性和多元性等特质，但同时由于社会网络中交往个体间意愿与能力的差异，也会导致意见领袖、舆论精英、重要节点的出现，层级化的话语结构以及新的话语内容得以重新形成。交流会让两岸民众的认同处于冲突、理解、沟通与调适的过程之中，既有的认知、情感与认同等会随着交流融合的深入，逐渐经由个体亲身体验而自发构建"新"认同或校正"旧"认同，这种认同往往面向未来而非立足于过去，既可能因新的交往经验强化"旧"认同，也更可能是新的体验改变或融合"旧"认同，使得两岸民众的政治认同被再造。

第三节　促进祖国和平统一的消融模式

台湾是中国不可分割的一部分，中华人民共和国政府是代表中国的唯一合法政府，当然拥有对台湾的管治权利。但当前台湾地区仍处于台湾当局的有效管辖之下，中央政府也尚未将对台湾地区的规范性权利完全转化为操作性权力，一个中国内部的中央政府与台湾地区的关系状态也有别于与其他一般省区市的关系模式。在国家尚未完全统一特殊情况下，中央政府既要搞好发展，也要对台有所作为，既要坚持底线思维阻遏"台独"风险、维护和巩固"两岸同属一个中国"的现状，"不断扩大对台湾的战略优势，不断增强对台的吸引力和感召力，不断增强对两岸关系的牵引力和主导权"，① 也要逐步将台湾整合纳入一个中国的治理体系与政治秩序，积极探索工作路径去消解一个中国内主权领土完整与两岸分治对立的落差、中央政府的法理规范性权利与实际管辖性权力之间的张力。基于充分的法理依据和坚实的实践基础，中央政府可以通过复合路径实施对台湾的单方面类管辖行为和单向吸纳融合，逐步消蚀法理与政治间的落差以及台湾政权的统治基础，逐渐构建一个中国框架下的统一政治秩序和管辖体系，稳步推进祖国统一。这也就构成了促进祖国和平统一的对台消融模式，即通过自身单方面主导行为，将台湾所谓的政治"主体性"吸收消蚀，逐渐达成和平统一的实质性状态。

一、起点：中央—地方的两岸法理定位

虽然从政治定位上而言，操作性的两岸政治定位方案是"一个中国，两个平等政权"，但是从规范性的角度，两岸的法理定位却是合法的中央政府与叛离的地方政府之间的关系，而中央政府当然拥有选择以合适方式实现和落实祖国统一的一切权力。

第一，依循政府继承法理和内战法理，中华人民共和国政府成为代表中国的唯一合法中央政府，而中央政府当然具有规范及处置台湾的应然权

---

① 中共中央台办理论学习中心组：《以习近平总书记对台工作重要思想引领新时代对台工作》，《求是》2018 年第 6 期。

利。1949 年中华人民共和国成立，政府继承促成了新旧政权在"中央—地方"关系中的法理身份翻转，此后的"中华民国"成为被取代的"旧政府"、事实上的"地方当局"，内战延续状态下的中央政府与台湾政权之间也构成了一种"合法—非法"的关系。国际法没有禁止而且承认内战状态下合法政府镇压叛乱的权利；并视内战为一种单纯的"国内管辖"事项，这也为国际公约所确认，包括联合国宪章也"禁止联合国组织干涉'任何国家'的国内管辖事项，而不限于各会员"，约定各会员国并无义务用和平方法解决在本质上属于争端当事国一方国内管辖事项所引起的争端。① 因此，内战状态下的中华人民共和国政府有权利选择合适的方式去终结内战、恢复秩序，这其中当然包括对台湾的事实管辖、对分裂行径采取适当行动、对外部干涉进行拒阻等。

第二，国际社会普遍承认中华人民共和国政府的相关权利。联合国2758 号决议案明确"承认中华人民共和国政府的代表是中国在联合国组织的唯一合法代表"，而联合国宪章二十三条载明 5 个安理会常任理事国中的中国的国号仍写为"中华民国"，并没有改为"中华人民共和国"，这正表示联合国接受"中华民国已被中华人民共和国继承"的逻辑。② 决议案还用"恢复中华人民共和国在联合国的一切权利"而不是中华人民共和国"加入"联合国而获得相应权利，说明联合国追认了自中华人民共和国成立以来就代表中国的合法性，就应该拥有中国在联合国及其附属机构

① ［美］汉斯·凯尔森：《国际法原理》，王铁崖译，华夏出版社 1989 年版，第53 页。
② 罗致政：《联合国对"中国代表权"的法理争议》，《台湾国际法季刊》2006 年第 3 期。

的权利；使用"蒋介石的代表"而非"中华民国"，意味着正式否定了所谓"中华民国"代表中国说，而且决议案全文也没有出现"中华民国"一词，否定了其作为法律意义上的存在；"非法占据"裁定了"蒋介石代表"占据本应由中华人民共和国政府代表的中国席位的非法性，而这个"非法"也必定是溯及既往的。因此，2758 号决议案在实质上确认了自 1949 年以来的中华人民共和国政府是中国唯一合法政府的地位以及"中华民国"是中国内部的一个非法的"叛乱团体"的身份，这种法理逻辑与定位也为各国及国际政府间组织所遵循。

第三，国际法学界也同样支持中华人民共和国政府对于台湾的主权权利。Malcolm N.Shaw 在其 2008 年出版的第六版《国际法》的"国际法主体"章节中专门论及台湾，在分析了两岸双方的主张以及国际社会尤其是美国承认中华人民共和国是中国唯一合法政府的事实后，将台湾定位为非国家领土实体（a non-state territorial entity），认为台湾虽然能够在国际场合独立行动，但它在法理上仍是中国的一部分，[1] 其他类似观点还包括将台湾界定为特殊实体（Ian Brownlie, 2003），作为中国一部分的分立地理政治实体（a part of Chinese state, a separate geopolitical entity）[2] 等，如果从国际法理规范展开深入分析，结论也多将台湾归属于"叛乱团体"，也如同"台独"学者自己所揭示，台湾的"现状就是中国的叛乱地区、中国叛乱的一省、中国的非法政府"。[3]

---

[1] Malcolm N, Shaw: *International Law*(6th ed), Cambridge University Press, 2008, p235.

[2] Lech Antonowicz, *International Legal Status of the Republic of China on Taiwan*, Polish Yearbook of International Law,Vol.23,1997-1998,p200.

[3] 台湾教授协会:《台湾国家定位论坛》,台北前卫出版社 2009 年版,第 17 页。

二、主体：积极有为的中央政府

1949 年以来，两岸虽然尚未统一，但大陆和台湾同属一个中国的事实从未改变，一个中国的领土主权完整状态也从未改变。而两岸复归统一，是结束政治对立，不是领土和主权再造。长期以来，中国大陆方面坚持以"九二共识"作为两岸关系和平发展的政治基础，只要台湾方面承认"两岸同属一个中国"的现状，在两岸具体事务中就可以不触及一个中国的内涵，两岸关系也在此基础上取得了长足发展和系列成就。当然，两岸关系内在的结构性矛盾仍然存在，即便是在马英九执政台湾期间，两岸政治对立状态虽有所缓和但格局并未改变，而且自蔡英文当局执政以来，因其拒不接受"九二共识"，两岸关系出现一些新问题与新挑战。习近平总书记曾强调，"从根本上说，决定两岸关系走向的关键因素是祖国大陆发展进步。我们要保持自身发展势头，同时采取正确政策措施做好台湾工作"①。因此，中央政府不能消极被动地满足于守成现状，而是要积极主动地去维护和落实一个中国原则，逐步实践中央政府的主权权利和管辖权力。

首先，一个中国的内在张力驱使着中央政府积极落实其相应的权利。长期以来，一个中国处于一种"对立统一"的矛盾状态，涉及一个中国的规范与实践、目标与现状的落差，在一定程度上限制了中央政府权利的发挥。首先是"同属一个中国"与"两岸政治对立"并存产生了内在张力。自 1945 年台湾回归祖国怀抱以来，两岸之间再也没有发生过领土主权变

---

① 《习近平强调：坚持两岸关系和平发展道路 促进共同发展造福两岸同胞》，新华网，2015 年 3 月 4 日。

更的状况，一个中国的领土主权完整从未改变，但内战延续所产生的两岸政治对立、人民分立局面仍然存在，这种状态不同于一般国家中构成要素的存在状态及其内在关系。其次是一个中国的"内外有别"的区隔产生了内在张力。中华人民共和国政府取代"中华民国"政府成为代表中国的唯一合法政府，一个中国既是法律事实也是政治现实，在国际社会上一个中国原则表现为"世界上只有一个中国，台湾是中国一部分，中华人民共和国是代表中国的唯一合法政府"，在两岸之间一个中国原则表现为"世界上只有一个中国，大陆和台湾同属于一个中国，中国的主权和领土完整不容分割"，因此，一个中国架构下的两岸在国际社会的定位是中央对地方的关系，在两岸间的定位更多地凸显平等关系。最后是一个中国原则与"一中内涵"的分歧产生了内在张力。1992年由两岸授权的两会商谈达成了双方以各自口头表述的方式表明坚持一个中国原则、追求国家统一的共识，两岸在主权、法理、原则层面达成了"各自表述一个中国（原则）"的共识，但在所谓代表权、政治、操作层面依然存在着大陆的"在事务性商谈中不涉及一个中国的含义"与台湾的"一中（内涵）各表"的分歧，"换言之，双方以各自表述的方式表明坚持一个中国原则的态度是共识，而对一个中国的内涵，双方既未讨论，根本没有共识"。①

　　大陆在两岸关系中坚持一个中国在领土主权与法理上的统一性，倾向于回避或搁置一个中国内涵上的分歧，并主张两岸在原则问题达成共识基础上积极探索解决分歧的路径；而台湾则坚持并夸大两岸在一个中国内涵上的争议性，要求大陆首先承认其"对等"地位、不否认"中华民国"

① 国务院台湾事务办公室：《为历史留下公正的注脚——1992年11月两会共识始末》，见http://www.gwytb.gov.cn/zt/92/201101/t20110110_1686391.htm, 2016-11-4。

等，甚至据此否定一个中国原则。在两岸具体的政治互动过程中，大陆方面往往强调两岸关系中的规范、目标，突出"两岸同属一个中国"，期待经由政治协商并获得台湾方面的认可进而达成政策目标；台湾方面则更多地凸显在实践中台湾并未被有效管辖、台湾人民单方面决定台湾前途，甚至将两岸政治对立解读为分裂分离。两岸曾在"九二共识"的基础上以"求同存异"的方式搁置或保留了两岸各自在这两个层面上的内在矛盾与落差。但两岸双方一直无法就如何解决这种落差或矛盾取得共识，以致两岸间形成一种僵局：中央政府根据法理规范台湾的权力不为台湾认可，而台湾依据所谓"事实独立"所主张的权利也被中央政府坚决否定。

其次，反"独"促统的路径拓展亟待中央政府实践其管辖权力。立足于一个中国的现实与和平统一的导向，中央政府暂未有效管辖台湾只是一种过渡状态，当前两岸政治对立本质上是一个中国内部的政治秩序整合与结构治理问题。过渡阶段的一个中国所要解决的是内部两个政权如何相处的问题；而最终状态则是要实现"和平统一、一国两制"下中华人民共和国政府对于台湾地区的主权权利，将中华人民共和国政府的最高权威落实到台湾地区。当前，一方面中国大陆确实无法完全按照一个中国原则的法理将对台湾的主权权利转化为对台湾地区的直接管辖，但另一方面两岸关系也没有陷入完全失去和平统一可能性的状态。事实上，在国家尚未统一的特殊情况下，中央政府推动和平统一的作为可以不限于规范的强调、目标的重申以及现状的维持、"一国两制"的感召与非和平手段的震慑。随着蔡英文当局拒不承认两岸同属一个中国的"九二共识"，其所谓"维持现状"的实质则是要企图渐进改变两岸关系现状，两岸关系发展过程中的变量和风险在不断增加。在防范和遏制"柔性台独""隐性台独""文化台独"的行动及其影响上，以及在推动祖国和平统一进程中，大陆既不能陷入"有想法、没办法"的困境，也要尽力避免"非黑即白"的选择。事实上，和平统一并不必然是在某个时间节点上通过谈判等方式而一步到位，"非和平方式"也不一定是在彻底瓦解台湾政权后再重建两岸权力关系。"渐进台独"的隐蔽性与复杂性使得寄希望于"毕其功于一役"的激进路径尚未成为首选，而反"独"促统任务的长期性与艰巨性决定了渐进路径的可行性与必要性，以"渐进统一"阻遏、消解"渐进台独"的影响也具有实际意义。

因此，中央政府既要维护和巩固一个中国原则下领土与主权完整的现状，也应逐步落实和细化一个中国原则下的政治秩序，积极改变两岸政治对立的所谓"分治"现状，可以考虑构建新框架、探索新路径，逐渐将台湾地区整合纳入一个中国原则的治理体系与政治秩序，以渐进、潜移默化的方式逐渐消解一个中国的主权领土完整与两岸分治对立、中央政府的法理地位与实际管辖之间的落差。而在最终实现对台湾的事实管辖之前，中央政府可以通过复合路径实施对台湾的类管辖行为，构建两岸关系中的类管辖状态，为两岸复归统一奠定基础。

三、架构：实践中的"一个中国"原则

基于"中央政府—非法政权"的两岸法理关系，中央政府通过积极有为的单方面主导行为，逐步实践对台管辖权，而相应的政治架构则可以依循长期以来大陆所坚持的"中华人民共和国政府是代表中国的唯一合法政府"的既有实践来加以构建。

　　第一，中央政府始终坚持一个中国原则，长期一致性的立场宣示有助于对台类管辖的实施及接受。例如 1993 年中华人民共和国国务院台湾办公室发布的《台湾问题与中国统一》白皮书中清楚界定：台湾在第二次世界大战之后，不仅在法律上而且在事实上已归还中国，之所以又出现台湾问题，与随后中国国民党发动的反人民内战有关。[①]2000 年发布的《一个中国的原则与台湾问题》再次强调："1949 年 10 月 1 日，中华人民共和国中央人民政府宣告成立，取代中华民国政府成为全中国的唯一合法政府和在国际上的唯一合法代表，中华民国从此结束了它的历史地位。这是在同一国际法主体没有发生变化的情况下新政权取代旧政权，中国的主权和固有领土疆域并未由此而改变，中华人民共和国政府理所当然地完全享有和行使中国的主权，其中包括对台湾的主权。国民党统治集团退踞台湾以来，虽然其政权继续使用'中华民国'和'中华民国政府'的名称，但它早已完全无权代表中国行使国家主权，实际上始终只是中国领土上的一个地方当局"。[②]

　　第二，国际社会及国际组织在处理台湾问题上的实践为类管辖提供了环境的支持和路径参照。长期以来，世界上大多数国家承认中华人民共和国政府代表中国，以"一个中国"政策来处理与台湾的非官方关系。以联合国为代表的国际组织也都秉持一个中国原则来否定台湾所谓"加入、重返联合国""有意义参与"等主张和行为。例如，2016 年世界卫生大会发

---

① 中华人民共和国国务院台湾事务办公室：《台湾问题与中国统一》，见 http://www.gwytb.gov.cn/zt/baipishu/201101/t20110118_1700018.htm,2016-11-4。

② 中华人民共和国国务院台湾事务办公室：《一个中国的原则与台湾问题》，见 http://www.gwytb.gov.cn/zt/baipishu/201101/t20110118_1700148.htm,2016-11-4。

给台湾的邀请函就明确提及按照联合国大会 2758 号决议和世界卫生大会 25.1 号决议，依据一个中国原则邀请中华台北代表团以观察员身份与会。此外，中华人民共和国政府签署加入的一些国际公约或双边协定也均约定适用于台湾地区，诸多国外涉台司法实践都以默认中华人民共和国政府对台湾地区和人民的管辖权为前提去进行裁决。以上国际社会及其他国家的种种实践也都在一定程度上确证并落实着中华人民共和国政府对台湾的管辖权。

第三，中央政府长期以来维护领土主权完整、促进祖国统一的努力具有等同于"实效控制"的法律效力，为中央政府对台类管辖行为做了前期铺垫。中央政府对一个中国原则的坚持，有效挫败了台湾在国际社会谋求"两个中国""一中一台"的企图，这首先是一种消极意义上的"实效控制"。更值得注意的是，从法理的角度而言，中央政府不放弃对叛乱者的镇压、不放弃对叛乱地区的秩序恢复与"实效控制"的法律效力是等同的。凯尔森曾在论述被占领国的流亡政府对于被占领国的代表权时认为，"努力恢复对领土的有效控制的要求代替了行使有效控制的要求。这种要求也是实效原则的一种适用"。"流亡政府虽然暂时失去对领土的有效控制但仍被认为是被占领国的政府，并不意味着，在这种情形下，实效原则完全不适用了，而只意味着，实效原则所指的不是对领土的控制，而是恢复这种控制的有实效的努力"。① 可以推定，"实效"原则的适用标准与模式并不是单一的，虽然内战的延续导致中央政府没有实现对台湾的完全"实效控制"，但不等于对台缺乏"实效控制"，而是对台"实效控制"形

---

① ［美］汉斯·凯尔森：《国际法原理》，王铁崖译，华夏出版社 1989 年版，第 244 页。

态和法律效力有别于一般国家。

四、路径：中央政府的对台类管辖

在促进祖国和平统一的道路上，中央政府坚持"寄希望于台湾当局"和"寄希望于台湾人民"，既积极争取与台湾当局的平等协商谈判，也努力去吸引和赢得台湾民心，分别从"由上至下"与"由下至上"两个方向协同推进祖国和平统一进程。从大陆与台湾当局、台湾民众的关系来看，"寄希望于台湾当局"的"共议统一"模式与"寄希望于台湾人民"的"共同缔造"模式均是将台湾当局、台湾人民视作与大陆政府、大陆人民相对应的谈判主体，至少是要引导其发挥主体功能和作用。然而这两种模式却也可能无法在推进祖国和平统一的实践过程中有效消除两岸关系中法理规范与政治现实之间的落差，即大陆政府作为法理上的中央政府却在两岸政治互动中践行着与台湾当局平等的角色，而并没有将中央政府的权利转化为有效的管辖权力。

不同于将促进祖国和平统一的平等模式中的台湾政权以及融合模式中的台湾民众视为两岸互动中的平等主体，也不同于平等模式中两岸政权以及融合模式中的两岸民众之间互为主体关系，促进祖国统一的消融模式力图缩减中央政府法理权利与政治权力之间的落差、消蚀台湾政权的统治基础、消解台湾人民的排他性认同、争取台湾民众的服从与认同，以将台湾地区包括台湾政权和台湾民众纳入中央政府有效管辖之下为目标。因此，消融模式视台湾政权及台湾民众为统一进程中的客体，是中央政府统一政策的作用对象，也促成了中央政府与台湾地区之间的主客体互动关系。在促进祖国统一为导向的消融模式中，这种主客关系主要通过中央政府对台的类管辖行为来构建，逐步形成两岸间的一种类管辖状态。

中央政府对台类管辖行为，是指在国家尚未统一的特殊情况下，中央政府依循对台规范性权利，在一个中国原则指导下尝试规范或约束台湾方面的相关行动，按照"中央—地方"关系模式构建规范约束台湾权力与行为的实践性框架，并对台湾当局和台湾人民实施某些单方面管辖的相关活动，甚至将统一后的某些制度安排、政策设想先行单方面适用于统一前的框架构建，以渐进、改良方式将台湾政治体系渐进整合纳入一个中国的治理体系与政治秩序。简而言之，类管辖行为就是中央政府将原本拟在统一后实施的管辖行为实施于统一前的两岸关系中。与统一后最终完全管辖行为的不同在于，这种类管辖行为并不以台湾当局和台湾民众的认可、支持与服从为前提条件，类管辖行为下的中央政府与台湾当局及台湾民众之间在权利义务关系上也是不对称的。

中央政府对台类管辖行为不同于"寄希望于台湾当局"和"寄希望于台湾人民"的政策逻辑，补充着两岸之间平等交往和双向融合的模式。台湾当局拒不承认"九二共识"并纵容"台独"导致了两岸平等政治互动无法持续，而且台湾当局还设置种种障碍吓阻两岸民众之间的双向交流与融合发展，对台类管辖行为也就变得非常必要。同时，这种类管辖行为能够彰显并巩固中央政府对台权利、原则与立场，而且也确实具备充分的法理依据和坚实的实践基础。类管辖行为会强化国际社会的一个中国的原则与实践，逐步消除两岸公权力机关互动的"无序化"，将在大陆的台湾同胞等同于大陆居民加以相应的行政管理和公共服务，使得两岸关系在国际、两岸间场合呈现出"类管辖"状态，同时在大陆地区则呈现出"事实管辖"状态。

五、形式:"由上至下"的单边作为

1. 外部作为

首先,中华人民共和国政府应在海外积极将台湾民众纳入使领保护与服务范围,宣示台湾民众为中国公民,并争取获得建交国政府、国际组织的认可或谅解。在法理上"如果来自叛乱者的'国民'居住于不愿意承认叛乱者的国家,该国仅在于与'合法'政府的关系中负有保护该国'国民'——这些个人具有该国国籍——的义务"。[①] 台湾人民的境外权益保护有两种途径,一种是外国政府基于"互惠"而给予台湾民众相关保护,这是当前台湾民众在境外享有保护的主要渠道与形式,但这种保护也是不全面、不稳定的;另一种是外国政府基于一个中国原则而将台湾民众作为中国国民而予以保护,这更符合国际法惯例和逻辑,而中华人民共和国政府也当然具有与外国政府及国际组织来处理台湾民众权益保护的权利,也更具有处理此类事务的条件与能力。基于此,中国大陆应争取相关国家尊重并认可中华人民共和国政府对于台湾民众的使领管理与服务。

其次,中华人民共和国政府可以继续在参与国际组织、对外签署国际公约和双边条约时加入相关条款或备忘录,将其适用范围设定为包括台湾在内的整个中国,在可能的情况下适当排除台湾单方面加入组织、与相关国家签订协议的机会。台湾当局被取消承认后,国际组织及其他国家基本

---

① [意] 安东尼奥·卡塞斯:《国际法》,法律出版社 2009 年版,第 171 页。

上也不认可其具有加入公约、签署协约的权利和能力。而对于承认中华人民共和国政府为中国合法代表政府的国际组织和国家而言，中华人民共和国对外所缔结条约，其效力均应及于台湾，事实上已有相当多先例可循，如美国、日本等国法院都曾判定中华人民共和国缔结的国际公约适用于台湾地区和台湾人民。中华人民共和国政府主张所签署相关公约及协定适用于台湾完全合乎国际法理，这一方面也有助于为保护台湾民众权益预先提供更为完善的法律框架，另一方面又能够彰显"台湾人民是中国国民"的客观事实以及相关国家的默认。

2. 两岸作为

一方面，中央政府应持续努力将台湾公权力体系整合进一个中国原则的政治秩序之中。只要台湾当局再次确认"九二共识"，作为具有主导能力的中央政府可以适度肯定台湾政治体制中既有的"一个中国"元素对两岸关系的正面作用，"两岸各自的法律、体制都实行一个中国原则，都用一个中国框架定位两岸关系，而不是'国与国'的关系"，[①]台湾法规文件中既存的"一个中国"与"统一"规范仍值得关注和肯定。两岸曾以"求同存异"的方式实现了一定层级的公权力交流、合作与联接，借助两岸间平等的协调机制较好地将台湾公权力行为整合在"两岸同属一个中国"的政治秩序下，以此为基础的努力方向则是逐步构建中央政府主导下的两岸政治秩序；而未来中央政府则更有必要借助压力机制持续阻遏台湾当局的"台独"行径，一方面直接按照"合法中央政府——地方叛乱政权"的关系来处理与台湾方面的政治互动，另一方面也敦促其回到承认"两岸同属

---

① 中华网：《吴伯雄首度提出"一个中国架构"回应大陆对台政策》，见 http://news.china.com/domestic/945/20130614/17890073.html，2017-3-18.

"一个中国"的正确轨道上来，进而不断巩固一个中国的政治秩序。

另一方面，应继续加强与台湾内部反"独"促统力量的交流沟通与互助，使之成为中央对台治理体系的重要组成部分。对台工作既要斗争又要联合，必须持久地调动一切积极因素，要把台湾内部一切能够团结的力量联合起来。对于那些虽然反对大陆主导统一进程、反对"一国两制"，但又不反对"两岸同属一个中国"的群体继续强化交流，增进共识；对于拥护"中华民国"体制的群体可以加强沟通，寻求彼此之间的共识；对于曾经主张过"独立"的团体与派别，只要愿意回到支持一个中国、和平统一的道路上来，就可以展开对话。总体而言，应强化与台湾不同党派、行业、领域、地区与团体的交往交流，增进彼此在两岸共同事务上的了解与理解，在深化"两岸一家亲"的情感纽带的基础上，巩固两岸人民共同的利益联结，让更多的台湾民众对"统独"问题的利害关系产生更为深刻的认识，在交流中让台湾各界对社会主义政治体制以及中国共产党的领导在中国现代化与民族复兴进程中的重要作用产生正确认知。

3. 内部作为

首先，在社会管理与公共服务上，落实旅居大陆的台湾同胞与大陆民众同等的待遇，逐步推进两岸人民在非政治领域的融合与生活一体化。随着两岸人民交流互动日益频繁密集，两岸在经济、社会、文化等领域的整合度不断提升，区别对待实际上不利于体现中央政府对台湾人民的管辖权利。而在高阶政治领域的共识、协议与安排难以达成之前，可以在非政治领域或者是低阶政治领域上先行先试，让"两岸一家亲"由下至上地自然生成；而即便是未来两岸达成了高阶政治协议，也仍然需要将政治安排"微观化""生活化"，从而让两岸人民在"政治分立"下的"区隔感"自然消融。党的十九大报告已经正式提出"逐步为台湾同胞在大陆学习、创业、就业、生活提供与大陆同胞同等的待遇，增进台湾同胞福祉"，中央政府应逐步修正相应法规、完善政策举措，妥善处理大陆法规政策等对台湾同胞的适用问题。落实台湾同胞在大陆相应的同等待遇，使中央政府对台湾人民的管辖权首先在大陆地区得以落实，也有助于提升台湾民众对于中国的归属感及对中央政府的认可度。

其次，中华人民共和国政府应尊重或鼓励台湾民众参与大陆公共事务。台湾民众对于整个中国公共事务的参与权利除了对于台湾地区的参与外，更为重要的部分是对于中国大陆的参与。而台湾当局限制台湾人民的大陆公共参与，用意就是要固化两岸"分治"局面，阻碍两岸走向最终统一。而中国大陆则成为维护祖国领土主权完整、追求两岸复归统一的主导力量，承载着推进统一进程中主要的能动性和主动性，在争取台湾人民的政治支持上具有积极性与更大的开放性。大陆人民不参与台湾内部公共事务，是因为台湾当局不再竞逐中国代表权、不再承担统一的主要任务，但台湾人参与大陆公共事务却更为重要，只有补足台湾人的参与，一个中国框架和复归统一目标才能在实际运行中更加完整，也会逐步增强台湾民众对于中国的国家认同，并有机会培育其对中华人民共和国的政府认同和制度认同。

六、机制："反'独'促统"的渐进主义

立足于历史经验和理论分析，一个国家内战状态下的敌对力量之间关系走向大概有几种可能性或选择：分裂、消灭、吸纳、对接等。而在促进祖国和平统一的道路和模式选择上，要坚决反对并遏制台湾方面的"分裂""分离"主义倾向；挤压直至彻底消灭台湾政权的存在空间是一种较为彻底的革命性模式，但当下的难度较高；对接整合则是通过两岸政权共同协商、达成共识进而形成公权力对接并"共同缔造"统一后政治秩序，是一种相对权宜的过渡性模式；吸纳消融则是逐步将台湾政权及民众吸纳进中国大陆主导下的政治体系或秩序，消融台湾民众对于台湾政权的排他性认同，是一种比较温和的改良模式。因此，凭借单一模式短期内难以解决问题，推进和平统一进程需要不同道路之间的相互配合、取长补短、多维并进。而在台湾当局仍保持有效管辖以及两岸暂未达成统一共识的情况下，中央可以发挥主动性和主导性，通过单方面的复合路径实施对台类管辖，开拓反"独"促统的新思路和新模式。

首先，对台类管辖强化了中华人民共和国政府作为代表中国唯一合法中央政府的地位与权利，尤其借助外部路径坚决阻遏台湾方面追求主体地位的国际参与活动，敦促一个中国原则的落实等，确证"中华民国"合法性与法律地位的消亡，彻底否定"台独"的法理诉求，有助于构建并巩固一个中国原则的共同认知和法理常识。其次，长期以来，台湾方面以"中华人民共和国政府从未统治台湾""中华民国是主权独立国家""台湾事实独立"等为说辞来抗拒统一、鼓吹"台独"，对台类管辖在客观上将逐步压缩"台独"的政治活动与话语空间，产生否决台湾"独立性"的实际效果，也是对台湾方面相关论断的直接否定。再者，对台类管辖有助于吸纳和消融所谓"中华民国"政权的政治基础和群众基础，将台湾民众纳入中央政府的保护、服务与管治范围，赋予同等权利，使其在海外、大陆地区享有与大陆民众同等的福利与机会，台湾民众接受或享有相关公共服务与福利时，也在一定程度上默认了中央政府的权利主张，随着这种范围的扩展，台湾民众受到中央政府管辖的比重和层级将可能呈现出上升趋势，而受到台湾方面的管辖比例会相应降低，进而形成和平统一进程中的分解、吸纳模式。最后，对台类管辖有助于消解"台湾认同"的排他性，增加台湾民众政治认同的开放性。在大陆就学、就业、生活的台湾民众的经历也表明，"民族认同或国家认同并不是一种给定的身份，而是在不断的跨境社会经历中不断反思的结果"，而台湾民众在大陆的经历会"促使其反思自身的民族与国家认同，无论是作为中国人或是台湾人，还是世界公民，都会不断调整自己的主体位置"；[①] 而且，民众服从政府的重要原因在于政府能够提供安全、公共服务等，民众的公共参与效能感则是与政治认同呈正相关的重要影响因素。因此，扩大对台湾民众的公共服务范围、鼓励台湾民众对祖国大陆公共事务的参与，有利于逐步引导台湾民众将对于"中国与台湾"平行型的互斥式认同转化为垂直型的兼容性认同，甚至实现政治认同的渐进转移。总之，中央政府对台类管辖是对"中华民国"及"台独"的法理与实践的双重否决，对台湾当局政治基础的吸纳与消融，对台湾民众政治认同排他性的消解，这几种机制之间协同并进形成合力。

同时，中央政府应根据两岸关系的发展变化而适度调整不同路径的权重。在两岸当局达成坚持"九二共识"政治基础的情况下，中国大陆适度顾及台湾方面的诉求，中央政府类管辖的两岸协调路径和内部路径具备了较多的着力点，取得了相应的成就，包括两岸公权力的协调、两岸协议的签署以及两岸人员交流与社会整合深化等；而且还在外部路径上维持了较

---

① Lan P C, Wu Y F, Exceptional membership and liminal space of identity: Student migration from Taiwan to China, *International Sociology*, 2016, 31(6): 742-763.

为宽容而弹性的工作方式，在可控的"先两岸、后国际"协商模式下容许台湾适度扩大国际参与。这种多维路径协调共进的模式展示了两岸之间在一个中国框架下共同解决分歧的可能性与可行性。而在台湾方面拒绝承认"九二共识"乃至否认"两岸同属一个中国"现状，甚至为两岸民间交流设置障碍时，两岸公权力之间的协调沟通机制中断，对台工作的两岸路径遭遇到较大的阻碍，能够着力的工作渠道主要是两岸压力路径、外部路径与内部路径，而且不同路径之间的协调共进变得更加困难。在此背景下，加强中央政府对台类管辖行为更为必要，从台湾外部施加压力来促进台湾内部和两岸格局的改变，从大陆内部加大吸引、吸纳台湾民众的力度来消解台湾政治体系所建构出来的对于大陆的离心力，而中央政府对台类管辖的相关行为也并不以台湾方面的认同为前提，这一方面能够有效遏制岛内"台独"的外溢效应，另一方面有助于维持并凸显中央政府在类管辖状态下的主导性。

第七章

促进和平统一的路径协调与模式整合

两岸关系和平发展与和平统一受到内外多种因素的影响，而和平统一也是一项复杂而艰巨的工程。从不同的视角、领域、路径与模式出发，对于两岸关系的现状评估和未来预测也就会产生不同的判断。例如，对于两岸关系发展前景较为乐观的观点多认为，日益深化的两岸经济交流、频繁的高层次联系、两岸关系的制度化以及北京与台北的务实主义使得海峡两岸关系持续稳定，而持悲观态度的观点则强调两岸军力对比失衡、台湾社会对于经济与政治整合的反对、两岸持续的主权争议等使得两岸关系趋向复杂，甚至认为中央政府的"和平统一、一国两制"并未提供一个可行的路线图。应该说，每一种认知或观点都有其自身的内在逻辑及合理性，因为"现代社会不存在这样一个阿基米德基点：依据它，我们对社会（广义——笔者注）中发生的事情有唯一正确的判断。所有的社会子系统对于整个社会的再生产都具有重要的作用，它们之间不能相互替代，所以，每一个子系统对于社会来说都是不可或缺的"，[①] 两岸关系的和平发展与和平

---

① ［英］凯特·纳什、阿兰·斯科特：《布莱克维尔政治社会学指南》，李雪、吴玉鑫、赵蔚译，浙江人民出版社 2007 年版，第 65 页。

统一也是如此。在促进祖国和平统一这一最高目标的导向下，拥有正确的两岸关系全局观和发展观就显得尤为重要。全局观使得促进祖国和平统一的路线协同和模式整合能够立足于客观现实，发展观则可以高瞻远瞩地优化配置、增强信念与指引方向。促进祖国和平统一并不能因有所侧重而偏废某一路径与模式，需要适时根据变化而进行功能配置、路径协同与模式整合，规划出和平统一的"路线图"。

党的十九大再次强调必须继续坚持"和平统一、一国两制"方针，推动两岸关系和平发展，推进祖国和平统一进程，呼吁两岸同胞共创中华民族伟大复兴的美好未来，还强调了对外"构建人类命运共同体、促进全球治理体系变革"，对内"推进国家治理体系和治理能力现代化"。在迈向中华民族伟大复兴的历史新征程上，国家建设与国家统一有机结合，构建"两岸命运共同体"，同步推进中央对台治理体系建设和治理能力现代化，促进祖国和平统一，需要政治路径、经济路径和社会路径三者的协同互动，需要审时度势对平等模式、融合模式和消融模式三者进行选择、调配与整合。而统一路径的通畅、转换和协同与统一模式的优化、选择和整合之间也是相互促进的。作为促进祖国和平统一进程的主导者，中央政府既要立足于并尊重不同路径与模式的内在机制，又要积极主动地发挥调控功能推进不同路径与模式的耦合。

第一节　路径协调与模式整合的必要性

一、单一路径与模式的内在困境与外在挑战

在一个国家内部的治理体系中，政府、市场和社会都不是万能的或是独大的，彼此之间更多的是要进行相互协同和平衡。而促进祖国和平统一的政治、经济与社会路径的功能及效应都有着一定程度的或然性，单一路径无法保证和平统一目标的尽早实现，不同路径的内在的发展困境和遭遇的外在挑战都要求彼此间的互补与协同。

首先，以两岸平等政治互动而达致和平统一的目标应该是最重要的根本路径和内核模式，但从两岸既往的政治互动经验与教训来看，两岸之间的平等政治互动往往存在着动力不足的问题，甚至因政治基础的动摇而导致两岸良性平等政治互动缺乏可持续性。就政治路径与平等模式的内在困境而言，两岸平等政治互动在出发点、目标、参照与程序等方面"南辕北辙"，内部动力不足。两岸关系中存在着"两岸同属一个中国"与"两岸政治对立"并存的现状，而两岸对于现状和基础的解读与定位迥然不同，如蔡英文执政以来拒绝承认"九二共识"就直接导致两岸之间的良性政治互动失去基础。两岸对于平等政治互动所应达到的目标追求明显不同，存在"统独"分歧。在两岸政治对话或是在规划政治协商的过程中，大陆注重实体性互动，而台湾则强调程序性互动。同时，两岸平等政治互动还受制于社会基础薄弱、政治互信不足等外在挑战。两岸在政治价值观念与情感倾向上的差异影响了两岸政治互动的深度与质量，台湾方面常以"维

护普世价值"的姿态自居，① 以其所谓"亚洲民主的灯塔"名头而抱持优越感，也因此而衍生"反共"乃至"反中"情绪，台湾社会对于中国大陆的政治体制、经济模式等各方面也存在着不同程度的误解。两岸之间虽然曾经在一些基础性的政治问题上达成了共识，但因为没有积累足够的政治互信与善意解读，对于对方下一步的行为很难形成积极预期，台湾方面仍存在诸多安全、权利与利益等方面的疑虑，台湾朝野之间、社会内部与民众之间也缺乏共识，使得台湾当局缺乏开启两岸政治协商谈判的动力、魄力与能力。面对困境与挑战，一方面两岸政治互动必须立足现实、面向未来、兼顾事实与情感，在坚持原则和目标的同时，充分考虑和尊重对方的感受，平衡各方的权力、立场与利益，综合处理，融通两岸；但另一方面也必须从政治之外的领域入手，逐步改善互动环境、社会氛围和民众心理等，使其成为解决两岸政治分歧的催化剂，生成推进两岸政治良性互动的外部力量。

其次，通过经济路径与社会路径促进两岸融合统一的模式也具有或然性，当前也面临许多发展困境和现实障碍。促进和平统一的经济路径可以为两岸和平统一奠定物质基础、编织利益纽带，通过经济杠杆等增强统一的吸引力、提高"台独"的成本；社会路径可以增进两岸民众彼此了解、消除误解并建立两岸社会网络，有助于逐步构筑两岸命运共同体的社会基础和心理基础。经济社会等领域的融合发展可以为两岸由和平发展走向和平统一创造条件和奠定基础，但并不能保证两岸必然沿循这一道路走向统一。若要推动两岸走向和平统一，除了"由下至上"的经济社会融合

---

① 黄嘉树：《两岸政治谈判的动力、阻力与路径》，《台湾研究》2010 年第 6 期。

之外，还应有其他配套设计，尤其是由上至下的顶层规划。两岸融合融合发展到一定程度后可能会进入一个"瓶颈期"，尤其是在两岸经济整合与社会融合的内部动力及发展空间被充分发掘之后，就很难再往前推进和向上提升。认为两岸从和平发展走向融合发展就必然能让两岸走向和平统一的想法是过于乐观的。促进祖国和平统一，一方面必须不断为两岸经济整合和社会交流交往扫清障碍；另一方面更要长远考虑，不断寻求推进和平统一的替代思路和升级机制。两岸融合发展，要形成"你中有我、我中有你"双向融合与一体化发展格局，需要两岸相互开放，相互给予同等待遇的政策措施。[①] 但当前台湾方面不愿意向大陆开放就造成了两岸难以双向融合发展。总体而言，两岸经济社会融合发展的路径与模式的内在机制和动力具有原生性特点，但需要外在力量去消除外部障碍并促进其优化升级。

最后，单方面通过政治、经济与社会等路径消融台湾"独立性"的渐进模式短期内将面临着实施范围与能效不足的局面。在两岸平等政治互动渠道中断、两岸经济社会融合受阻的态势下，加强单向消融模式确实能够强化一个中国立场与现状，并在一定程度上遏止"台独"外溢，但中华人民共和国政府是代表中国唯一合法政府的法理与台湾当局有效控制台湾的现实并存使得中央政府的权利落实受到很大的限制。这种对台管辖权利在国际社会的体现与实施往往是防御性的、消极的，在两岸之间多是被动性的，相应权利的落实常常需要他方的配合，而且权利转化为权力的过程也充满了国际政治斗争与多元权力博弈。实践上，在国际领域的对台消融模式多集中于较为高阶的政治、法律问题，目的在于消解台湾方面在国际社

---

① 唐永红：《两岸融合发展：内涵与作用、困境与路径》，《中国评论》2018年第2期。

会的"国家建构"努力，破除国际社会关于台湾是"事实独立"或"事实国家"的错误认知，强化"台湾是中国一部分"的政治认知和法律架构，凸显"中华人民共和国政府是代表中国唯一合法政府"的政策立场。在两岸之间，政治消融的努力还仅限于对一个中国原则的声张与坚持，经济与社会领域还是较多地呈现出平等融合态势，而且也不可避免地遭到台湾当局的限制。而真正能够在政治、经济与社会等领域较为全面落实消融模式的可控空间是在中国大陆地区，例如赋予大陆地区台湾民众在经济与社会领域的"同等待遇"，但这不等于台湾民众已经是法律与行政管理意义上的中华人民共和国公民。基本上，目前中央政府只有在自己所完全管辖与掌控的领域和疆域内才可能真正实践中央政府的合法权利。对台消融模式的功能在于消解台湾政权的合法性与政治基础、获取台湾民众的服从与支持、解构或重构两岸权力关系，然而这些预期功能的发挥不可避免地会受到外部环境的限制和相关主体的抵制。而对台消融的路径与模式若要充分发挥效能，仍然需要从两岸之间合力配置权力、从台湾内部持续培植动力。

二、不同领域之间的相互牵制

就理论构建和目标预期而言，不同路径与模式之间应是相互协调、相互促进而形成合力的。但在实践中，不同路径与模式有着不同的核心构造、核心原则和运行机制，也作用于不同的领域，而每个领域分别遵循不同的运行机制，具有不同的核心构造，而彼此之间也可能是相互冲突、相互牵制的。

在一般意义上，现代国家"从结构上开始分化为三个相互独立的领域，即以政府组织为基础、以官员为代表的国家系统；以企业组织为基础、以商人为代表的市场系统、以及以民间组织为基础、以公民为代表的公民社会系统。他们之间的相互关系，构成了现代社会的结构性基础，决定着整个现代社会的关系。划分政府、市场与社会之间的权力与责任的边界，是现代国家的基本职能"。[①] 国家治理的任务是要协调处理好三个领域之间的关系。而对于当前的中国而言，两岸"分治"给一个中国内部的政府、市场与社会间关系带来了更为复杂的问题。

经济领域遵循效率原则，两岸民众的经济活动目的是获取利润，核心原则是功能理性，核心构造则是职业科层系统与产业链、价值链系统。两岸经济领域已经发育为一个等级严密、分工精细的自发自律体系，该领域的特性是非人化，只见角色不见人，个人丰满的情感认同被压榨为分工角色，"其中的个人也必然被当作'物'，而不是人来看待，成为最大限度谋求利润的工具。一句话，个人已消失在他的功能之中"。[②] 当然，个人可以从两岸经济关系的发展中获得广泛的就业机会及社会流动的自由。

政治领域奉行平等原则，个体参与政治活动的目的是表达与维护个人的权利，核心原则是平等与合法性。平等包括法律平等、机会平等和权利平等，合法统治的前置条件是平等。核心构造则是代表选举制和参与制，政治行为的目标是要调和冲突和不兼容的利益要求，政治决策主要依靠谈

[①]　俞可平：《走向国家治理现代化——论中国改革开放后的国家、市场与社会关系》，《当代世界》2014年第10期。

[②]　[美] 丹尼尔贝尔：《资本主义文化矛盾》，生活·读书·新知三联书店1989年版，第26页。

判协商和争议仲裁，而不是技术官僚的理性判断。[①] 在当代民众平等意识和参与意识不断增强的情况下，传统代议制与直接参与制、政治领域的官僚体制与平等需求的矛盾不可避免。

社会领域遵循自主原则，个体在政府与市场之外的广阔空间中通过社会参与来寻求自我表达、自我实现与自我满足，其特性是注重个性化和差异，其核心构造是一种"异质合成"、差异互补，社会行为的差异化也会造成对政治体系平等化和经济领域线性化发展倾向的反思与冲击，因为人们对于同一问题的答案和选择往往是因人而异的。社会领域的运行机制是自发行为互动所形成的自发秩序，两岸社会关系的发展，也逐渐构筑出具有一定独立性的两岸民众自主空间。

在两岸对立隔绝时期，政治关系主导一切，基本不存在两岸经济与社会关系的能动空间；在两岸内部政治体制发生变革后，两岸间的社会关系以及随后的经济关系也获得了自身的发展空间，并带动了两岸政治关系的松动；随后两岸政治领域的力量尤其是大陆政府开始逐步引导两岸经济关系和社会关系的发展。三个领域的两岸关系各自围绕自己的核心原则和内在机制运行，各自也具有自身的矛盾和弊端。经济关系领域的问题是线性发展观以及人的异化，这也与政治关系对两岸民众特定身份与认同的要求相背离；政治关系领域的问题是大众参与和精英统治、平等与官僚制、"统一"与"分治"的对立；社会关系领域的问题是个性化、差异化会不断动摇既有的或是传统的价值规范体系。更值得注意的是，随着两岸关系各领域的互动深入，各个领域内在的矛盾会"外溢"，而且两岸政治关系、经

---

① ［美］丹尼尔贝尔：《资本主义文化矛盾》，生活·读书·新知三联书店 1989 年版，第 58 页。

济关系与社会关系之间也出现矛盾并相互牵制。首先，以平等、统一为原则的政治越来越多地干预经济关系与社会关系，与经济关系的效率原则和社会关系的自发原则构成矛盾；其次，以效率为原则的经济活动抵消了政治的平等势力以及对个体身份认同的一体化要求，也束缚着社会关系中人的个性化需求和社会自发秩序的扩展；最后，以自主为原则的社会活动冲击着政治的一体化努力和经济的角色化要求，自发秩序也承受着来自国家机器与市场的压力。理论上，现代社会冲突的根源"存在于官僚等级制的社会结构及郑重要求平等参与的政治体系之间，存在于依据角色和专业分工的社会结构与迫切希望提高自我和实现个人'完美'的文化之间"，[①] 由此产生的机制断裂更由于特殊的两岸关系而形成了不同路径之间的紧张冲突。此外，不同模式之间也存在着明显的矛盾冲突，例如平等模式是基于两岸政治关系现实，而消融模式是基于两岸法理关系规范，融合模式则是基于两岸人民关系，平等模式与消融模式之间就存在一定程度的断裂，而消融模式也就是对平等模式的否定、对融合模式的背离。显然，不同领域的路径与不同思维的模式之间需要全局性和综合性的协调与整合。

三、其他国家与地区的统一经验与启示

国家统一不仅是形式上的政治统一，还是两岸社会的融合与两岸同胞心灵的契合。统一的实现也不仅仅意味着是一个标志性的时间节点事件，既需要在统一前进行各领域的促进统一工作，更需要在统一后落实各项安

①　[美] 丹尼尔贝尔：《资本主义文化矛盾》，生活·读书·新知三联书店 1989 年版，第 60 页。

排与深化融合。其他国家与地区的统一经验与教训也为两岸和平统一的综合工程提供诸多启示，即路径协同与模式整合不可或缺。当然，对于其他国家与地区统一经验与教训的总结借鉴并不意味着认为两岸是国际关系，而是从中发现有助于推进祖国和平统一以及维护统一的启示。

以两德统一实践为例，两德从两个国家实现统一的模式不同于两岸同属一国的统一模式，但其以政治规划引领两德经济关系与社会关系的经验值得借鉴。西德是在两德统一进程中更具主导性与主动性的一方，在处理与规范双方互动关系上，推动一系列"条约""协定""议定书""换文"等的签订，使得双方关系得以在"法制化"的基础上得到充分的保障，并减少争议的发生；在经济关系安排上，基于双方协议安排，同时西德也将两德经贸视为德国内部的交易行为，制定出不同于国家间经贸往来规范的特定措施，这种特殊经贸安排也被嵌入国际经济条约中，如 1951 年的"关税暨贸易总协定"的（GATT）的"多奎瑞议定书"（Torguay Protocol），以及 1957 年西德在参与成立欧洲经济共同体（EEC）及欧洲原子能共同体（EAC）所签署的"罗马条约"中加入"两德贸易与相关问题议定书"等，授予西德联邦政府制定对东德贸易政策之权限，使两德经贸往来不至于脱离国际经济组织的法令规范；[①] 在社会文化关系上，西德注重解决德国人民因分裂而产生的人道问题，也有效维系了两德人民的民族情感。可以说，在追求统一的长程目标上，西德从未放弃德国再统一的基本立场，采取的方式是长期耐心的等待、周详的准备、务实稳健不躁进的处理态度，推进两德间密切的经贸关系，克服两德间日益加深的疏

---

① 吴东野：《东西德双边贸易模式之探讨》，《问题与研究》1998 年第 10 期。

离感，维持德意志民族的一体共识，使东德的分离主义划界政策无法得逞。① 在促进统一以及后续深化统一的实践中，西德继续以政治关系为核心而对于政治、经济、社会文化关系间的协调规划起到了至关重要的作用。

　　欧盟作为欧洲各国一体化的成果，其中经济一体化发挥了先导作用。而欧盟各成员国也逐渐认识到单凭经济一体化的发展难以承载政治所带来的负担，从经济一体化到政治一体化的发展道路不仅成功地维护了欧洲地区的和平与经济发展，同时，也使得欧盟在国际舞台上的作用越来越大。② 战后西欧发达资本主义国家为走出高度发达和疆域相对狭小的困境以及抗衡外部政治经济竞争压力而寻求区域一体化的创新取得了一定的成功。③ 作为过程的欧盟一体化是指"过去彼此独立的国家结合为一个愈来愈紧密的联合体"，而作为既成状态的一体化的核心是"欧洲联盟的政治系统"，其中的经验均值得借鉴，而从"由经入政"的线性逻辑发展到经济政治社会多层体系中的治理转变④ 应该是欧盟成功的关键。

　　坦桑尼亚的统一进程与统一安排对于两岸和平统一也非常具有启发性。坦桑尼亚是由坦噶尼喀和桑给巴尔两个原本独立的国家组成的共和国，统一前的两国或统一后的两个地区在人口规模、土地面积、宗教信

---

① 张五岳：《分裂国家互动模式与统一政策之比较研究》，台北业强出版社1992年版，第375—377页。

② 闫志新：《欧盟政治一体化面临的挑战及发展趋势》，西北师范大学硕士论文，2014年。

③ 刘文秀：《欧洲一体化性质及特点》，《国际问题研究》2004年第2期。

④ ［德］贝娅特·科勒－科赫、托马斯·康策尔曼、米歇勒·克诺特：《欧洲一体化与欧盟治理》，中国社会科学出版社2004年版。

仰、民族归属等方面均相差甚多。1964 年 4 月，双方签订《联盟条款》，坦噶尼喀和桑给巴尔组成联合共和国，同年 10 月 29 日改国名为坦桑尼亚联合共和国，坦桑尼亚联合共和国是一种特殊的国家形式。有专家称"具有某些联邦国家的特征，但不符合真正联邦制的模式"，[①] 采取的是前所未有的两个政府（中央政府和桑给巴尔政府）联合的形式。坦、桑两个历史上从未统一，独立时具有不同政治经济制度、民族构成、宗教信仰和对外关系的国家，却能自愿和平地成立联合共和国，并较有效地阻遏了反联合风潮，坦桑尼亚的经验包括《联盟条款》、宪政安排、权力分配、政府结构等对两岸完全统一的达成及终局模式应有一定的借鉴价值。显然，政治安排对于经济关系、民族关系、宗教关系及社会关系的统领作用是促成并维持坦桑统一的关键。

而香港回归祖国对于解决台湾问题发挥了示范作用，有利于增强台湾社会追求统一的信念，但香港回归后所出现的一些问题却也能够为统一前的两岸关系提供一些经验和启示。中英谈判达成香港回归的共识后，中央政府施行"河水不犯井水"的"一国两制"，基本上为香港保留了原有的政治经济社会运作体系。但从香港回归祖国后的发展实践来看，政治、市场与社会的关系必须要保持融洽。近年来也出现了诸如"港独"思潮、"港独"与"台独"勾连、激进"本土主义"[②]、国家和民族意识薄弱[③]等问

---

① 上海社科院法学所编译室：《各国宪政制度和民商法要览（非洲分册）》，法律出版社 1986 年版，第 357 页。

② Kaeding, Malte Philipp, The Rise of Localism in Hong Kong, *Journal of democracy*, 2017, 28(1): 157-171.

③ 王学风、岑晖：《香港回归后国家民族教育的若干问题》，《教育评论》2008 年第 1 期。

题，香港本土民族主义的兴起和"反动员"的浪潮企图冲击"一国两制"的基本架构。这就反映出统一不能一蹴而就，更不能急于求成，统一前的经济与社会融合应是必经之路。同时应对统一后所面临的各种乱象既需要在统一前做好物质和制度准备，另一方面更需要在统一后继续促进政治关系、经济关系与社会关系的协调与融合。"一国两制"在香港实施过程中所存在的某些问题表明，既要强化两岸关系中各领域的协同，更可以将统一后的政策措施执行于两岸统一前，尽量避免将统一前存在的问题留到统一后解决。

第二节　促进和平统一的路径协同

和平统一的政治路径、经济路径与社会路径是促进祖国完全统一的基本路径，分别以政府、市场与社会为主体，以权力、利益与关系为载体，也构成了各具功能与机制的中层子系统，既支撑和实现祖国和平统一目标，又体现和增进两岸民众的需求与福祉。而对于面临国家建设与国家统一双重任务的尚未完全统一的中国而言，一方面要协调政府、市场与社会关系，另一方面还要促进两岸政治整合、经济融合和社会融合，更要处理好两岸政治关系、经济关系与社会关系三者的协同。

一、路径协同的基本要求

在正常情况下，一个国家的现代国家建设与国家统一是一项"二合一"的国家治理工程，但相当长时期内的中国国家治理仍是国家建设与国家统一两者有机统一的系统任务。在传统意义上，"划分政府、市场和社会之间的权力与责任的边界，是现代国家的基本职能。让政府的归政府、市场的归市场、社会的归社会，是现代国家治理的基本任务"；[①] 而"有为的政府、有效的市场、有机的社会，这三者是不可分割的整体，是现代国家的三根支柱"。[②] 但这一理论框架适用于包括台湾在内的整个中国社会面临一些问题：首先，要确定政府、市场与社会的边界及相互间的关系；其次，中央政府的"有为"需要跨越海峡两岸政治对立的界限，两岸市场需要先经过整合才可能达到在两岸之间有效配置资源与利益的状态，两岸社会有机体或共同体的形成需要克服内在困境与政治障碍。

中国大陆是世界第二大经济体，也具有强大的军事力量，拥有中央政府的合法权利，并在两岸关系中具有主动性。在两岸关系权力和影响力的不对称结构中，大陆拥有明显的优势。中央政府也在台湾前途问题上对台湾施加了强有力的影响，但与此同时，台湾仍能在很多方面维持能动性，对大陆产生不成比例的影响。[③] 两岸之间的实力对比除了传统的"硬实力"之外，还有"软实力"的维度，前者涉及诸多可以量化的指标，后者涉及价值与文化影响力等可感指标，这其中整个社会的协同能力也是"软实力"的重要一环。事实上，台湾在与大陆的抗衡过程中，除却美国等外部

---

① 俞可平：《走向国家治理现代化——论中国改革开放后的国家、市场与社会关系》，《当代世界》2014 年第 10 期。

② 李玲、江宇：《有为政府、有效市场、有机社会——中国道路与国家治理现代化》，《21 世纪》2014 年第 6 期。

③ Tsang, Steve, ed., Taiwan's *Impact on China: Why Soft Power Matters More Than Economic Or Political Inputs*, Springer, 2017:259.

干涉因素外，台湾的"软实力"包括其内部各领域的协同力和聚合力往往成为撬动两岸关系的杠杆。对于大陆而言，做好内部的政府、市场与社会的协同治理是维持发展、增强对台综合实力优势的基础，而增强两岸关系中的政治路径、经济路径与社会路径的协同是促进和平统一的必然要求。

在促进政治、经济与社会统一路径的协同以及两岸政治关系、经济关系与社会关系的协调发展过程中，不能简单地照搬"政府的归政府""市场的归市场"与"社会的归社会"的固定思维定式，因为两岸首先需要政府、市场与社会的动态合作来达致国家完全统一状态，然后才可能在一个中国内部去构建政经社互动边界与关系框架。而正确处理政府、市场和社会的关系，协同处理促进统一的政经社路径以及协调处理两岸政经社关系，不是简单地向市场放权、向社会放权或简单地加强政府责任，也不是简单地放任两岸经济关系与社会关系的自发发展，更不是回到政治关系控制两岸关系的状态，而是使三方面相互促进、相得益彰。就两岸经济关系而言，两岸经济一体化可以奠定两岸和平统一的物质基础，但也可能为"台独"提供积蓄能量的缓冲空间；就社会关系而言，社会自治与社会互动既可能代表广大两岸同胞的利益，但也可能反映少数利益集团的需求，毕竟有组织的少数的影响力会超过无组织的多数。就政治关系而言，政府对于经济与社会的引导不可或缺，政治关系既可能是促进两岸关系健康良性发展，但也可能限制与阻碍两岸关系的深入发展，"政府之手"既可能是市场与社会的建设和保障之手，也可能是阻挠与破坏之手。

因此，结合前述分析，和平统一的路径协同具有一定的层次性。发挥和平统一的政治路径、经济路径与社会路径在两岸政治关系、经济关系与社会关系三个领域中的积极作用，积极降低各个路径所产生的消极影响，是和平统一路径协同的基础要求。限制政治路径、经济路径与社会路径彼此之间的冲突，降低两岸政治关系、经济关系与社会关系之间的摩擦与矛盾，增进彼此间相互促进，是和平统一路径协同的内在要求。推动三个路径形成合力，引导两岸政治关系、经济关系与社会关系的协同发展，则是和平统一路径协同的必然要求和基本目标。

二、和平统一的路径优化

就促进和平统一的政治路径构建而言，祖国大陆在坚持"两岸同属一个中国"、维护两岸和平统一的政治基础、确立和平统一的基本框架、增进统一动力等方面已经取得突出成就，但也存在着和平统一目标在台湾内部的支持度和动力不足问题。随着岛内政治生态变迁、外部因素的变动以及两岸政治关系遇冷，促进和平统一的政治路径也应进行调整与优化。在坚持"两岸同属一个中国"的同时，中央政府应当承担起更大的责任，采取积极的现实主义策略，坚定一个中国原则的立场绝不动摇，展示推进统一的决心，对于"台独"形成严厉的震慑氛围。对于促进统一的动力开发上，大陆民间反"独"促统的呼声一方面产生了对台湾的强大心理攻势，另一方面也在一定程度上形成了对大陆涉台政策举措的压力，应注意对大陆民意有所区分地适当加以因势利导。在大陆综合国力不断增长的历史机遇期，应加强对外斗争力度，稳固国际社会坚持一个中国的共识，防范和遏制外部势力对于台湾问题的干涉，优化和平统一的外部环境。在两岸实力对比发生根本性翻转的情况下，应注重将自身的实力优势转化为压力优势和引力优势，让台湾社会认清"台独"没有出路和两岸必然统一的事实，将两岸之间的"统独"之争、制度之争从以往的"术"之争转换到"势"之争层面，从谋求"一城一地"得失到争取反"独"促统的全局性优势。

就促进和平统一的经济路径深化而言，两岸在经济一体化方面已经取得相当程度的进展，但也面临着从以往的两岸比较优势互补、产业链融合的双赢局面发展为两岸产业互补程度降低、竞争程度加剧的不利态势，还面临着国际市场竞争、产业升级的共同压力，以及双向融合受阻于台湾的困境。未来应促进两岸经济整合继续向大陆的中西部地区转移，台资、台企与台商将从封闭的内部产业聚集走向与大陆本土产业的融合发展，使得两岸经济整合在规模上得以持续扩大。而两岸经贸关系被欧美等跨国公司主导的局面将可能随着大陆自主品牌的发展以及台资深度参与大陆内需市场而改变，使得两岸经济整合的内涵从全球产业链转型为两岸产业链，增强两岸经济连结的强度，也有助于将两岸从"国际规则"下经济关系中的各自获益转变为"两岸规则"下的共同获益。随着中国大陆经济崛起，经济增长模式已经开始从依靠投资和出口拉动为主转向依靠内需，从参与全球供应链发展到创造价值链，两岸经济的自然融合将会走向以产品价值链分工为主的合作，台湾将更有机会融入大陆价值链中，而两岸在全球产业链中的位置也将发生反转。此外，在大陆经济发展新战略下，两岸经济整合也获得了新的发展方向和扩展空间，也会抵消两岸经济竞争所产生的负面效应，这包括新兴经济为两岸合作并带动产业升级提供了新动能，以及"一带一路"建设为两岸经济合作开拓了新的增长空间。

在促进和平统一的社会路径优化上，两岸民众交流往来的规模日益扩大，社会交往从单向逐步走向双向，社会互动领域逐步扩展，个体性的交往累积形成较为绵密的社会交往网络，台商、台生以及陆配等也成为两岸社会融合的重要主体和节点，和平统一进程中的社会治理也初具形态，但两岸社会关系的黏度和整合度仍然不足，两岸间社会远未达到"有机"的状态。随着大陆社会经济发展所产生的吸引力日益增强，越来越多的台湾民众选择来大陆就业、就学与生活，寻求更好的发展机遇和发展空间，而大陆的同等居民待遇政策也为其在大陆的社会适应与社会融入提供了便利条件，两岸社会交往规模与社会网络也会持续扩大。可以预期的是，推进两岸社会交往与融合的动力已经从较为传统的血缘、亲缘及文缘纽带等转换为相对理性化的利益、机遇等，大陆向台湾同胞分享发展机遇将会加剧这一趋势，相应的路径优化也应是更多地面向未来，而不必执著于过去。两岸民众在社会融合过程中的情感认同变迁，将更多地受到后天交往实践的影响，从以原生性发生机制为主逐步转向以生成交往性情感与理性为主，期待以交往促进了解和认同融合的对台社会工作路径也应顺势而为。随着两岸青年世代面临共同的生存生活情境以及彼此交往的增加，在未来推进两岸民众在交往与融合过程中，也应努力营造更多的共同生活空间和情感体验，推动两岸社会融合机制的转型与升级。

三、统一路径的关系协调

促进祖国和平统一的政治路径、经济路径与社会路径之间双边关系的协调涉及三个组合，即政治路径与经济路径、政治路径与社会路径以及经济路径与社会路径之间的协调，进而推动两岸政治关系与经济关系、政治关系与社会关系以及经济关系与社会关系的相互促进。关系协调分别涉及围绕市场配置资源的决定地位来协调政治路径与经济路径，围绕多元治理的结构协调政治路径与社会路径，以及围绕市场的社会效应协调经济路径与社会路径。

统一的政治路径与经济路径之间关系协调的核心是如何处理政府与市场的关系。资源稀缺与需求无穷是人类社会发展的基本矛盾，解决这一矛盾的政治路径是通过公权力建立起强制性分配机制，而经济路径则是依赖自由交换形成的自发性市场均衡，政府优先还是市场优先以及政府与市场如何互动达到最优一直是最基本的问题。而两岸关系的特殊性又使得这一问题变得更为复杂，毕竟两岸间并不存在统一的政府和市场，两岸间曾经在某些经贸领域达成了政府间的配合，但大部分情况下的两岸政府各自为政，甚至在处理两岸经济关系上相互对立。政府积极通过政治路径引导或管控两岸经济关系发展，在此过程中，政府职能不断扩大，政治路径的作用范围也得以扩展，促进了两岸经济关系发展所需的市场环境的形成与改善，但随着两岸经济整合发展到一定程度后，政府对于市场的干预反而可能会影响到两岸经济整合及其效应发挥。促进祖国和平统一进程就需要根据情势发展而对政治路径与经济路径间的关系进行动态调整。在两岸开放交流初期，祖国大陆以政策优惠等手段招商引资推动两岸经济关系合作，台资也助推了大陆改革与发展，此后相当长的时间内中央政府和地方政府均习惯于以政府干预、引导市场的方式增进两岸经济整合。但随着大陆经济崛起以及台企、台胞同等待遇的获得，大陆政府已经在大陆地区基本消除了两岸经济融合的障碍，理应由市场机制来发挥主导作用，通过经济路径厚植两岸共同利益。当然，在特定情况下，例如在吸引台湾同胞参与"一带一路"建设、共享发展机遇的目标指引下，政治路径对于经济路径的引导仍然是不可或缺的。

统一的政治路径与社会路径之间关系协调的核心是如何围绕多元治理来处理政府与社会的关系。传统意义上，社会属于所谓的"公域"与"私域"之外的"第三域"，也是拥有平等权利的个体通过交往活动而形成的公共生活领域，其公共性特点使得公权力与社会基于个人权利而生成互动关系。现代国家治理要求政治与社会的良性互动：在公共权力运行上实现社会监督与政府自律的良性互动、在社会治理上实现政府治理和社会自我调节、居民自治的良性互动。[①] 就两岸关系发展趋势而言，路径协调的方向应是经由两岸政府、社会与人民的良性互动形成合力再去推动政治统一。但在相当长时期内，是政府尤其是大陆政府在引导和营造两岸社会融合，为社会融合扫清障碍、提供便利，这种以政治路径作用于社会路径的关系仍会持续，当然，这也经历了从政府包揽到政府主导再到政府引导的过程。随着两岸关系进入和平发展时期，两岸治理[②] 曾成为政治路径与社会路径协调的重要选择，在两岸公权力的协调与收缩的背景下，两岸社会力量被进一步释放并成为引导和推动两岸和平发展的新生力量，并在一定程度上成为两岸公权力的有效补充。[③] 但两岸治理也面临着共同决策机制、支撑规范和公民参与等方面缺失的问

---

① 胡宁生：《国家治理现代化：政府、市场和社会新型协同互动》，《南京社会科学》2014 年第 1 期。

② 刘国深：《试论和平发展背景下的两岸共同治理》，《台湾研究集刊》2009 年第 4 期；李秘：《两岸治理：两岸和平发展的新动力机制》，《台湾研究》2010 年第 1 期；康仙鹏：《两岸治理——"两岸关系"思维的检视与突破》，《台湾研究集刊》2010 年第 4 期等。

③ 刘国深：《试论和平发展背景下的两岸共同治理》，《台湾研究集刊》2009 年第 4 期。

题。① 而且随着岛内政局变动，两岸治理也应适时调整、演变为对台治理，即以大陆政府为主导性治理主体，与台湾社会、台湾民众形成良性治理网络，一方面在大陆内部场域中要让两岸社会融合的自发秩序发挥主要作用，另一方面也要尽力突破或避开台湾当局制造的障碍，积极吸引更多台湾同胞参与到两岸社会交往与融合进程中来，并间接产生对于台湾当局的社会压力。

统一的经济路径与社会路径之间关系协调的中心是围绕市场的社会效应去处理市场与社会的关系，简而言之，要实现两岸"经济社会融合发展"。随着时代的进步，市场开始具备一些经济之外的功能，而企业也承担了某些外部性成本和更多的社会责任。对于两岸关系而言，经济关系、市场主体如台企台商本身更被赋予一定的社会责任和政治期待，经济路径与社会路径理应形成合力。而且，两岸市场与社会具有一种共生共利的关系，两岸社会融合发展有赖于企业盈利与社会责任，企业生存发展有赖于社会安宁和两岸和平，尤其在面对政治障碍和政治风险时，市场与社会就成为客观上的命运共同体。从既往两岸关系的经验来看，两岸经济整合的社会受益面不足导致民众的获益感欠缺，而两岸社会交往也常常因为缺乏利益机制的支撑而缺乏持续互动深入的动力。在促进两岸交流融合的过程中，也确实存在着招商引资求量不重质、地方保护主义、个别企业社会责任心弱、台资对于岛内就业贡献不大等方面的问题，在社会路径上还存在着为交流而交流、流于形式的情况。因此，促进统一的经济路径与社会路径理应建立起互动协调关系，这也是习近平总书记提出"经济社会融合发

---

① 周叶中、祝捷：《两岸治理：一个形成中的结构》，《法学评论》2010 年第 6 期。

展"的重要意义。可以预期的是，随着大陆经济磁吸力以及政策引导力的增强，大陆逐步从粗放式的招商引资走向精细化的引导管控，例如增强对于台资中小企业的工作力度，消除单纯利益考虑的地方保护主义，落实台胞同等居民待遇等，经济路径的利益辐射效应和社会路径的关系联结效应将会相互支撑，促进两岸市场与社会形成和谐共生的关系。

四、路径协同的统一合力

促进和平统一的路径协同涉及几个基本问题：为何协同、谁来协同、如何协同。显然，促进协同的根本目的是形成推动统一的合力。而前述不同路径之间的关系协调既需要发挥不同路径的内在机制，也需要外在的引导调控。然而结合两岸关系发展实际，在推动祖国和平统一进程中，政治路径不可避免地在三种路径中发挥核心作用，而政府尤其是中央政府必须在其中发挥主导性功能以统揽全局。对于中央政府而言，推进和平统一的路径协同需要建立起规范权力运行、引导市场整合和维护公共秩序的系列程序与方法，并依靠政府治理、市场治理和社会治理三个层级工作体系来支撑，在此基础上构建国家建设与国家统一有机结合的对台治理体系。

中央政府在政府治理层面，应落实大陆内部权力的纵向一体化，尽力推进两岸公权力机关的整合。大陆对台工作取得了突出成绩，但长期以来也存在着多个类别和层次的工作体系，例如涉台外交、涉台国防与涉台宣传体系多头并举，地方涉台部门涉及多重指导，对台工作的"条块分割"等降低了权力的传导速率和运作效能，这又进一步地降低了政治路径发挥正面经济效应和社会效应的可能性，甚至会阻断权力对于市场和社会的引导机制。正确处理好政府、市场与社会的关系，发挥市场与社会的能动性，包括适度收缩公权力边界，通常是现代国家治理的一般选项，而统一路径协同也需要适度厘清政治路径、经济路径与社会路径的适用范围，但需要注意的是，这并不等于要保持公权力体系因内部松散而呈现出的"弱势"状态。恰恰相反，路径协调的前提是要实现公权力体系的高度一体化，"有限"政府也必须是内在强有力的有为政府，唯有如此才能保障政治路径对经济路径和社会路径的引导协调，才能真正有效地去界定边界尤其是约束自身的行为界限。因此，对台工作应以党的十九大重要精神和习近平总书记关于对台工作的重要论述为指引，考虑逐步整合涉台工作体系，建立起纵向的"一条鞭"制与横向的协作联络机制，提升协同路径的实力与能力。此外，持续敦促台湾方面承认"两岸同属一个中国"，在坚持原则的基础上尽可能推进两岸公权力的对接与协作，就某些两岸共同事务逐步建立起从临时性到常设性、从功能性到制度性的两岸公权力协调机制。

大陆方面在实践市场治理与社会治理以及路径协同的进程中，应建立起相应的动力、激励、整合与保障机制。大陆方面应继续发掘和培育两岸经济社会融合的动力，台湾同胞参与两岸经济社会关系的总体规模和深度仍然欠缺，伴随着自身经济发展优势，大陆应将自身的优势和机遇转化为对台湾社会的吸引力，充分发现自身与台湾方面所存在的互补领域，在加强对台精准宣传力度，同时引导在陆台胞发挥对台辐射效应和示范效应，建立起先天的文化亲情纽带与后天的利益联结和交往关系三位一体的动力开发机制。大陆方面还应发挥公权力对于社会价值的权威性分配功能，对有助于两岸和平统一的经济与社会行为应予以物质性和精神性激励，如对贡献大陆公益、承担社会责任的台企、台湾社团及台胞等应予以表彰或感谢，对登陆创业的台湾青年、中小企业可予以适当资金和政策支持；对于支持"台独"、破坏和平统一的言论和行径也应予以谴责或惩戒，注意引导广大群众和社会舆论生成有实效的奖惩机制；逐步营造和平统一的价值文化以消解"台独"话语霸权，构建中央政府在两岸关系中当然具有合法主导地位的社会认知。中央政府在推动各路径的沟通、整合与协调上，应逐步消除各路径各自为战的无序状态，尤其是对于单一路径无法解决的问题加以解析、协调与重置，应注重对于经济路径和社会路径的整合，使得市场利益和社会交往紧密结合，让经济整合促进社会交往，让社会交往与福祉增加相伴而生，如让台湾民众在与大陆交流交往中发现工作、学习与创业机遇，使台企、台商、台干在与大陆经贸往来中切实感受到融入社会的益处，从根本上增强政治路径、经济路径与社会路径的黏度，乃至于达到促进和平统一的路径"一体化"，并对台湾民众形成利益、情感与关系上的同向影响。大陆方面还应建立起路径协同的保障机制，这包括从宏观上维持两岸关系的和平发展，管控"台独"风险，预防突发事件；在微观上需要不断改革自身的行政管理体制，落实"同等待遇"，消除两岸融合发展的障碍；提供和完善公共服务和社会福利，减少台湾同胞参与两岸融合与和平统一进程的顾虑。

第三节　促进和平统一的模式整合

和平统一的几种实践模式有着各自的基础、主体、架构、路径、机制与适用环境等，彼此之间也存在着一定的交叉之处。逻辑上，"共议统一"

的平等模式、"共同缔造"的融合模式与"消蚀吸纳"的消融模式也会有着相互冲突或互补之处，例如平等模式强调两岸公权力平等定位上的双方协商谈判，但消融模式强调"中央—地方"定位下的中央政府单边主导行为；融合模式强调在两岸人民主体性下的互动融合，而消融模式注重基于台湾民众客体性之上的单边吸纳；平等模式依赖两岸公权力机关"由上至下"的决定性功能，融合模式强调两岸人民"由下至上"的能动性作用。事实上，不同模式代表了实践中不同领域、不同层面、不同时空下的统一努力，也并不是一成不变的，一种模式的凸显与调整并不意味着另一种模式的失能与淘汰，而且在促进祖国和平统一的进程中，不同模式之间应该是互相补充、互相促进的。中央政府应根据环境变迁、形势发展等适时对各种模式进行调整和优化，协调不同模式在领域、层级、方向与时空等层面的整合，实现促进祖国和平统一的平等模式、融合模式与消融模式的协同共进。

一、和平统一的模式优化

首先，持续努力推动两岸平等政治互动从"默契"走向"共识"，最终以"协议"来规范。促进祖国和平统一的平等模式以"同属一个中国"下的两岸政权平等为基础前提而展开民主互动，力求达致两岸间的"共识型统一"。这种模式内在的张力在于两岸关系中的法理与政治的落差，即法理上中华人民共和国政府是代表中国的唯一合法政府，但台湾当局仍然在事实上有效管辖台湾地区，平等模式本质上是合法的中央政府与非法的叛乱政权之间的互动过程与结果。而在相当长的时期内，虽然双方也在

"两岸同属一个中国"框架内的平等地位上维持某种默契，但这本身却不符合两岸关系以及大陆立场的内在法理；而且在国际政治领域，中央政府也无法遵循平等原则。"一个中国，内外有别"成为常态，即在两岸间可以秉持"两岸同属一个中国"的一个中国原则，但在国际上必须坚持"中华人民共和国政府是代表中国的唯一合法政府"的一个中国原则。这种内在张力也是平等模式的局限之所在，一方面中国大陆无法单方面赋予台湾当局平等权利的方式与对方互动，另一方面双方只能在"两岸同属一个中国"的共同政治基础上以各自行动的方式维持互动的"默契"。平等模式还受到台湾内部政局变动的影响，如民进党执政时期拒不承认"两岸同属一个中国"导致平等模式难以为继。平等模式的优化与规划应在坚持一个中国原则的基础上，由两岸"以更务实的方式重新调整关系，并对主权概念和台湾当局的政治地位采取新思维"，需要找出一种双方均认可的政治定位方案来实现共存①，探索双方在国家尚未完全统一特殊情况下的合情合理安排，从"默契"走向"共识"。然后在两岸已有的公权力机关平等互动以及两岸领导人历史性会面的既有经验和成就基础上，协商成立两岸共同事务委员会，逐步累积政治互信，充分规划相关预案，抓住历史机遇先进行程序性协商，签订"和平协议"，终结政治对立，确立起台湾在一个中国内的平等地位和推进统一的义务。随后推动双方展开实质性谈判，签订"统一协议"，确证"一国两制"在台湾地区的适用，并就"一国两制"具体实现形式进行商讨，还可协商将两岸共同事务委员会改组为

---

① Hickey D V, Wake up to reality: Taiwan, the Chinese mainland and peace across the Taiwan Strait, *Journal of Chinese Political Science*, 2013, 18(1): 1-20.

统一事务委员会，协调、监督统一后具体安排的落实。[①]

其次，促进祖国和平统一的融合模式的未来规划与优化应着眼于融合面的拓展与融合度的深化，增强台湾同胞在两岸融合发展中的"参与感""获得感"及"命运共同体感"。融合模式的目标在于经由两岸人民从"分立"的"两岸一家人"走向"心灵契合"的"两岸一家亲"，也由下至上地形成破解政治难题的压力和促进政治统一的动力。然而，两岸"分治"的历史惯性、台湾方面的疑虑与限制等都阻碍着融合模式的深度适用。与之相呼应的问题还在于两岸人民尤其是台湾人民参与到两岸融合发展中的总体人数相对较少，两岸民众间交流交往的频率较低，参与的领域也相对单一，甚至流于形式，这就决定了两岸融合发展仍是处于初级阶段。因此，融合模式的首要任务是扩大交流交往规模，深化交流交往的领域与层次，逐步建立起覆盖或辐射范围遍及台湾的两岸经济社会网络；在扩大参与面与融合面的基础上，从以往分工交换各自获得经济社会利益发展到两岸同胞共谋发展，根本目的在于激发两岸民众的能动性、引导两岸社会的自发性力量。虽然融合模式依循的是由下至上的作用机制，尤其在"强社会—弱政府"逻辑下政府是被动因应的，但对于主导性的中央政府而言，政策实践中所需要做的恰恰是促进两岸融合，为融合扫清障碍，并引导两岸融合的力量去影响台湾当局。

最后，对于祖国大陆单方面主导的消融吸纳模式，应持续加以深化、细化与优化。对于台湾政权的消融及对于台湾同胞的吸纳，其目的在于强调和彰显中央政府当然的权利，在于让台湾人民适应和接受中央政府所

---

① 两岸统一的实施阶段还可以细分为三个时期：预备期、磨合期与适应期。参见李义虎：《"一国两制"台湾模式》，人民出版社 2015 年版，第 246 页。

施加的权力，从社会效应上来看，前者属于"造势"，后者属于"落实"，逐步解构台湾的政治"主体性"并建构起中央政府统治的一体性。对于台湾政权，今后应继续在国际领域不断挤压台湾政权彰显其所谓"独立"存在的操作空间，通过外交、司法、经济等手段敦促相关国际组织、政府以及跨国企业等按照一个中国原则来处理两岸关系和涉台事务，尤其是要关注以往被忽视但又与人民生活息息相关的低阶政治议题，例如台湾在国际非政府组织、跨国企业、他国行政管理、司法及教育等体系中的定位与权利等。中央政府对于台湾政权的规范性行为会引发台湾民众的不满和抗拒情绪，但在国际社会增强对于台湾同胞权益的单方面保护也会带来好评，中央政府在此问题上应一以贯之地坚持一个中国原则处理国际领域中的涉台问题，也一定会让台湾民众产生清晰认知，即祖国大陆是按照"台湾是中华人民共和国不可分割的一部分""台湾同胞是中华人民共和国公民"的原则来处理国际涉台事务的，也会最终扭转台湾民众理性与情感二元背离的矛盾心态。对于台湾同胞在大陆地区的融合发展上，要逐步落实台湾同胞与当地居民平等待遇，一方面要消除行政管理、公共服务、社会交往等领域将台湾人等同于外国人来对待的不正常现象，为其提供与本地居民公平的竞争环境；另一方面也应避免赋予台湾同胞在大陆的优惠待遇和超额待遇的情况，消除地方政府在惠台措施上的"锦标赛"乱象，应让两岸人民平等竞争，而不是制造新的不公平待遇。对于同等待遇的落实，应厘清台湾同胞可享受待遇的正面清单，但也应有负面清单，比如国家安全、意识形态、政治参与等。此外，台湾同胞在大陆地区的创业、就业与求学，既要有相应的保障机制，也要有同等的淘汰机制。

二、不同领域的模式整合

两岸关系的发展涉及多个领域与层级。"先经后政""先易后难""循序渐进"等体现了两岸当局或是两岸社会对于统一进程中优先事项和推进顺序的主张，学界也曾建议两岸先从低阶政治领域的功能性事务合作入手，夯实基础、积累互信，再逐步协商解决高阶政治难题。这些都反映了实践中的促进祖国和平统一进程必然涵盖多个领域与层次。但值得注意的是，"先经后政"与"先易后难"并不等于"只经不政""只易不难"，也不意味着在"先经""先易"或"低阶"阶段只适用经济路径或融合模式，而不推行平等模式或消融模式。在促进祖国和平统一的进程中，固然会存在着不同领域与层次意义上的优先事项和推进序列，但祖国大陆不仅可以在不同领域和层级的两岸事务中促进路径协同，还应推动不同领域里的"促统"模式整合。

首先，在两岸经济领域，除了要以经济上的融合模式为主体外，更应注意在不同范围与层级内不同模式间的配合。在涉及台湾或两岸关系的国际经济领域内，或是在中国大陆主导的"一带一路"等区域经济战略中，应以消融模式为主导、融合模式为配合，推行消融模式整合融合模式的路径，虽然台湾经济的全球化程度较高，但在国际组织和制度体系中仍会受到一个中国政治规范的制约，而且中国大陆持续增长的经济实力使得在国际经济领域里的消融模式具备了物质基础，在将台湾企业与经济活动纳入大陆的经济战略以后，两岸在此范围内可以展开平等互动、平等竞争。在两岸间经济交流整合过程中，则必然需要以融合模式为主体，毕竟两岸经济同属中华民族经济，处于一个中国内部的经济活动完全可以进行优势合作和自由竞争，依赖市场机制来发挥主导作用，通过共同市场来建立起两岸的联结，并促进两岸资源、人力、技术的流动，也带动两岸民众的社会融合。与此同时，两岸经济关系还需要平等模式去积极解决阻碍两岸经济合作的政治与法律滞碍，增进对于市场和企业的服务质量和管理水平，甚至共同开拓市场和维护市场新秩序，这包括两岸公权力机关之间在高阶政治层面上签署协议、管理对接以及默契互动等，而微观经济领域或者说两岸经济的微观层面所涉及的诸如认证、关税等共同事务处理均是以两岸公权力机关之间的互动衔接为基础的。当然，两岸公权力机关在大多数的情况下以单方面管理、引导或规范两岸经济事务为主，两岸良性经济关系固然需要平等模式的支持，但单边的消融模式如大陆采用政策竞争战略推进两岸经济整合也是重要的选择。而对于大陆地区的台资与台企的经济融入，祖国大陆方面应在充分了解台湾地区对于台资与台企的相关规定基础上，尽力避免让台商陷入"两难"境地，施行单边吸纳模式增进两岸经济整合。

其次，在两岸社会领域，应采取融合模式与消融模式并重、兼顾平等模式的策略推进融合。理论上，社会领域是公权力和市场之外的自主发展空间，但两岸社会关系因内外限制并不具有一个先天不受干涉的互动空间，也不完全具备自由交往、自主选择以及自发秩序的基础条件，这就决定了统一进程中的两岸社会关系不是一成不变的，社会交往与社会关系也不可能完全是自发产生的，而且事实上个体民众两岸社会交往的动力也没有经济交往的动力强劲。因此，单纯采用融合模式也就会面临着先天条件不充分、动力不足等问题，仍然需要平等模式的支撑与消融模式的促进。两岸在当前社会融合相关基础性问题比如出入境、社会准入、落户入籍等事项上仍以单边管理的模式为主，这也赋予了两岸公权力机关在引导两岸社会事务上的自主性。而在消除两岸社会融合障碍、处理公共社会事务上，则更需要适用两岸公权力机关之间的平等模式，而这种公权力机关之间的互动也存在着从默契、共识到协议等几种循序渐进的方式，例如在两岸婚姻事务管理与服务上就保持了默契，而对大陆游客赴台旅游则以协议方式共同处理。立足于两岸关系实际，着眼于和平统一目标，推进两岸社会融合更有赖于单边消融模式的拉动与主导，尤其是在台湾当局为大陆居民与台交往以及融入台湾设置重重障碍的情况下，大陆方面的单边吸纳有力地推动了两岸社会交往融合的扩大与深化。

最后，在两岸政治关系上，促进和平统一的平等模式与消融模式交替互补，并重视融合模式为其他两种模式提供基础支撑与辅助动力。通常意义上，两岸政治关系主要是两个政权、政治体系、当局或公权力机关之间的互动，但两岸公权力机关不得不回应来自非政治领域的政治要求，同时两岸政策也必须获得足够多的社会支持。因此，融合模式能够为两岸平等模式提供动力，能够为消融模式提供支撑，使得两岸政治互动可持续。在纯粹两岸政治领域，一方面双方需要在一个中国原则的共同政治基础上持续探讨合情合理安排的可能方案，就两岸政治定位、结束政治对立、签署和平协议以及台湾的国际参与等难题展开探讨，或是在较为低阶的公共管理、两岸共同事务上进行平等互动与合作，为破解高阶政治难题积累能量；另一方面中央政府需要弥合法理与政治的落差，在不同领域扩大对台管辖，消融模式有其适用必要性。然而，平等模式与消融模式均有一定的局限性，首先在两岸政治领域面临诸多障碍，其次在非政治领域有其适用限度。而融合模式对于平等模式的作用在于其能够为两岸政治互动提供

"安全阀"，防范因为平等模式难以为继进而导致两岸滑向全面对抗的境地，更为积极的功能在于对两岸公权力机关协商谈判提供压力与助力。融合模式对于消融模式的作用在于消减或抵消中央权力的强制性所带来的负面效应，在更为积极意义上可以为融合模式累积基础、培育动力，这也使得中央政府的消融模式仍然是以对台湾民众的服务和吸引为主，而非以管理或惩戒为工具。

三、不同时空的模式调整

两岸复归统一是一个长期、复杂的过程，促进祖国和平统一的路径与模式不会是一成不变的，也应根据统一的环境变化与时空变迁而进行调整与转换。

在时间维度上，海峡两岸复杂互动的历史性变迁，乃是处在后冷战、全球化、第三波民主化等三股世界力量的汇合激流之中[①]。后冷战带来美国、中国大陆与台湾三边关系重新解构，美国逐步改善与中国大陆的关系，撤除对台湾的官方支持；全球化带动国际新分工体系，资本开始大量进出中国大陆，使中国大陆作为生产要素市场和消费市场的地位大幅提升，形成两岸及世界性的利益共生；台湾在内外潮流以及新兴经济力、社会力的推动下，走向民主化之路，逐渐形成相对稳定的政治社会互动体制，也约束着两岸关系发展的方向与范围，基本上决定着不同时期的模式

---

① 吴介民：《两岸的社会交流现象——"跨海峡治理场域"中的公民身份政治》，田弘茂、张显超：《两岸交流二十年：变迁与挑战》，台北名田文化2008年版，第234页。

选择。从历时性的视角来看，1979 年至 1992 年间基本是以消融模式为主、融合模式为辅的阶段，1992 年至 2000 年间是以平等模式为主、融合模式为辅的阶段，2000 年至 2008 年间则是以融合模式为主、消融模式为辅的时期，2008 年至 2016 年间基本上以平等模式与融合模式相互配合的历史机遇期，而自 2016 年民进党执政以来，大陆开启了消融模式与融合模式并重的新阶段。回顾过去 40 多年的促进祖国和平统一进程，既往的实践表明不能过分依赖和迷信单一模式，适时选择与调配不同模式有助于应对复杂的两岸形势，这是清晰而明确的历史经验与启示。未来促进祖国和平统一进程的模式整合在方向上应是较为明确的：继续深化消融模式，细化两岸融合模式，在重回"两岸同属一个中国"政治基础的前提下展开平等模式；当两岸融合达到一定规模和深度，对两岸政治协商谈判具有较高成功预期时，发挥平等模式的主导性以及融合模式的能动性，经由协议签署终结两岸关系法理与政治上的落差与不一致，实现形式统一与心理契合的有机统一。

在环境维度上，无论是立足于"均衡""协调""融合"及"吸纳"等去发挥统一模式的效能，还是从"冲突""分歧"及"矛盾"等处理角度去维持统一模式的方向，本质上都是在寻求统一模式与统一目标之间的动态性和谐，而统一目标的稳定性必须以实践中的路径与模式的多样性与可变性为支撑。统一模式不仅要根据环境、实力、资源、条件的变化进行适时的模式转换，还应能动地去调节或改变两岸关系的系统构成及内外环境，争取完全统一尽早实现。在错综复杂的国际环境下，应强化消融模式，强调中国的主权完整以及中央政府对台湾拥有不可动摇的权利，突出两岸在历史、文化、语言、民族等方面的同一性，推动国际社会实践"台湾是中华人民共和国的一部分"、"台湾人民是中国公民"的政策立场、行政管理及公共服务等。而在中央政府有效管辖的地区与场域，也应以消融模式为主体，同时根据两岸发展差异选择"先吸纳、再融合"或是"先融合、再吸纳"的模式调配：大陆在与台湾存在较大发展差距的历史阶段和部分地区可以在某些领域里先赋予台湾同胞适度的超额待遇，这有助于引导并增进台湾同胞在大陆地区的归属感与认同感，走"先吸纳、再融合"的以消融模式为先导去推进融合模式的道路；而在两岸发展差距与差异日益缩小的新时代和发达地区可以赋予台湾同胞同等居民待遇，则更有助于促进两岸同胞的社会融合与心灵契合，走"先融合、再吸纳"的以融合模式去促动消融模式的路径。在两岸间，中央政府也应坚持主导性与主动性战略：应在两岸具备共同政治基础时维持平等模式与融合模式的相互促进，以平等模式去逐步消除两岸政治分歧和融合障碍，以融合模式为平等模式形塑共识和累积支持，同时以消融模式来维持两岸间良性的制度竞争；应在两岸陷入政治僵局时强化消融模式以产生对台政治压力并挤压其"独立空间"，引导融合模式累积阻遏"台独"以及将台湾拉回正轨的力量，此时的平等模式则可能会发挥适得其反的效果，而以消融模式来稳固一个中国框架并消弭落差、以融合模式积能蓄势是较为合理的选择；可以预期的是，随着政党政治成为台湾内部政治常态，两岸在共同政治基础这一问题上不可避免地会出现波折，这也意味着大陆不能失去主导性和主体性，促进祖国和平统一也就不可能依赖单一路径，如不能在国民党执政期间仅寄希望于平等模式，或在民进党执政时只强调消融模式，必须在统一目标指引下维持统一模式的动态性整合，进而才能保障两岸关系围绕着和平统一这一方向不断"螺旋上升"。

主要参考文献

一、论文

1.Bolt, Paul J. Economic Ties Across the Taiwan Strait: Buying Time for Compromise[J]. *Issues & Studies*, 2001, 37(2).

2.Bonnie S. Glaser and Jacqueline Vitello, "Xi Jinping's Great Game: Are China and Taiwan Heading towards Trouble?" *National Interest*, July 16, 2015, http://nationalinterest. org/feature/xi-jinpings-great-game-are-china-taiwan-headed-towards-13346.

3.Brad R.Roth(2009),Entity That Dare Not Speak Its Name:Unrecognized Taiwan as a Right-Bearer in the International Legal Order[J]. *East Asian Law View*,Vol.4:112.

4.Brown D A, Cheng T. Religious relations across the Taiwan Strait: Patterns, alignments, and political effects[J]. *Orbis*, 2012, 56(1) .

5.Bruce Gilley. Not So Dire Straits[J]. *Foreign Affairs,* 2010,89(1).

6.Chang G A, Wang T Y. Taiwanese or Chinese? Independence or Unification?An Analysis of Generational Differences in Taiwan[J]. *Journal of Asian & African Studies*, 2005, 40(1-2).

7.Chang P H. Beijing's Unification Strategy toward Taiwan and Cross—Strait Relations[J]. *Korean Journal of Defense Analysis*, 2014, 26(3).

8.Chao, Chien-Min. Will Economic Integration between Mainland China and Taiwan Lead to a Congenital Political Culture? [J] *Asian Survey*. 2003,43(2).

9.Chen R L. Beyond national identity in Taiwan: A multidimensional and evolutionary conceptualization[J]. *Asian Survey*, 2012, 52(5).

10.Chen D P. US–China Rivalry and the Weakening of the KMT's "1992 Consensus" Policy: Second Image Reversed, Revisited[J]. *Asian Survey*, 2016, 56(4).

11.Chiang M H. Cross-Strait economic integration in the regional political economy [J] . *International Journal of China Studies*, 2011, 2(3): 681.

12.Clark C, Tan A C. Political polarization in Taiwan: a growing challenge to catch-all parties?[J]. *Journal of Current Chinese Affairs*, 2012, 41(3).

13.Clough, Ralph N. *Cooperation or Conflict in the Taiwan Strait?*.Rowman & Littlefield, 1998.

14.Dean P. Chen. Liberal Internationalism, Jacksonian Nationalism, and the US One China Policy[J]. *Asian Survey*, 2017, 57(5).

15.Dean P. Chen. Constructing Peaceful Development: The Changing Interpretations of "One China" and Beijing's Taiwan Strait Policy[J]. *Asian Security*, 2014,10(1).

16.DeLisle, Jacques. (2010). Soft Power in a Hard Place: China, Taiwan, Cross-Strait Relations and US Policy. *Orbis* 54(4).

17.Denny Roy. Collision Course: The Looming U.S.-China Showdown over Taiwan [J]. *National Interest*, February 21, 2015, http://www.nationalinterest.org/feature/collision-course-the-looming-us-china-showdown-overtaiwan-12293.

18.Donald G. Palmer,Jr., Taiwan: De Jure or Not De Jure? That is the Question. An Analysis of Taiwan's Legal Status Within the International Community[J]. John F. Kennedy University Law Review, 1996.7(1).

19.Fell D J. Taiwan's Democracy: Towards a Liberal Democracy or Authoritarianism? [J]. *Journal of Current Chinese Affairs*, 2010, 39(2).

20.Fong, Brian CH. "One Country, Two Nationalisms: Center-Periphery Relations between Mainland China and Hong Kong," 1997–2016 [J]. *Modern China* ,2017, 43(5).

21.Friedberg, A. Ripe for Rivalry: Prospects for Peace in a Multipolar Asia[J]. *International Security,* 1993,18 (3).

22.Fuller D B. The Cross-Strait economic relationship's impact on development in Taiwan and China: Adversaries and partners[J]. *Asian Survey*, 2008, 48(2).

23.Gilley B. Not So Dire Straits: How the Finlandization of Taiwan Benefits U.S. Security[J]. *Foreign Affairs*, 2010, 89(1).

24.Hickey D V. Wake up to reality: Taiwan, the Chinese mainland and peace across the Taiwan Strait[J]. *Journal of Chinese Political Science*, 2013, 18(1).

25.Hsiung J C. The age of geoeconomics, China's global role, and prospects of cross-strait integration[J]. *Journal of Chinese Political Science*, 2009, 14(2).

26.Hung H, Kuo H. "One country, two systems" and its antagonists in Tibet and Taiwan[J]. *China Information*, 2010, 24(3).

27.Hu R W. The TRA, Cross-Strait Relations, and Sino-US Relations: Searching for Cross-Strait Stability[A]. The Future of United States, China, and Taiwan Relations[M]. Palgrave Macmillan, New York, 2011: 53-69.

28.Huang C H, James P. Blue, Green or Aquamarine? Taiwan and the Status Quo Preference in Cross-Strait Relations[J]. *The China Quarterly*, 2014, 219.

29.HUNG T C. Buying Hearts and Minds: China's Proxy Agent in Taiwan[J]. アジア研究，2017, 63(3): 1-11.

30.Hok-wui Wong S, Wu N. Can Beijing Buy Taiwan? An empirical assessment of Beijing's agricultural trade concessions to Taiwan[J]. *Journal of Contemporary China*, 2016, 25(99).

31.Ian Rowen .The Geopolitics of Tourism: Mobilities, Territory, and Protest in China, Taiwan, and Hong Kong, *Annals of the American Association of Geographers*, 2016,106(2):385-393.

32.Joseph S. Nye, Jr.. Redefining the National Interest [J]. *Foreign Affairs*, 1999, 78(4).

33.Lai C. Dancing with the Wolf: Securitizing China–Taiwan Trade in the ECFA

Debate and Beyond[J]. *Asian Security*, 2018: 1-19.

34.Lan P C, Wu Y F. Exceptional membership and liminal space of identity: Student migration from Taiwan to China[J]. *International Sociology*, 2016, 31(6).

35.Le Pesant, Tanguy ,Generational Change and Ethnicity among 1980s-born Taiwanese[J]. *Journal of Current Chinese Affairs*, 2011,40(1).

36.Lech Antonowicz, International Legal Status of the Republic of China on Taiwan, *Polish Yearbook of International Law*, 1997-1998,23:200.

37.Leng, T. A Political Analysis of Taiwan's Economic Dependence on Mainland China[J]. *Issues & Studies, 1998,34* (8).

38.Li C. New Leaders with Old Lenses? China's Conflict Frames Toward Taiwan, 2003-2013 [J]. *Journal of Chinese Political Science*, 2015, 20(1).

39.Lieberthal Kenneth. Preventing a War over Taiwan[J]. *Foreign Affairs*, 2005, 84(2).

40.Lin, Jih-wen. Two-level games between rival regimes: domestic politics and the remaking of cross-Strait relations [J]. *Issues and Studies*, 2000, 36.

41.Lowell Dittmer.Bush,China,Taiwan: A Triangular Analysis[J]. *Journal of Chinese Political Science*, 2005, 10(2).

42.Lung-chu Chen and W. M. Reisman. Who Owns Taiwan: A Search for International Title[J]. *The Yale Law Journal*,1972,81(4).

43.Jackman, M. R., & Crane, M. "Some of my best friends are black..." : interracial friendship and whites' racial attitudes[J]. *Public Opinion Quarterly* 1986, 50(4) .

44.Kaeding, Malte Philipp. The Rise of Localism in Hong Kong[J]. *Journal of democracy*, 2017, 28(1):.

45.Kastner S L. Is the Taiwan Strait still a flash point? Rethinking the prospects for armed conflict between China and Taiwan[J]. *International Security*, 2016, 40(3).

46.Keng S, Chen L, Huang K. Sense, sensitivity, and sophistication in shaping the future of cross-Strait relations[J]. *ISSUES AND STUDIES*, 2006, 42(4).

47.Keng S, Schubert G. Agents of Taiwan-China unification? the political roles of

Taiwanese business people in the process of Cross-Strait integration[J]. *Asian Survey*, 2010, 50(2): 287-310.

48.Keng S, Tseng J Y C, Yu Q. The Strengths of China's Charm Offensive: Changes in the Political Landscape of a Southern Taiwan Town under Attack from Chinese Economic Power[J]. *The China Quarterly*, 2017, 232: 956-981.

49.Lee K C, Tzeng W, Ho K, et al. Against Everything Involving China? Two Types of Sinophobia in Taiwan[J]. *Journal of Asian and African Studies*, 2017,00(0).

50.Li Y. Constructing peace in the Taiwan Strait: a constructivist analysis of the changing dynamics of identities and nationalisms[J]. *Journal of Contemporary China*, 2014, 23(85).

51.Lin, Gang.Beijing's New Strategies toward a Changing Taiwan[J]. *Journal of Contemporary China*, 2016, 25(99).

52.Mario Arturo Ruiz Estrada, Donghyun Park. China's unification: Myth or reality? [J]. *PANOECONOMICUS,* 2014, 4.

53.Pan H H, Wu W C, Chang Y T. How Chinese Citizens Perceive Cross-Strait Relations: Survey Results from Ten Major Cities in China[J]. *Journal of Contemporary China*, 2017, 26(106).

54.Pettigrew, T. F. Intergroup contact theory[J]. *Annual Review of Psychology*, 1998, 49(1).

55.Phillip C. Saunders, Scott L. Kastner. Bridge over Troubled Water? Envisioning a China-Taiwan Peace Agreement[J]. *International Security*, 2009, 33(4),

56.Qi D. Globalization, social justice issues, political and economic nationalism in Taiwan: an explanation of the limited resurgence of the DPP during 2008–2012 [J]. *The China Quarterly*, 2013, 216.

57.Robert Putnam.Dipolomacy and Demestic Politics: The Logig of Two-Level Game [J]. *Internataional Organization,* 1988,42(3).

58.Ross R S. Navigating the Taiwan Strait: Deterrence, Escalation Dominance, and U.S.-China Relations [J]. *International Security*, 2002, 27(2).

59.Robert S.Ross. Taiwan's Fading Independence Movement[J]. *Foreign Affairs*, 2006, 85(2).

60.Rowen I. Tourism as a territorial strategy: The case of China and Taiwan[J]. *Annals of Tourism Research*, 2014, 46.

61.Sheryn Lee, Benjamin Schreer. The Taiwan Strait: Still Dangerous[J]. *Survival*, 2013, 55(3).

62.Sophie McINTYRE. The Art of Diplomacy: The Role of Exhibitions in the Development of Taiwan-China Relations[J]. *Journal of Curatorial Studies*, 2015, 4(1).

63.Stein, R. M., Post, S. S. & Rinden, A. L. Reconciling context and contact effects on racial attitudes[J]. *Political Research Quarterly*, 2000, 53(2).

64.Stephen Lee. American Policy toward Taiwan: the Issue of De Facto and De Jure Status of Taiwan and Sovereignty[J], *Buffalo Journal of International Law,* 1995-1996, 2.

65.Steve Allen. Statehood, Self-determination and the "Taiwan Question" [J] *Asian Yearbook of International Law*, 2000,9.

66.Steve Chan.Extended Deterrence in the Taiwan Strait: Learning from Rationalist Explanations in International Relations[R] .*world Affairs*, 2003,166(2).

67.Tesser, Mark, Carrie Konold, and Megan Reif, Political Generations in Developing Countries: Evidence and Insights from Algeria[J]. *Public Opinion Quarterly*, 2004, Vol.68(2).

68.Tsai M C, Chang C. China-bound for jobs? the influences of social connections and ethnic politics in Taiwan[J]. *The China Quarterly*, 2010, 203.

69.Tucker N B. If Taiwan chooses unification, should the United States care?[J]. *Washington Quarterly*, 2002, 25(3).

70.Wang C C. Primordialism, Instrumentalism, Constructivism: Factors Influencing Taiwanese People's Regime Acceptance of Mainland China's Government[J]. *Journal of Contemporary China*, 2018, 27(109).

71.Wang T Y, Cheng S. Taiwan citizens' view of China: what are the effects of cross-strait contacts?[J]. *Journal of East Asian Studies*, 2017, 17(2).

72.Wei C. China's Economic Offensive and Taiwan's Defensive Measures: Cross-Strait Fruit Trade, 2005–2008 [J].*The China Quarterly*, 2013,215.

73.Wenger J, Chen M. Prospects for Cross-Strait Political Negotiation: Exploring Win-Sets[J]. *The China Quarterly*, 2017, 232.

74.Wu C, Su X, Tsui H C. Threats, acceptance, and ambivalence in cooperation: The image of China in Taiwan[J]. *East Asia*, 2014, 31(4).

75.Wei Y. From" Multi-System Nations" to" Linkage Communities": A New Conceptual Scheme for the Integration of Divided Nations[J]. *Issues and Studies*, 1997, 33(10).

76.Wong K T W. The emergence of class cleavage in Taiwan in the twenty-first century: the impact of cross-Strait economic integration[J]. *Issues & Studies*, 2010, 46(2): 127-172.

77.Wu C, Su X, Tsui H C. Threats, acceptance, and ambivalence in cooperation:The image of China in Taiwan[J]. *East Asia*, 2014, 31(4) .

78.Yang W Y. The China Complex in Taiwan: The Tug of War Between Identity and Interest[J]. *Issues & Studies*, 2016, 52(01).

79.Yitan Li. Constructing Peace in the Taiwan Strait: a constructivist analysis of the changing dynamics of identities and nationalisms[J]. *Journal of Contemporary China*, 2014, 23(85)..

80.Yu Y W, Yu K C, Lin T C. Political Economy of Cross-Strait Relations: is Beijing's patronage policy on Taiwanese business sustainable?[J]. *Journal of Contemporary China*, 2016, 25(99).

81.Zhang, J. J.. Borders on the move: Cross-Strait tourists' material moments on "the other side" in the midst of rapprochement between China and Taiwan. *Geoforum*, 2013, 48:94–101.

82.Zhong Y. Explaining national identity shift in Taiwan[J]. *Journal of Contemporary China*, 2016, 25(99).

83.Chen C K. *Cross-strait economic ties,* Taiwan's *domestic politics, and China-*

Taiwan relations, 1990–2008［D］. Boston University, 2013.

84.Sergo Turmanidze, Status of the *De Facto State* in Public International Law–A Legal Appraisal of the Principle of Effectiveness［D］. Dissertation of University of Hamburg,2010.

85. 包淳亮：《台海两岸的权力、差异与关系》，《展望与探索》2003 年第 12 期。

86. 包宗和：《台海两岸互动之和平机制》，《远景季刊》2000 年第 1 期。

87. 蔡政修：《"一个中国原则"与台湾的国际空间：以民进党政府参与联合国的策略为例（2000—2008)》，《全球政治评论》2013 年第 1 期。

88. 曹德军：《制度、规范与网络：社会资本对两岸信任的建构效应》，《台湾研究》2015 年第 5 期。

89. 陈炳辉：《多数民众与共识民主——利普哈特的民主理论》，《江淮论坛》2012 年第 1 期。

90. 陈超、蔡一村、张遂新：《"实用主义的过客"：台湾青年在大陆社会融入的指标建构与现状评估》，《台湾研究集刊》2018 年第 1 期。

91. 陈重成：《全球化下的两岸社会交流与互动：一个从他者转向自身的历程》，《远景基金会季刊》2008 年第 1 期。

92. 陈德升、陈钦春：《两岸学术交流政策与运作评估》，《远景基金会季刊》2005 年第 2 期。

93. 陈孔立：《两岸之间的文化冲突》，《台湾研究集刊》2014 年第 1 期。

94. 陈铿任、吴建华：《是故乡，还是异乡？从东莞台校学生的学习经验看台商子女的身份认同意象》，（台湾）《师大学报：教育类》2006 年第 51 期。

95. 陈光辉：《民主经验与民主价值——两个时代台湾大学生之比较》，《台湾民主季刊》2010 年第 4 期。

96. 陈光兴：《两岸"分断"体制：回应白乐晴教授》，《台湾社会研究季刊》2008 年第 9 期。

97. 陈鸿瑜：《新南向政策效果往上提升》，《展望与探索（台北)》2007 年第 8 期。

98. 陈丽君：《香港与内地融合过程中的冲突及其原因》，《探索与争鸣》2012 年第 6 期。

99.陈陆辉、陈映男、王信贤：《经济利益与符号态度：解析台湾认同的动力》，《东吴政治学报》2012 年第 3 期。

100.陈陆辉等：《理性自立或感性认同？影响台湾民众两岸经贸立场因素的分析》，《东吴政治学报》2009 年第 2 期。

101.陈先才：《两岸特色民间社会融合问题研究》，《台湾研究集刊》2014 年第 4 期。

102.陈先才：《刘国深.两岸社会一体化的理论架构与实现路径》，《台湾研究集刊》2010 年第 6 期。

103.陈云林：《发展两岸关系是我们共同的愿景——戊寅新春寄语台湾同胞》，《两岸关系》1998 年第 1 期。

104.初国华：《全球化与两岸关系新愿景》，《中国大陆研究》2008 年第 4 期。

105.戴东清：《一个中国内外有别对台湾之适用性的探讨》，《中国大陆研究》2001 年第 6 期。

106.戴耀廷：《论一国两制下的分权关系——兼谈对香港基本法草案征求意见稿的一些看法》，《法学评论》1989 年第 2 期。

107.邓利娟：《现阶段两岸经贸关系的困局与前景》，《台湾研究》2017 年第 6 期。

108.丁宇：《72 小时爱上一座城——台湾网红趴趴走活动湖州行》，《两岸关系》2017 年第 11 期。

109.董立文：《跨世纪两岸关系的发展前景——国家统一的前提是民主》，《中国大陆研究》1999 年第 9 期。

110.高兆明：《多元社会的价值冲突与政治正义》，《江苏社会科学》2000 年第 6 期。

111.耿曙：《经济扭转政治？中共"惠台政策"的政治影响》，《问题与研究》2009 年第 3 期。

112.耿曙、曾于蓁：《中共邀访台湾青年政策的政治影响》，《问题与研究》2010 年第 3 期。

113.耿曙、陈陆辉：《两岸经贸互动与台湾政治版图：南北区块差异的推手？》，《台北问题与研究》2003 年第 6 期。

114. 关弘昌：《从国际关系理论看两岸和平协议之签订》，《全球政治评论》2011 年第 34 期。

115. 郭秋永：《权力的概念》，《人文及社会科学集刊》2006 年第 2 期。

116. 郭伟峰：《习近平十九大对台方略与两岸未来三十年思考》，《中国评论》2018 年第 1 期。

117. 郭震远：《加快塑造中国统一大势的探讨》，《中国评论》2018 年第 1 期。

118. 胡宁生：《国家治理现代化：政府、市场和社会新型协同互动》，《南京社会科学》2014 年第 1 期。

119. 胡伟、李德国：《异质社会政治秩序的建构——"交叉压力"假说的理论脉络与解析》，《中国社会科学》2006 年第 4 期。

120. 黄嘉树：《两岸和平问题研究》，《教学与研究》2007 年第 7 期。

121. 黄嘉树：《两岸政治谈判的动力、阻力与路径》，《台湾研究》2010 年第 6 期。

122. 黄居正：《国际航空运送人责任规范之理论与实践——名古屋地裁华航空难诉讼判决评释》，《台湾国际法季刊》2005 年第 2 期。

123. 黄宝瑛：《两岸政教关系中的宗教交流：以慈济模式为例 (1991—2008) 》，《真理大学人文学报》2009 年第 8 期。

124. 黄健群：《木马屠城或经济活水？陆资来台投资路径与政商协力网络》，《台湾社会学会通讯》2015 年第 83 期。

125. 洪财隆：《木马屠城之假戏真做——关于 ECFA 的迷思与争议》，《新社会政策》2009 年第 3 期。

126. 康仙鹏：《两岸治理——"两岸关系"思维的检视与突破》，《台湾研究集刊》2010 年第 4 期。

127. 柯胜挥、陈柏钧：《企业赴大陆直接投资对两岸贸易影响之研究——以台湾传统产业为例》，《华人经济研究》2015 年第 1 期。

128. 李彬：《世代政治视角下台湾青年国家认同问题》，《当代青年研究》2015 年第 4 期。

129. 李非：《论 21 世纪初两岸经济合作发展趋向》，《台湾研究集刊》2000 年第 1 期。

130. 李航飞、韦素琼、陈松林、等：《经贸视角下中国台湾"新南向政策"分析——基于 SNA 和 VAR 方法》，《地理科学》2018 年第 1 期。

131. 李红梅、许振、黄蓉：《"四力"博弈下的新南向政策问题研究》，《台湾研究》2017 年第 4 期。

132. 李建兴：《夹缝求生！1000 个台师变陆师》，《远见杂志》2018 年第 4 期。

133. 李玲、江宇：《有为政府、有效市场、有机社会——中国道路与国家治理现代化》，《21 世纪》2014 年第 6 期。

134. 李莉琴、王彪：《两岸媒体"交互式"融合的鲜活样本——《厦门日报》探索与台湾媒体深度交流新模式》，《中国记者》2011 年第 1 期。

135. 李秘：《从联锁社群到社会网络：走向民间交流的两岸关系理论》，《台湾研究刊》2011 年第 6 期。

136. 李秘：《两岸政治关系初探：政府继承的视角》，《台湾研究集刊》2010 年第 1 期。

137. 李鹏：《绝对获益、相对获益与美国"维持现状"的台海政策》，《台湾研究集刊》2006 年第 2 期。

138. 李鹏：《"两岸一家亲"理念下的"将心比心"思维浅析》，《台湾研究》2015 年第 1 期。

139. 李炜：《台湾参与国际活动问题的再思考》，《台湾研究集刊》2010 年第 1 期。

140. 李义虎：《台湾定位问题：重要性及解决思路》，《中国评论》2014 年第 4 期。

141. 李振广、徐博东：《国民党重新执政后的大陆政策走向与两岸关系》，《北京联合大学学报（人文社会科学版）》2008 年第 6 期。

142. 李相：《"共议融媒体时代两岸新闻交流与合作"——第三届两岸媒体人北京峰会侧记》，《台声》2017 年第 23 期。

143. 李英明、赖皆兴：《从理性博弈向结构博弈转移：兼论两岸结构博弈》，《远景基金会季刊》2005 年第 4 期。

144. 李元起、黄若谷：《论特别行政区制度下的"剩余权力"问题》，《北方发现》2008 年第 2 期。

145. 廖心文：《周恩来与和平解决台湾问题的方针》，《党的文献》1994 年第 5 期。

146. 林琼盛、耿曙：《从"安全"与"利益"的两岸中解套：再思两岸关系中的市场力量》，《远景基金会季刊》2005 年第 4 期。

147. 林冈：《以"一国两制"的台湾模式规范两岸在统一前的政治关系》，《江苏行政学院学报》2014 年第 1 期。

148. 林明成：《迈向国际组织最近的路要经过北京》，《台北海峡评论》2008 年第 3 期。

149. 林正义：《冷战后美国与台海两岸互动关系初探》，《政治科学论丛》1992 年第 12 期。

150. 林宗弘：《再探台湾的世代政治：交叉分类随机效应模型的应用，1995—2010》，《人文及社会科学集刊》2015 年第 2 期。

151. 林宗弘：《失落的年代：台湾民众阶级认同与意识形态的变迁》，《人文及社会科学集刊》2013 年第 4 期。

152. 刘国深：《两岸政治僵局的概念性解析》，《台湾研究集刊》1999 年第 1 期。

153. 刘国深：《两岸互动中的美国因素》，《台湾研究集刊》2002 年第 3 期。

154. 刘国深：《两岸关系和平发展新课题浅析》，《台湾研究集刊》2008 年第 4 期。

155. 刘国深：《试论和平发展背景下的两岸共同治理》，《台湾研究集刊》2009 年第 4 期。

156. 刘国深：《推动两岸政治对话协商的问题与难点》，《台湾研究》2014 年第 1 期。

157. 刘国深：《习近平涉台论述的新两岸观》，《中国评论》2017 年第 12 期。

158. 刘国深、王贞威：《两岸化：台湾社会发展趋势探析》，《台湾研究》2015 年第 6 期。

159. 刘文秀：《欧洲一体化性质及特点》，《国际问题研究》2004 年第 2 期。

160. 刘凌斌：《世代政治学视角下"时代力量"与台湾青年时代的互动分析》，《中国青年研究》2017 年第 8 期。

161. 林佳龙：《台湾民主化与政党体系的变迁：精英与群众的选举连结》，《台湾政治学刊》2000 年第 12 期。

162. 林淑芬：《"人民"做主？民粹主义、民主与人民》，《政治与社会哲学评论》

2005 年第 12 期。

163. 林震：《论台湾民主化进程中的国家认同问题》，《台湾研究集刊》2001 年第 2 期。

164. 刘立行、郭育玮：《两岸新闻媒体交流之制度研究——新制度论视角》，《逢甲人文社会学报》2014 年第 29 期。

165. 刘隽：《中原文化太美了——记"寻根河南豫见历史"两岸网络达人及媒体采访活动》，《统一论坛》2016 年第 3 期。

166. 刘红：《两岸关系发展的里程》，《统一论坛》2015 年第 6 期。

167. 路阳、庄虔友、王鸿志：《坦桑联合过程和经验及其对两岸统一的启示——兼论建构"一国两制"的"台湾模式"》，《世界经济与政治论坛》2011 年第 2 期。

168. 罗国强：《美国〈与台湾关系法〉的立法特点与法律实效》，《太平洋学报》2015 年第 10 期。

169. 罗致政：《两岸和平协定的国际法政研析》，《台湾国际法季刊》2008 年第 4 期。

170. 罗致政：《联合国对"中国代表权"的法理争议》，《台湾国际法季刊》2006 年第 3 期。

171. 马天航、桑玉成：《两岸关系的清晰与模糊——基于"两岸一家亲"隐喻的考察》，《厦门大学学报（哲学社会科学版）》2018 年第 1 期。

172. 毛启蒙：《授权体制与分权形态："一国两制"台湾模式的基本矛盾与若干问题再探讨》，《台湾研究》2015 年第 4 期。

173. 孟昭昶：《联邦制？邦联制？海峡两岸整合的前瞻》，《政策月刊》2000 年第 9 期。

174. 彭付芝：《两岸统一路径探讨——构建"一国两制"台湾模式》，《现代台湾研究》2013 年第 4 期。

175. 秦亚青：《建构主义：思想渊源、理论流派与学术理念》，《国际政治研究》2006 年第 3 期。

176. 单玉丽：《美国退出 TPP 对蔡英文当局区域布局的影响及出路分析》，《台湾研究》2017 年第 3 期。

177. 思想者论坛:《深入探究十九大报告与两岸关系未来》,《中国评论》2018 年第 1 期。

178. 邵宗海:《"一国两制"在台湾存在发展空间的探讨——对 1991—2008 年台湾社会"一国两制"民调的解读》,《台湾研究集刊》2014 年第 4 期。

179. 史冬冬:《台湾报纸在两岸新形势下的多重角色与走向》,《厦门大学学报》2010 年第 5 期。

180. 孙代尧:《构建"一国两制"的"台湾模式"》,《国际政治研究》2012 年第 2 期。

181. 施正锋:《台湾民主化过程中的族群政治》,《台湾民主季刊》2007 年第 4 期。

182. 唐永红:《两岸经济合作的政治效应问题探讨》,《台湾研究》2014 年第 3 期。

183. 唐永红:《当前两岸制度性经济一体化的经济可行性考察》,《台湾研究集刊》2007 年第 1 期。

184. 唐永红:《两岸融合发展:内涵与作用、困境与路径》,《中国评论》2018 年第 2 期。

185. 田飞龙:《香港基本法模式下的中央与地方关系——分权与自治的视角》,《中国—瑞士"权利的纵向配置与地方治理"国际学术研讨会论文集》,2009 年。

186. 田兆元:《民俗研究的谱系观念与研究实践——以东海海岛信仰为例》,《华东师范大学学报(哲学社会科学版)》2017 年第 3 期。

187. 童振源:《两岸经济整合与台湾的国家安全顾虑》,《远景基金会季刊》2003 年第 3 期。

188. 汪道涵:《两岸对话与谈判是和平解决问题的唯一途径——纪念汪辜会谈十周年》,《台湾工作通讯》2003 年第 5 期。

189. 王鹤亭:《两岸政治定位的分歧处理及建议》,《台湾研究集刊》2009 年第 2 期。

190. 王鹤亭:《台湾地区政治民主化进程中的国家认同危机》,《党政论坛》2010 年第 2 期。

191. 王鹤亭:《两岸民间网络政治交流的内在机制与困境治理》,《台湾研究》

2016 年第 3 期。

192.王鹤亭:《两岸关系和平发展的社会机制探析》,《台湾研究集刊》2010 年第 2 期。

193.王嘉州:《来台陆生的政治态度与台湾主权接受程度》,《台湾政治学刊》2011 年第 2 期。

194.王嘉州:《短期来台交流陆生之社会接触与政治态度变迁初探》,《远景基金会季刊》2016 年第 4 期。

195.王嘉州、李侑洁:《赴陆交流对台湾学生统一意愿之影响》,《社会科学论丛》2012 年第 2 期。

196.王鹏、李毅:《论台湾的法律地位兼驳"台独"理论》,《河北法学》2001 年第 3 期。

197.王茹:《两岸命运共同体与两岸公共生活的建构——以两岸民众的沟通为中心》,《台湾研究集刊》2006 年第 6 期。

198.王茹:《"两岸族"台胞的社会身份认同与两岸命运共同体——从社会认同理论的本土文化心理机制出发的阐释》,《台湾研究集刊》2010 年第 1 期。

199.王绍光:《台湾民主政治困境,还是自由民主的困境?》,《台湾社会研究季刊》2007 年第 3 期。

200.王升:《李登辉关于两岸关系定位的主张之演变》,《台湾研究》1994 年第 3 期。

201.王文隆:《"中华民国"与加拿大断交前后政府的处置(1968—1970)》,《"国立"政治大学历史学报》2009 年第 11 期。

202.王学风、岑晖:《香港回归后国家民族教育的若干问题》,《教育评论》2008 年第 1 期。

203.王英津:《关于"一国两制"台湾模式的新构想》,《台湾研究集刊》2009 年第 2 期。

204.王英津:《推进两岸融合发展的理论问题刍议》,《中国评论》2018 年第 1 期。

205.王英津:《习近平对台思想:延续、突破和创新》,《中国评论》2018 年第 3 期。

206. 王英津：《论"国家—政府"分析框架下的两岸政治关系定位》，《台湾研究》2015 年第 6 期。

207. 王勇：《两岸经济关系发展回顾与展望》，《中国评论》2018 年第 3 期。

208. 王媛媛：《新常态下两岸经济融合发展的动力转换与路径选择》，《福建论坛》2016 年第 9 期。

209. 王晓波：《台胞国民化和两岸一体化——也论台湾社会统一动力的重建》，《海峡评论》2006 年第 8 期。

210. 魏镛：《迈向民族内共同体：台海两岸互动模式之建构、发展与检验》，《中国大陆研究》2002 年第 5 期。

211. 翁崇闽：《两岸新闻交流之使命——互构两岸真实形象》，《东南传播》2009 年第 6 期。

212. 吴大英：《评主权与"治权"分开》，《统一论坛》1995 年第 3 期。

213. 吴东野：《东西德双边贸易模式之探讨》，《问题与研究》1998 年第 1 期。

214. 吴金城：《特殊的两岸经济相互依赖关系与意涵》，《东亚论坛季刊》2009 年第 9 期。

215. 吴乃德：《面包与爱情：初探台湾民众民族认同的变动》，《台湾政治学刊》2005 年第 2 期。

216. 吴琬瑜、辜树仁、高承恕：《"隐形冠军模式"才是台湾该走的路》，《天下杂志》2017 年第 8 期。

217. 吴志中：《"一个中国"政策与台湾加入国际组织的资格》，《台湾国际法季刊》2006 年第 3 期。

218. 孙云：《试析两岸关系中的日本因素》，《世界经济与政治论坛》2001 年第 4 期。

219. 萧全政：《经济发展与台湾的政治民主化》，《台湾民主季刊》2004 年第 1 期。

220. 萧真美：《两岸印刷媒体交流与互动之检讨》，《中国大陆研究》2000 年第 9 期。

221. 谢贵文：《海峡两岸宗教交流的"保生大帝模式"》，《展望与探索》2011 年第 3 期。

222. 谢敏捷：《唯一选项或民主选择：台北、北京、华府关于两岸关系前景的争议》，《中国大陆研究》2001 年第 9 期。

223. 许淑幸：《大陆台商协会在两岸互动的角色研究》，《展望与探索》2003 年第 1 期。

224. 徐勇：《现代国家建构中的非均衡性和自主性分析》，《华中师范大学学报》2003 年第 5 期。

225. 徐勇：《"回归国家"与现代国家的建构》，《东南学术》2006 年第 4 期。

226. 徐行、薛琳：《1972 年 9 月中日政府首脑建交谈判述略》，《党的文献》2010 年第 4 期。

227. 颜建发：《当前两岸关系之问题与挑战：一个绿营观点》，《全球政治评论》2013 年第 43 期。

228. 杨伯江等：《国际变局中的台湾问题》，《现代国际关系》2003 年第 4 期。

229. 杨春方：《港澳与台湾"一国两制"模式比较研究》，《学术论坛》2003 年第 4 期。

230. 杨开煌、刘祥得：《社会接触及政治态度影响台湾民众对大陆印象、认知、政策评估之分析》，《远景基金会季刊》2011 年第 3 期。

231. 杨剑：《关于两岸关系和平发展与和平统一目标的理论思考》，《海峡评论》2008 年第 10 期。

232. 杨静茹、李松林：《试论习近平"两岸一家亲"新理念》，《思想理论教育导刊》2017 年第 11 期。

233. 杨志诚：《新世纪的两岸关系：武力统一或和平统一？》，《逢甲人文社会学报》2000 年第 1 期。

234. 殷存毅、吴维旭：《分享与融合："一带一路"与深化两岸经济关系的新趋势》，《台湾研究》2018 年第 1 期。

235. 余克礼：《"一国两制"是实现祖国完全统一的最佳模式》，《台湾研究》1998 年第 3 期。

236. 俞可平：《走向国家治理现代化——论中国改革开放后的国家、市场与社会关系》，《当代世界》2014 年第 10 期。

237. 曾建元：《台湾及两岸关系在台湾（"中华民国"）法制上的定位》，《台湾国际法季刊》2008 年第 4 期。

238. 曾建元：《以商围政、以民逼官——两岸政经关系与台商政策》，《共党问题研究》2000 年第 5 期。

239. 曾怡仁、张惠玲：《区域整合理论的发展》，《问题与研究》2000 年第 5 期。

240. 曾于蓁：《大陆对台农鱼采购政策变化："契作"机制及其效果》，《问题与研究》2015 年第 1 期。

241. 赵春山：《建构跨世纪的两岸关系》，《中国大陆研究》1999 年第 9 期。

242. 赵春山：《习近平的对台政策方略》，《中国评论》2017 年第 12 期。

243. 赵阶琦：《中日复交谈判述说》，《日本研究》1998 年第 3 期。

244. 赵雅丽：《政治主导下两岸电视文化交流的迷思》，《新闻学研究》1998 年第 57 期。

245. 张春英：《中共关于海峡两岸谈判思路及政策发展演变的轨迹》，《党史研究与教学》2000 年第 3 期。

246. 张冠华：《两岸经济社会融合发展的内涵与路径探讨》，《台湾研究》2017 年第 4 期。

247. 张素桂：《两岸电视媒体合作探析——从〈福建行·两岸情〉说起》，《东南传播》2008 年第 4 期。

248. 张家麟：《大陆福建"宗教文化"暨"宗教旅游"节庆之政经分析》，《展望与探索》2009 年第 7 期。

249. 张家麟：《大陆宗教团体历年来从事两岸交流之研究》，《"行政院大陆委员会"委托研究》，2008 年。

250. 张家麟：《论当前两岸基督宗教交流困境及前景》，《真理大学人文学报》2005 年第 3 期。

251. 章念驰：《两岸关系必须坚持与时俱进》，《现代台湾研究》2003 年第 5 期。

252. 张文生：《海峡两岸"第三主体"的建构》，《台湾研究集刊》2014 年第 2 期。

253. 张文生：《"中华民国第二共和宪法草案"评析》，《台湾研究集刊》2007 年第 3 期。

254. 张五岳：《推动两岸合作机制的策略布局：从朝野对话到社会共识的建立》，蔡朝明主编：《马"总统"执政后的两岸新局：论两岸关系新路向》，《台北远景基金会》，2009 年。

255. 张珣：《台湾的妈祖信仰——研究回顾》，《新史学》1995 年第 4 期。

256. 张亚中：《一中三宪：重读邓小平的"和平统一、一国两制"》，《中国评论》2009 年第 8 期。

257. 张祖谦：《国际格局和台湾问题》，《台湾研究》1998 年第 3 期。

258. 郑学党、华晓红、庄芮：《亚太区域经济一体化与两岸共同参与策略选择》，《宁夏社会科学》2017 年第 2 期。

259. 郑振清、巫永平：《海峡两岸特殊关系的法理解释——国际法"政府继承"理论与两岸政府继承特殊形式探析》，《公共管理评论》2011 年第 2 期。

260.《中央党校原常务副校长郑必坚接受本刊专访：两岸关系的昨天、今天、明天》，《瞭望》2010 年第 2 期。

261. 周叶中：《论构建两岸关系和平发展框架的法律机制》，《法学评论》2008 年第 3 期。

262. 周叶中、祝捷：《关于大陆和台湾政治关系定位的思考》，《河南省政法管理干部学院学报》2009 年第 3 期。

263. 周叶中、祝捷：《两岸治理：一个形成中的结构》，《法学评论》2010 年第 6 期。

264. 周颖：《内战中适用武装冲突法有关问题的探讨》，《西安政治学院学报》2004 年第 1 期。

265. 周育仁：《论两岸经济整合与共治》，《两岸共同市场基金会通讯》2004 年第 3 期。

266. 朱磊、蔡礼辉、陈锦涵：《两岸社会融合发展初探》，《台海研究》2017 年第 4 期。

267. 朱云汉：《台湾民主发展的困境与挑战》，《台湾民主季刊》2004 年第 1 期。

268. 庄吟茜：《"一国两制"在台湾的污名化：剖析与澄清》，《台湾研究》2016 年第 1 期。

269. 蔡宜静：《咫尺天涯：大陆 80 后与台湾人的社会接触》，政治大学东亚研究所学位论文，2010 年。

270. 陈冠铮：《中共对台宗教文化战略——以妈祖信仰为例》，国防大学战略研究所硕士学位论文，2014 年。

271. 陈朝政：《台商在两岸的流动与认同：经验研究与政策分析》，台北：东吴大学政治学系博士论文，2005 年。

272. 耿圣淳：《南台湾青年对中国大陆认知与就业发展》，中山大学公共事务管理研究所学位论文，2016 年。

273. 林新棠：《社会接触及旅游体验对台湾的意象之研究：以中国大陆游客为研究案例》，中国文化大学硕士学位论文，2013 年。

274. 刘文斌：《台湾国家认同变迁下的两岸关系》，政治大学博士学位论文，2004 年。

275. 罗智强：《中华民国（或台湾）国际法地位争议之研究》，政治大学法律系学士后法学组硕士论文，2004 年。

276. 王如经：《两岸宗教交流对台湾人民在国家认同之影响：以朴子配天宫为例》，中正大学战略暨国际事务研究所学位论文，2014 年。

277. 闫志新：《欧盟政治一体化面临的挑战及发展趋势》，西北师范大学，2014 年。

二、著作

1. Allport, G. W. *The Nature of Prejudice* [M]. Garden City, NJ: Doubleday. 1954.

2. Carpenter T G. *America's coming war with China : a collision course over Taiwan* [M]. Palgrave Macmillan, 2005.

3. Copper J F. *Playing with fire: The looming war with China over Taiwan* [M]. Greenwood Publishing Group, 2006.

4. Clough, Ralph N. *Cooperation or Conflict in the Taiwan Strait?* [M]. Rowman & Littlefield, 1998.

5. Hannah Arendt. *On Violence* [M]. Newyork:Harcourt,Brace and World,1970.

6.Hughes C. *Taiwan and Chinese nationalism: national identity and status in international society*［M］. Routledge, 2013.

7.Karl Mannheim, *The Problem of Generations*［A］, in Paul Kecskemeti, ed., *Essays on the Sociology of Knowledge*［C］. London: Routledge & Kegan Paul.1928.

8.Malcolm N. *Shaw: International Law(6th ed.)*,Cambridge University Press,2008.

9.Muyard F. *Taiwanese national identity, cross-strait economic interaction, and the integration paradigm, National Identity and Economic Interest*［M］. Palgrave Macmillan, New York, 2012.

10.Shen S C. *Democracy and Nation Formation: National Identity Change and Dual Identity in Taiwan, 1991-2011*［M］. Columbia University, 2013.

11.Schubert,G. (Ed.).*Taiwan and The "China Impact": Challenges and Opportunities*［M］. Routledge, 2015.

12.Su Chi. Taiwan's *Relations with Mainland China: A Tail Wagging Two Dogs*［M］.London and New York, Routledge, 2008.

13.Tsang, Steve, ed. Taiwan's *Impact on China: Why Soft Power Matters More Than Economic Or Political Inputs*［M］. Springer, 2017.

14.T.Spybey. *Globalization and World Society*［M］. Cambridge: Polity Press, 1996.

15.Weixing Hu, ed. *New Dynamics in Cross–Taiwan Strait Relations: How Far Can the Rapprochement Go?*［M］. Hoboken, N.J.: Taylor and Francis, 2013.

16.Wu N. *Will economic integration lead to political assimilation?*［M］. National Identity and Economic Interest. Palgrave Macmillan, New York, 2012.

17.［美］阿伦·利普哈特:《民主的模式:36 个国家的政府形式和政府绩效》,北京大学出版社 2006 年版。

18.［澳］阿尔弗雷德·菲德罗斯等:《国际法（上册)》,李浩培译,商务印书馆 1981 年版。

19.［美］艾伦·G. 约翰逊:《见树又见林:社会学与生活》,喻东、金梓译,中国人民大学出版社 2008 年版。

20.［英］安东尼·吉登斯:《社会的构成:结构化理论纲要》,李康、李猛译,中国人民大学出版社 2016 年版。

21.[意] 安东尼奥·卡塞斯:《国际法》,法律出版社 2009 年版。

22.包宗和:《台海两岸互动的理论与政策面向(一九五零——一九八九)》,台北三民书局 1990 年版。

22.包宗和、吴玉山:《重新检视争辩中的两岸关系理论》,台北五南图书 2009 年版。

23.[德] 贝娅特·科勒—科赫、托马斯·康策尔曼、米歇勒·克诺特:《欧洲一体化与欧盟治理》,中国社会科学出版社 2004 年版。

24.[美] 彼得·J.卡赞斯坦:《文化规范与国家安全:战后日本警察与自卫队》,李小华译,新华出版社 2002 年版。

25.陈孔立:《台湾学导论》,台北博扬文化 2000 年版。

26.[美] 丹尼斯·朗:《权力论》,陆震纶、郑明哲译,中国社会科学出版社 2001 年版。

27.[美] 丹尼尔贝尔:《资本主义文化矛盾》,生活·读书·新知三联书店 1989 年版。

28.《邓小平文选》(第三卷),人民出版社 1993 年版。

29.范宏云:《国际法视野下的国家统一研究:兼论两岸统一过渡期法律框架》,广东人民出版社 2008 年版。

30.[美] 汉斯·凯尔森:《国际法原理》,华夏出版社 1989 年版。

31.[美] 汉斯·摩根索:《国家间政治——寻求权力与和平的斗争》,中国人民公安大学出版社 1990 年版。

32.洪泉湖、谢政谕:《百年来两岸民族主义的发展与反省》,台北东大图书 2002 年版。

33.黄昭元:《两国论与台湾国家定位》,台北学林出版社 2000 年版。

34.[日] 加藤节:《政治与人》,唐士其译,北京大学出版社 2003 年版。

35.[英] 凯特·纳什、阿兰·斯科特:《布莱克维尔政治社会学指南》,李雪、吴玉鑫、赵蔚译,浙江人民出版社 2007. 年版。

36.[英] 劳特帕特修订:《奥本海国际法》(上卷 平时法 第一分册),王铁崖、陈体强译，商务印书馆 1981 年版。

37.[英] 劳特帕特修订：《奥本海国际法（上卷 平时法 第二分册)》，王铁崖、陈体强译，商务印书馆 1981 年版。

38.李登辉：《台湾的主张》，台北远流出版社 1999 年版。

39.李家泉：《台海风云六十年（上册)》，九州出版社 2010 年版。

40.李鹏：《海峡两岸经济互赖之效应研究》，九州出版社 2010 年版。

41.李鹏：《海峡两岸关系析论——以和平发展为主题之研究》，鹭江出版社 2009 年版。

42.李义虎：《"一国两制"台湾模式》，人民出版社 2015 年版。

43.李英明：《重构两岸与世界图像》，台北生智文化出版社 2002 年版。

44.李宗荣、林宗弘：《未竟的奇迹：转型中的台湾经济与社会》，台北"中央研究院" 2017 年版。

45.刘国深：《台湾政治概论》，九州出版社 2006 年版。

46.卢晓衡：《中国对外关系中的台湾问题》，经济管理出版社 2002 年版。

47.[美] 罗伯特·达尔：《民主理论的前言》，生活·读书·新知三联书店 1999 年版。

48.[美] 罗伯特·基欧汉、约瑟夫·奈：《权力与相互依赖》，门洪华译，北京大学出版社 2002 年版。

49.[英] M.阿库斯特：《现代国际法概论》，汪瑄、朱奇武、余叔通、周仁译，中国社会科学出版社 1981 年版。

50.[美] 马克·E.沃伦：《民主与信任》，吴辉译，华夏出版社 2004 年版。

51.[美] 玛莎·费丽莫：《国际社会中的国家利益》，袁正清译，浙江人民出版社 2001 年版。

52.[英] 迈克尔曼：《民主的阴暗面》，中央编译出版社 2016 年版。

53.潘国华、李义虎、张植荣：《香港模式与台湾前途》，世界知识出版社 2010 年版。

54.[美] 乔纳森·特纳：《社会学理论的结构》（第 6 版·下），邱泽奇等译，华夏出版社 2001 年版。

55.[美] 乔纳森·特纳、简·斯戴兹：《情感社会学》，孙俊才、文军译，上海人民出版社 2007 年版。

56.瞿海源：《台湾宗教变迁的社会政治分析》，台北桂冠书局 1997 年版。

57.[日] 若林正丈：《转型时期的台湾"脱内战化"的政治》，台北稻乡出版社 1989 年版。

58.沈宗瑞：《国家与社会："中华民国"的经验分析》，台北韦伯文化 2001 年版。

59.邵津：《国际法》，北京大学出版社 2000 年版。

60.[美] 斯科特·戈登：《控制国家——西方宪政的历史》，应奇等译，江苏人民出版社 2001 年版。

61.苏永钦：《走向宪政主义》，台北联经出版社 1994 年版。

62.孙代尧：《台湾威权体制及其转型研究》，中国社会科学出版社 2003 年版。

63.台湾教授协会：《台湾国家定位论坛》，台北前卫出版社 2009 年版。

64.台湾地区"行政院大陆委员会"：《中国大陆研究基本手册》，台北"陆委会"2002 年版。

65.陶文钊：《中美关系史（下卷)》，上海人民出版社 2004 年版。

66.田弘茂、张显超：《两岸交流二十年：变迁与挑战》，台北名田文化 2008 年版。

67.田作高等：《信息革命与世界政治》，商务印书馆 2006 年版。

68.吴新兴：《海峡两岸交流》，台北"国立"编译馆 1998 年版。

69.王晓波：《两岸关系论集》，台北海峡学术出版社 1997 年版。

70.王英津：《国家统一模式研究》，台北博扬文化 2004 年版。

71.王沪宁：《政治的逻辑——马克思主义政治学原理》，上海人民出版社 1994 年版。

72.[德] 沃尔夫刚·格拉夫·魏智通：《国际法》（2001 年第 2 版），吴越、毛晓飞译，法律出版社 2002 年版。

73.[美] 西摩·马丁·李普赛特：《政治人》，张绍宗译，上海人民出版社 1997 年版。

74. 徐庆雄：《中华民国如何成为国家》，台北前卫出版社 2001 年版。

75. [美] 亚历山大·温特：《国际政治的社会理论》，秦亚青译，上海人民出版社 2000 年版。

76. 许世铨：《十年观察：激荡中的台湾问题》，九州出版社 2007 年版。

77. [英] 伊恩·布朗利：《国际公法原理》，曾令良、余敏友等译，法律出版社 2002 年版。

78. 杨开煌：《困局——论陆台香澳》，台北海峡学术出版社 2000 年版。

79. 一个中国论述史料汇编编辑小组：《一个中国论述史料汇编——史料档（二）》，台北"国史馆" 2000 年版。

80. 余莓莓：《破冰与决堤：国共扩大接触对两岸关系的冲击》，台北晶典文化 2009 年版。

81. [美] 约书亚·梅罗维茨：《消失的地域：电子媒介对社会行为的影响》，北京清华大学出版社 2002 年版。

82. 中央文献研究室编：《邓小平思想年谱》，中央文献出版社 1998 年版。

83. 张静：《法团主义》，东方出版社 2014 年版。

84. 章念驰：《台湾问题与中国崛起——上海东亚研究所成立十周年学术讨论会论文集》，2005 年。

85. 张五岳：《分裂国家互动模式与统一政策之比较研究》，台北业强出版社 1992 年版。

86. 张亚中：《全球化与两岸统合》，台北联经出版事业股份有限公司 2003 年版。

87. 张讚合：《两岸关系变迁史》，台北周知文化 1996 年版。

88. 赵建民：《两岸互动与外交竞逐》，台北永业出版社 1994 年版。

89. 周志怀：《两岸经济关系与政治关系互动的路径》，九州出版社 2014 年版。

90. 朱松龄：《国家统一的宪法学问题研究》，香港社会科学出版社 2011 年版。

91. [德] 詹宁斯、瓦茨：《奥本海国际法》，中国大百科全书出版社 1995 年版。

三、研究报告

1. Bonnie Glaser.China Dangles Carrots for N.Korea, Not Taiwan[R/OL] . *Pacific*

Forum. 2004-7-30. http://www.atimes.com/atimes/China/FG31Ad05.html, 2010-3-10.

2.Dobbins, James, et al. Conflict with China Revisited: Prospects, Consequences, and Strategies for Deterrence［R］.RAND,2017.https://www.rand.org/content/dam/rand/pubs/perspectives/PE200/PE248/RAND_PE248.pdf.

3.Matthew Southerland, Kevin Rosier, Taiwan's 2014 Local Elections_ Implications for Cross-Strait Relations［R］. U.S.-China Economic and Security Review Commission Staff Report, December 30, 2014.

4.Richard Bush. Taiwan' January 2016 Elections and Their Implications for Relations wih China and the United States［R］. Asia Working Group Paper,Brookings,December 2015,12.

5.Rosen D H, Wang Z. Deepening China-Taiwan Relations through the Economic Cooperation Framework Agreement［R.OL］. Peterson Institute for International Economics, 2010.NUMBER PB10-16, https://piie.com/publications/pb/pb10-16.pdf.

6.Shelley Rigger, Taiwan's rising rationalism : generations, politics, and "Taiwanese nationalism"［R］, East-West Center Washington, 2006.

7.《2017 年中小企业白皮书》，台湾地区"经济部中小企业处"2017 年版。

8.傅仰止、章英华、杜素豪、廖培珊:《台湾社会变迁基本调查计划第七期第一次调查计划执行报告》，"中央研究院"社会学研究所 2015 年版。

9."陆委会":《"民众对当前两岸关系之看法"民意调查（2017.10.27-31）结果摘要》，https://ws.mac.gov.tw/Download.ashx?u=LzAwMS9VcGxvYWQvMjk1L2NrZmlsZS8yNTkwOWU5ZClZWYxLTQyMjktOTc2Yi0xYTBhZjZjUxYTM2MTAucGRm&n=6Kq%2f5p%2bl57WQ5p6c5pGY6KaBLnBkZg%3d%3d［2018-1-15］.

10. 王嘉州:《从"一中"变爱台？来台陆生两岸观与政治态度分析研究成果报告》，"行政院国家科学委员会"专题研究计划（NSC 99-2410-H-214-016-）成果报告，2011 年 10 月 6 日。

11. 王嘉州:《来台陆生政治信任之变迁、成因与影响》，"科技部"补助专题研究计划（NSC102-2410-H214-012）成果报告期末报告，2014 年 10 月 3 日。

12. 魏镛:《两岸关系互动及整合模式之比较分析（专案研究报告）》，台北"行政院大陆委员会"委托研究，2002 年。

13. 于宗先、林昱君、张荣丰：《中国大陆经改影响下之两岸经济关系暨我政府对产业策略之规划》，台北中华经济研究院，1995 年。

责任编辑：王世勇

图书在版编目（CIP）数据

促进祖国和平统一的路径与模式研究 / 王鹤亭著 . —北京：人民出版社，
　2020.11
ISBN 978－7－01－022950－8

I. ①促… 　II. ①王… 　III. ①台湾问题－研究 　IV. ① D618

中国版本图书馆 CIP 数据核字（2020）第 264175 号

促进祖国和平统一的路径与模式研究

CUJIN ZUGUO HEPING TONGYI DE LUJING YU MOSHI YANJIU

王鹤亭　著

人民出版社 出版发行
（100706　北京市东城区隆福寺街 99 号）

中煤（北京）印务有限公司印刷　新华书店经销

2020 年 11 月第 1 版　2020 年 11 月北京第 1 次印刷
开本：710 毫米 ×1000 毫米 1/16　印张：24.75
字数：294 千字

ISBN 978－7－01－022950－8　定价：88.00 元

邮购地址 100706　北京市东城区隆福寺街 99 号
人民东方图书销售中心　电话（010）65250042　65289539